AF346752

LE DIGESTE

OU

PANDECTES

DE L'EMPEREUR JUSTINIEN.

Nota. Nous prions nos lecteurs qui s'appercevraient de quelques fautes ou incorrections, de recourir à l'errata.

Nous prévenons que les pages 353 et 354 qui se trouvent à la fin du présent volume, doivent être enlevées et replacées dans leur ordre de pagination au cinquième volume.

LE DIGESTE

OU

PANDECTES

DE L'EMPEREUR JUSTINIEN,

*Traduits en français, par M. G.*** D. F.***,
Jurisconsulte, Membre de l'Académie de
Législation, de la Société Académique des
Sciences de Paris, etc. revisés par une
réunion de Jurisconsultes.*

Summâ ităque ope et alacri studio has leges nostras accipite, et vos-metipsos sic eruditos ostendite, ut spes vos pulcherrima foveat, toto legitimo opere perfecto posse etiam nostram rempublicam in partibus ejus nobis credendis gubernari.

Recevez donc ces lois avec empressement, et rendez-vous si érudits, que vous puissiez concevoir la noble espérance, après le cours de vos études prescrit par les lois, d'être en état un jour de porter une partie du gouvernement de l'empire dans les charges qui vous seront confiées.

JUSTIN. *Préf. de l'aut. de Instit.*

PREMIÈRE ET UNIQUE TRADUCTION.

TOME SIXIÈME.

A PARIS,

CHEZ M. ROUSSEAU, IMPRIMEUR, RUE DU FOIN ST.-JACQUES, N°. 31,
CI-DEVANT RUE ST.-DOMINIQUE D'ENFER.

AN XIII. — 1805.

OPINION

D'un ancien Magistrat, Auteur de plusieurs ouvrages estimés en Jurisprudence,

Sur l'utilité d'une traduction française du Digeste.

Ce fut une grande gloire pour le Peuple Roi, *populum latè regem*, pour parler le langage de Virgile, lors même qu'il ne conservait plus dans notre Occident que le souvenir de son ancienne puissance, d'avoir par la sagesse de ses lois, rappellé l'Europe de la barbarie où la faiblesse des descendans de Charlemagne l'avait plongée.

En 1120 (*a*), la découverte comme miraculeuse des *Pandectes de Justinien*, ce foyer d'où jaillissent, malgré la cendre qui le couvre, des faisceaux de lumières dignes de le rendre le modèle des législateurs de toutes les nations, donna naissance aux établissemens de Saint Louis, qui mirent un frein à l'anarchie féodale.

Le Droit Romain s'étendit dans l'Italie sa patrie primitive, dans les Espagnes, dans la Germanie, et presque dans les déserts de toutes les Russies.

La langue des Romains enrichie de celle des Grecs, qui, repoussés de Constantinople par les

____

(*a*) Ce fut au sac d'Amalphi.

Turcs, se refugièrent dans nos climats, polit nos idiômes modernes, sans cesser d'être vulgaire.

Les PANDECTES n'avaient pas alors besoin de *traducteurs*.

La saine jurisprudence, ainsi que toutes les parties de la littérature, prirent un nouvel essor sous le gouvernement paternel des Médicis, sous le pontificat de Léon X, sous le père des lettres François premier, et sous notre Henry IV.

Les ordonnances de nos rois rendues sur le vœu des États-Généraux, malgré les troubles dont ces assemblées furent agitées, approprièrent à nos mœurs, et les dispositions des lois civiles des Romains, et celles mêmes de ce droit canonique, qui, bien qu'il proscrivit dans quelques universités, l'étude des lois romaines, s'enrichit de leurs dépouilles.

Le siècle régénérateur de Louis XIV, classa dans toutes les parties des connaissances humaines les matériaux que les siècles antérieurs avaient assemblés, non sans conserver la bizarerie de nos antiques usages.

Tel est le spectacle que l'histoire nous présente : magnifique tableau, malgré les nuages qui l'offusquent, malgré les taches sanglantes qui le défigurent trop souvent, malgré la lutte toujours renaissante entre la lumière et les ténèbres, malgré enfin les détails fastidieux qui nous permettent dificilement d'en saisir l'emsemble.

« Segniùs irritant animos demissa per aurem
» Quàm quæ sunt oculis subjecta fidelitas et quæ
» Ipse sibi tradit spectator. »

HORACE.

« *Les choses que l'oreille nous transmet agitent moins*
» *vivement nos esprits, que celles dont la fidèle image*
» *est soumise à l'organe de la vue, et dont le spectateur*
» *s'instruit par ses propres réflexions.* »

Les extrêmes se touchent, le plus haut degré de perfection et l'anéantissement.

Dans les dernières années du XVIIIe siècle, une décadence rapide, universelle, renverse en peu de mois l'édifice de six siècles. La nuit reprend momentanément son empire, la nature entière semble replongée dans le cahos.

UN GRAND HOMME paraît..... L'ordre renaît, la Religion avilie, presqu'anéantie, rouvre ses temples profanés ; de savans législateurs, des magistrats respectables et instruits, réunissent dans un nouveau code toute la sagesse des législateurs romains approprié à nos mœurs, et cependant la *précision même de la loi nouvelle exige*, pour s'en pénétrer, pour en saisir l'esprit, une *étude profonde des grands modèles sur lesquels elle fut calquée.*

De la seule Faculté de Droit de cette université fondée par Charlemagne, à l'instar de laquelle surgirent ces fleuves bienfaisans qui fécondèrent l'Europe desséchée par le soufle brûlant de l'anarchie, se sont élevées dans la capitale de la France deux ACADÉMIES émules et non rivales, pépinières de jeunes gens, qui, à peine ont-ils imprimés leurs premiers pas dans la carrière épineuse et difficile de l'étude du droit, que déjà ils étonnent par la précision de leurs idées, la justesse de leur jugement, même par leur éloquence, et promettent ainsi de faire un jour la gloire et l'ornement du barreau français.

Ces ACADÉMIES, où les hommes les plus distingués par leurs talens, et leur mérite personnel viennent à l'envi l'un de l'autre, et par leur seul amour du bien, propager la science du droit et des connaissances humaines, affiliées par la loi à *ces écoles*, que la bienfaisance du souvrain qui nous gouverne aujourd'hui a relevées, et purgées de la rouille des siècles, rappelleront la saine politique, la saine morale, la saine législation, parées de la mâle éloquence des Démosthènes, des Cicérons, des Cochins, des Daguesseau. Ainsi l'habile chymiste réduit la matière à ses élémens primitifs, pour la recomposer plus brillante et plus pure.

Un obstacle semble s'opposer aux progrès rapides de l'étude des lois romaines.

Avant notre fatale révolution, l'incurie, l'abondance même de nos richesses avaient rendu, malgré les colléges qui l'enseignaient gratuitement, malgré les corporations savantes qui l'entretenaient et la propageaient, *la langue latine* moins familière aux jurisconsultes eux-mêmes. Et c'est la raison pour laquelle le célèbre Montesquieu se plaignait amérement de ce que la frivolité du siècle faisait négliger *les lois romaines* dont l'étude était auparavant l'occupation de tous ceux qui se destinaient aux emplois civils, et de ce que l'on trouvait plus simple d'étudier, au besoin le *Droit Romain* dans des dictionnaires.

La ruine totale des institutions de nos pères a creusé un abyme effrayant qui sépare la génération présente de celles qui l'ont précédé.

Comment recommander l'étude des lois romaines à ceux qui auraient besoin, pour ainsi dire, à chaque phrase, à chaque mot, *d'assidus truchemens*? Et d'ailleurs, une longue expérience ne nous fait-elle pas assez connaître que, quelques succès que les jeunes gens aient eu dans leurs humanités, il leur arrive cependant très-souvent de rencontrer des difficultés embarrassantes, lorsqu'ils viennent à s'appliquer à l'étude du droit romain.

De nouveaux Prytannées, il est vrai, de nouveaux Lycées ont été établis pour réparer ces désastres. Le zèle, l'intérêt, ce puissant mobile, ce vif aiguillon des travaux des hommes, ont ouvert des pensionnats destinés à la culture des langues savantes, et de toutes les parties des lettres, des sciences et des arts; mais il n'en est pas de la réédification, comme de la destruction; ce que les vents impétueux des passions humaines, ce que l'avide fourmillère d'animaux destructeurs fait crouler en un instant, le tems.... le tems seul a la puissance de le relever.

Les Pandectes de Justinien enfouies dans la poussière de nos bibliothèques, y fussent demeurées ensevelies comme sous les ruines d'*Amalphi*, si deux traductions de cette vaste compilation, travail immense, qui ne fut pas même tenté par nos pères, ne paraissaient en même tems, comme par magie, *sous des formats différens*, pour en faciliter l'étude. Nous ne nous permettrons pas de prononcer sur le mérite de l'une et de l'autre. Contemporain de feu M. *Hulot*, qu'une mort prématurée enleva trop tôt, pour lui permettre d'achever sa traduction, nous nous bornerons à jeter quelques fleurs sur sa tombe, comme un tribut de notre reconnaissance envers ce jurisconsulte instruit et laborieux, dont les amis se rappellent encore avec plaisir la douceur des mœurs, l'affabilité, et la modestie.

Partageant l'opinion du Tribunat et du Corps Législatif, sur l'utilité d'une traduction complète des lois romaines, et particulièrement sur celle de M. *Gougis du Favril*, nous rapporterons simplement les motifs qui ont déterminé le Tribunat et le Corps Législatif à l'accueillir favorablement, et à en ordonner le dépôt dans leurs bibliothèques respectives.

« Cette entreprise, dit l'orateur du Tribunat,
» suppose des connaissances étendues dans le droit,
» elle est conçue dans des vues d'utilité, et mérite
» des encouragemens (a)........

» La législation romaine a civilisé l'Europe
» moderne. Plus on la connaîtra, plus on sera
» en état d'apprécier le code civil de la France...
» L'ouvrage est enrichi de notes précieuses... Il
» ne peut que propager la science des lois, et
» affermir les idées qui tiennent à la dignité et
» au bonheur de l'homme......

« Comme nos lois sont aujourd'hui toutes écrites
» dans notre langue, dit l'orateur du Corps Lé-
» gislatif, il était à désirer que leurs modèles
» fussent mis à la portée de tout le monde. L'ou-
» vrage de M. *Gougis du Favril*, estimé par de
» savans jurisconsultes, mérite d'être accueilli
» favorablement, et encouragé, etc.....

(a) Voyez le tome troisième, à la tête duquel se trouvent les extraits des procès-verbaux des séances du Tribunat et du Corps-Législatif.

En résumé : *sans l'étude du droit romain, il ne peut exister de véritables jurisconsultes.* Déjà, par sa traduction *des Pandectes*, M. *Gougis du Favril* aura acquis des droits à la reconnaissance de tous ceux qui se livrent à l'étude des lois, soit comme magistrats, soit comme avocats, par l'avantage qu'il aura procuré, aux uns, en leur évitant une grande perte de tems, et aux autres, en les identifiant en quelque sorte avec le texte original. Nous l'exhortons donc à avoir assez de courage et de persévérance pour completter les magnifiques présens qu'il fait à la jurisprudence et à la saine littérature, en y joignant, *comme il l'a promis*, la traduction des *Institutes du Code* et *des Novelles*, que son âge et son ardeur infatigable pour l'étude, nous donnent lieu d'espérer ; ce sera alors que la jurisprudence française, à qui il manquait une traduction complète du Droit Romain, le désignera à la postérité comme un des hommes laborieux de son siècle, et qui a fait consister son ambition dans le desir de bien mériter de son pays.

Signé, G*** ancien Magistrat.

TITULUS PRIMUS

LIBRI NONI

DIGESTORUM

SEU

PANDECTARUM.

Si (1) *quadrupes pauperiem* (2) *fecisse dicatur.*

* * *

1. ULPIANUS , *lib.* 18. *ad edictum.*

Summa legis duodecim Tabularum.

Si *quadrupes pauperiem fecisse dicatur* , actio ex lege duodecim Tabularum descendit: quæ lex, voluit , *aut dari (id) , quod nocuit , id est , id animal , quod noxiam commisit ; aut æstimationem noxiæ offerre.*

Quid sit noxia.

§. 1. *Noxia* (3) autem est ipsum delictum.

---

(1) Lib. 4. Inst. 9.
(2) V. l. 1. §. 3. infr. h. t.

TITRE PREMIER

DU LIVRE NEUVIÈME

DU DIGESTE

OU

DES PANDECTES.

Du dommage prétendu avoir été fait (1)
par un animal à quatre pieds (2).

~~~~~~~~

1. ULPIEN, *liv.* 18. *sur l'édit.*

Précis de la loi des douze Tables.

Sɪ l'on prétend qu'un animal à quatre pieds a causé
quelque dommage, il y a pour en demander la réparation
une action qui dérive de la loi des douze Tables. Cette loi
a voulu, *ou que l'on abandonnât la chose qui a été la
cause du dommage, c'est-à-dire l'animal qui a commis
la faute, ou que l'on offrît de payer ce à quoi le dommage
aurait été estimé.*

Ce que l'on entend par le mot noxia.

§. 1. Or, la faute (3) n'est autre chose que le délit lui-
même.

____

(3) §. 1. Inst. de noxal action.
~~~~~~~~

Ad quas quadrupes hæc actio pertinet.

§. 2. Quæ actio ad omnes (1) quadrupedes pertinet.

Quid sit pauperies.

§. 3. Ait prætor *pauperiem fecisse*. Pauperies (2) est damnum sine injuriâ facientis datum : nec enim potest animal injuria fecisse , quod sensu caret.

Si quadrupes commota feritate vel ob aliam causam nocuerit.

§. 4. Itaque , ut Servius scribit , tunc hæc actio Iocum habet , cùm commota feritate(3)nocuit quadrupes : putà si equus calcitrosus calce percusserit ; aut bos cornû (4) petere solitus , petierit ; aut mula propter nimiam ferociam. Quòd si propter loci iniquitatem (5) , aut propter culpam mulionis , aut si plus justo onerata quadrupes in aliquem onus everterit : hæc actio cessabit , damnique injuriæ agetur.

De cane qui evasit.

§. 5. Sed et si canis cùm duceretur ab aliquo , asperitate suâ evaserit , et alicui damnum dederit , si contineri firmiùs ab alio poterit , vel (si) per eum Iocum induci non debuit ; hæc actio cessabit ; et tenebitur qui canem tenebat.

---

(1) Excip. §. 10. infr. h. L.
(2) In fin. pr. Iust. h. t.
(3) D. pr. Iust.

A l'égard de quelle espèce de quadrupède cette action a lieu.

§. 2. Cette action concerne (1) toutes les espèces d'animaux à quatre pieds.

Ce que l'on entend par le mot pauperies.

§. 3. Le préteur a dit *avoir causé du dommage.* On doit entendre par dommage (2) le tort occasionné sans intention de la part de celui qui l'a commis ; car un animal ne peut être censé avoir agi avec des intentions criminelles, puisqu'il manque de jugement.

Si un animal à quatre pieds, poussé par sa férocité naturelle, ou tout autre cause, a occasioné du dommage.

§. 4. C'est pourquoi comme l'écrit Servius, cette action a lieu toutes les fois qu'un animal à quatre pieds a causé du tort à quelqu'un (3), par suite de sa férocité, qui a été excitée, n'importe comment, comme si, par exemple, un cheval sujet à ruer, ou un bœuf accoutumé (4) à frapper de ses cornes, ou une mule enfin, ont frappé et blessé quelqu'un. Mais si à cause du désavantage du lieu (5), ou par la faute du muletier, ou parce que l'animal aura été trop chargé, il renverse sa charge sur quelqu'un, cette action n'aura pas lieu dans ce cas, mais on poursuivra la réparation du tort que cet événement aura causé.

D'un chien qui s'est échappé.

§. 5. Si un chien conduit par quelqu'un s'est échappé par suite de son indocilité, et a causé du dommage à quelqu'un, s'il eut pû être contenu plus sûrement par un autre, ou s'il n'eût pas dû passer par le chemin par lequel il a passé, il n'y aura pas lieu dans ce cas à l'action dont nous parlons, mais celui qui tenait le chien sera responsable du tort que ce dernier aura causé.

---

(4) L. 52. §. 3. infr. ad leg. Aquil.
(5) D. l. 52. §. 2.

I..

De ferâ instigatû alteriûs,

§. 6. Sed et si instigatû (1) alteriûs fera damnum dederit, cessabit hæc actio.

Vel contrà naturam mota.

§. 7. Et generalitèr hæc actio locum habet, quotiëns contrà naturam (2) fera mota pauperiem dedit. Ideoquè si equus dolore concitatus calce petierit, cessare istam actionem: sed eum, qui equum percusserit, aut vulneraverit, in factum magis, quàm lege Aquiliâ teneri; utiquè ideò, quia non ipse suo corpore damnum dedit. At si, cùm equum permulsisset quis, vel palpatus est, (et) calce eum percusserit, erit actioni locus.

Si quadrupes quadrupem concitavit.

§. 8. Et, si alia quadrupes etiàm concitavit, ut damnum daret, ejus, quæ concitavit, nomine agendum erit.

Si quadrupes copore suo, vel per aliam rem damnum dederit.

§. 9. Sivè autem corpore suo pauperiem quadrupes dedit, sivè per aliam rem, quam tetigit quadrupes: hæc actio locum habebit. Ut putà, si plaustro bos obtrivit aliquem, vel aliâ re dejectâ.

De bestiis.

§. 10. In bestiis autem propter naturalem (3) feritatem, hæc actio locum non habet. Et ideò,

---

(1) L. 11. §. 5. infr. d. t.
(2) In pr. Inst. h. t.

De la bête qui, poussée par quelqu'un,

§. 6. Cette action n'aura pas également lieu, si l'animal a causé du tort, étant excité par quelqu'un (1).

Ou excitée par une cause qui ne lui est pas naturelle, cause du dommage.

§. 7. En général, cette action ne peut avoir lieu que dans les cas où l'animal, excité sort du caractère de douceur qui lui est naturel (2), et cause du dommage. C'est pourquoi, si un cheval mû par le sentiment de la douleur, rue et blesse quelqu'un, ce ne sera pas le cas de recourir à cette action ; mais celui qui aura frappé le cheval, ou l'aura blessé, sera plutôt tenu de l'action sur le fait, que de celle résultante de la loi Aquilia ; car ce n'est pas lui qui est l'auteur du dommage. Mais si quelqu'un en caressant un cheval, et en le touchant, en reçoit un coup de pied, il y a lieu alors de recourir à cette action.

Si un animal en a excité un autre.

§. 8. Si un animal en a irrité un autre, au point d'être la cause du tort que cet animal a causé, ce sera le maître de celui qui l'aura irrité qui devra être actionné.

Si un animal a causé du dommage par lui-même, ou par toute autre cause.

§. 9. Soit que l'animal ait causé du dommage lui-même, ou avec toute autre chose qu'il touchait, cette action aura lieu, comme si par exemple un bœuf a blessé quelqu'un avec le chariot auquel il était attelé, ou a renversé toute autre chose.

Des bêtes farouches.

§. 10. Cette action n'a pas lieu à l'égard des autres bêtes, à cause de leur férocité (3) ; c'est pourquoi si un ours vient à s'échapper, et cause quelque dommage, le maître de cet

---

(3) D. pr.

si ursus fugit, et sic nocuit, non potest quondàm dominus conveniri : quià desinit (1) dominus esse, ubi fera evasit. Et ideò et si eum occidi, meum corpus est.

Si arietes, vel boves commiserint.

§. 11. Cùm arietes vel boves commisissent, et alter alterum occidit : Quintus Mucius distinxit, ut, si quidém is periisset, qui adgressus erat (2), cessaret actio : si is, qui non provocaverat, competeret actio. Quamobrem eum sibi aut noxam sarcire, aut in noxam dedere oportere.

In quem datur hæc actio.

§. 12. Et, cùm etiàm in quadrupedibus noxa caput sequitur, adversùs dominum hæc actio datur, non cujus fuerit quadrupes, cùm noceret, sed cujus nunc est.

De morte quadrupedis antè litem contestatam.

§. 13. Planè, si antè litem contestatam decesserit animal, extincta erit actio.

Quid sit noxæ dedere. De quadrupede communi.

§. 14. *Noxæ* autem *dedere*, est, animal tradere vivum. Demùm, si commune plurium sit animal, adversùs singulos erit in solidum noxalis actio, sicuti in homine.

---

(1) L. 3 § fin. infr. de adquir. rer. domin. §. 12. Inst. de rer. divis.

animal ne peut être actionné (1), parce que dès l'instant où il a pris la fuite, celui à qui il appartenait a cessé d'en être le maître; c'est pourquoi si je le tue, il est à moi.

Si des béliers ou des bœufs ont causé le dommage.

§. 11. Une dispute s'étant élevée entre des béliers ou des bœufs, l'un a été tué par l'autre. Quintus Mucius fait dans ce cas une distinction, et dit que si c'est l'aggresseur qui est tué (2), il n'y a pas lieu à cette action; que, dans le cas contraire, elle a lieu; c'est pourquoi le propriétaire de l'animal doit réparer le tort que son animal a causé, ou l'abandonner par forme de réparation.

Contre qui cette action est dirigée.

§. 12. Et comme en ce qui concerne les animaux à quatre pieds, le délit suit toujours le corps, cette action est accordée contre le maître de l'animal, non pas contre celui à qui il appartenait à l'époque du délit, mais contre le maître en la puissance duquel il se trouve au moment où celui qui se plaint demande la réparation du tort qu'il a éprouvé.

De la mort de l'animal avant la demande.

§. 13. Si l'animal meurt avant que le procès soit entamé, il n'y a pas lieu à cette action.

Ce que c'est que d'abandonner l'animal pour servir de réparation. De l'animal commun.

§. 14. *Abandonner pour réparer le dommage*, c'est livrer l'animal vivant. Enfin si l'animal appartient à plusieurs personnes, l'action noxale frappera sur chaque maître comme nous avons vu que cela avait lieu à l'égard d'un esclave.

---

(2) L. l. 5: §. 1. infr. tit. prox. et l. 10. in fin. infr. de servo corrupt.

Si dominus quadrupedem suam esse negaverit.

§. 15. Interdùm autem dominus in hoc non convenietur, ut noxæ dedat, sed etiàm in solipum : ut putà; si in jure interrogatus (1), *an suæ quadrupes esset* ; responderit, *non esse suam.* Nàm si constiterit esse ejus, in solidum condemnabitur.

Si quadrupes post litem contestatam ab alio occidatur,

§. 16. Si (2) post litem contestatam, ab alio sit animal occisum; quià domino legis Aquiliæ actio competit, ratio in judicio habebitur (legis Aquiliæ), quià dominus noxæ dedendæ facultatem amiserit. Ergò ex judicio proposito, litis æstimationem offeret, nisi paratus fuerit actionem mandare adversùs eum, qui occidit.

De successoribus.

§. 17. Hanc actionem nemo dubitaverît, heredi dari cæterisquè successoribus ; itèm adversùs heredes, cæterosquè, non jure successionis, sed eo jure, quo domini sint, (competit).

2. PAULUS, *liv.* 22. *ad edictum.*

De eo cujus interest.

Hæc actio non solùm domino, sed etiàm ei, cujus interest, competit : veluti ei, qui res com-

---

Si le maître a nié que l'animal fût à lui.

§. 15. Il arrive quelque fois que le maître est poursuivi, non pas pour être simplement condamné à abandonner l'animal qui a été la cause du dommage, mais encore pour être tenu de réparer le dommage en entier, comme si, par exemple, le maître (1) étant interrogé en justice, *si l'animal lui appartient*, a répondu *négativement*. Car s'il est prouvé que l'animal est à lui, il sera condamné à payer en entier le tort que cet animal aura causé.

Si l'animal vient à être tué par un tiers, après que la contestation a été engagée,

§. 16. Si, après que l'affaire est engagée (2), et avant le jugement, l'animal vient à être tué par un autre, au moyen de ce que le maître peut intenter contre celui qui a tué l'animal, l'action de la loi Aquilia, et qu'il n'a plus la possibilité d'abandonner l'animal pour tenir lieu de la réparation, on aura égard dans le jugement à cette circonstance. Le maître offrira donc d'après l'ordonnance du juge, l'estimation du tort que l'animal aura causé, à moins qu'il ne préfère, et ne soit disposé à céder à son adversaire l'action qu'il a contre celui qui a tué l'animal.

Des successeurs.

§. 17. Personne ne doute que cette action ne passe aux héritiers et autres successeurs de celui qui a été victime du tort que l'animal a occasionné; de même qu'elle ne doive être donnée contre les héritiers et autres successeurs de celui à qui l'animal appartenait, non à titre de succession, mais parce qu'ils sont devenus les maîtres de l'animal.

2. PAUL, *liv.* 22, *sur l'édit.*

De la partie intéressée.

Cette action appartient non-seulement au maître de la chose que l'animal a endommagée, mais encore à celui qui

---

(2) L. 37. §. 1. infr. tit. prox.

modata est, itèm fulloni ; quià eo, quòd tenentur, damnum videntur pati.

De cane.

§. 1. Si quis aliquem evitans , magistratum fortè, in tabernâ proximâ se immisisset, ibìquè à cane feroce læsus esset , non posse agi canis nomine, qnidam putant : at, si solutus fuisset, contrà.

3. Gaius *lib. 7. ad edictum provinciale.*

De libero homine cæso.

Ex hâc lege, jàm non dubitatur, etiàm liberarum personarum nomine agi posse : fortè si patrem familiâs aut filium familiâs vulneraverit quadrupes. Scilicèt , ut non deformitatis (1) ratio habeatur , cùm *liberum corpus æstimationem non recipiat* (2): sed impensarum in curationem factarum ; et operarum amissarum, quasquè amissurus quis esset, inutilis factus.

4. Paulus *lib. 22. ad edictum.*

De actione utili.

Hæc actio utilis competit, etsi non quadrupes, sed aliud animal pauperiem fecit.

---

(1) L. ult. in fin. infr. de his, qui effud.

y a quelqu'intérêt ; par exemple, à celui à qui la chose a
été prêtée ou confiée, tel serait un foulon, par la raison
qu'en étant responsable, il souffre lui-même un dommage.

Du chien.

§. 1. Si une personne, pour se dérober à la vue de quelqu'un qu'elle avait intérêt d'éviter, d'un magistrat, par
exemple, s'est jeté dans une boutique, et y a été mordu par
un chien furieux, quelques jurisconsultes pensent que le
maître du chien ne peut être actionné ; mais il en serait autrement si le chien était lâché.

3. Gajus, *liv.* 7. *sur l'édit provincial.*

D'un homme libre qui a été tué.

D'après cette loi, il n'y a plus de doute que l'on ne
puisse exercer cette action au nom des personnes libres ;
comme si, par exemple, un animal a blessé un père, ou
un fils de famille ; mais dans ce cas l'action ne portera pas
sur la difformité qui sera survenue (1), parce qu'une *personne libre n'est pas susceptible d'être estimée* (2) ; mais
on considérera simplement les dépenses qu'aura occasionné
sa guérison, le tort que la personne aura souffert par la
perte de ses journées de travail, et celui qu'elle éprouvera
par la suite, si elle est hors d'état de travailler.

4. Paul, *liv.* 22. *sur l'édit.*

De l'action utile.

Cette action a lieu, encore que ce ne soit pas un animal
à quatre pieds, mais tout autre animal, qui ait été l'auteur
du dommage, et dans ce cas elle est simplement utile.

---

(2) L. 1, §. 3. 1. ult. in fin. infr. d. t. l. 2. §. 2. vers. corporum. infr.
de lege Rhodia.

5. ALFENUS *lib.* 2. *Digestorum.*

Si mula quam equus olfecit percusserit.

Agaso cùm in tabernam equum deduceret ; mulam equus olfecit, mula calcem rejecit, et crus agasoni fregit. Consulebatur, possetne cum domino mulæ agi, quòd ea pauperiem fecisset ? Respondi, posse (1).

---

(1) Immò vide l. 2. in fin. supr. h. t.

5. ALFENUS, *liv.* 2. *du Digeste.*

Si une mule qu'un cheval veut flairer a blessé en ruant.

Un palfrenier menant un cheval à l'écurie, ce cheval voulut flairer une mule qui s'y trouvait, cette mule se mit à ruer, et cassa la cuisse du palfrenier. On demandait si l'on pouvait actionner le maître de la mule, et le forcer à réparer le tort qu'elle avait causé au palfrenier. J'ai répondu affirmativement (1).

TITULUS SECUNDUS.

Ad legem Aquiliam (1).

1. ULPIANUS *lib* 18. *ad edictum.*

De effectû,

Lex Aquilia omnibus legibus, quæ antè se *de damno injuriâ* locutæ sunt, derogavit; sivè duodecim Tabulis, sivè aliâ quæ fuit : quas leges nunc referre non est necesse.

Et autoritas hujus legis.

§. 1. Quæ lex Aquilia plebiscitum est (2) : cùm eam Aquilius tribunus plebis à plebe rogaverit.

2. GAJUS *lib.* 7. *ad edictum provinciale.*

Caput primum.

Lege Aquiliâ capite primo cavetur (3) : (ut) *qui servum servamvè, alienum alienamvè, quadrupedem vel pecudem, injuriâ occiderit, quantì id in eo annuo plurimî fuit, tantum æs dare domino damnas esto.*

---

(1) Lib. 4. Inst. 3. et 3. C. 35.
(2) Nov. 18. c. 8. in pr.

TITRE SECOND.

De la loi Aquilia (1).

1. ULPIEN, *liv.* 18. *sur l'édit.*

De l'effet de cette loi,

LA loi Aquilia a dérogé à toutes les lois qui, antérieu-rement, étaient relatives à la réparation du tort qui avait été fait à autrui, c'est-à-dire soit à la loi des douze Tables, soit à toute autre qui a été rendue après ; et les rapporter aujourd'hui est chose inutile.

Et de son autorité.

§. 1. Cette loi Aquilia est classée parmi les plébicistes (2), et c'est avec raison, puisque ce fut Aquilius, tribun du peuple, qui la fit rendre par le peuple.

2. GAJUS, *liv.* 7. *sur l'édit provincial.*

Premier chef.

On voit dans le premier chef de la loi Aquilia, ce qui suit (3) : *Que celui qui aura tué sans raison un esclave, n'importe le sexe, un animal à quatre pieds, ou une bête de troupeau appartenant à autrui, soit condamné à donner au maître, le prix le plus fort auquel la chose aura pu être estimée dans l'année.*

---

(3) In pr. Inst. h. t.

De pœnâ inficiantis.

§. 1. Et infrà deindè cavetur, *ut adversùs inficiantem in duplum* (1) *actio esset.*

De quadrupedibus et servis exæquatis. Quæ contineantur appellatione pecudûm, an pecudes bestiæ, et quæ mixtæ naturæ sunt.

§ 2. Ut igitur apparet, (servîs nostris) exæquat quadrupes, quæ *pecudûm* (2) numero sunt, et gregatìm habentur : velutì oves, capræ, boves, equi, muli, asini. Sed, an *sues* pecudûm appellatione continentur, quæritur ? Et rectè Labeoni placet, contineri ; sed canis inter pecudes non est. Longè magis bestiæ in eo numero non sunt, velutì ursi, leones, pantheræ. Elephanti autèm, et cameli, quasi mixti sunt ; nàm et jumentorum operam præstant, et natura eorum fera est ; et ideò primo capite contineri eas oportet.

3. Ulpianus *lib.* 18. *ad edictum.*

Ratio verbi injuria.

Si servus servavè, injuriâ occisus occisavè fuerit, lex Aquilia locum habet. *Injuriâ* occisum (esse) meritò adjicitur ; non enim sufficit occisum, sed (3) oportet injuriâ id esse factum.

---

(1) L. 11. §. 6. infr. eod.
(2) L. 23. §. pen. infr. l. 4, 5. C. eod. Nov. 18. c. 8. in pr. §. 1. vers. at adversus. Inst. de pœna temere litig.

4. Gajus.

De la peine portée contre celui qui nie.

On lit plus bas : *Que la condamnation soit du double* (1) *contre celui qui, ayant été convaincu d'avoir commis le délit, l'aura nié.*

Des animaux à quatre pieds, et des esclaves rangés sur la même ligne. Quels sont les animaux qui sont compris sous la dénomination d'un troupeau, quelles sont les bêtes qui forment un troupeau, et quelles sont celles qui de leur nature sont mixtes.

§. 2. Il est donc facile de voir par ce qui vient d'être dit, que la loi range sur la même ligne que les esclaves, les animaux qui forment un troupeau (2), comme les brebis, les chèvres, les bœufs, les chevaux, les mulets et les ânes. Mais on demande si l'on peut regarder les porcs comme bêtes de troupeau. Labéon a décidé avec raison l'affirmative. On ne peut dire la même chose d'un chien, et à plus forte raison des bêtes féroces, tels que les ours, les lions, les panthères. Quant aux éléphans et aux chameaux, ils sont mixtes, car ils rendent les mêmes services que les bêtes de charge, et cependant ils sont féroces de leur nature. C'est la raison pour laquelle ils sont compris dans le premier chef de la loi.

3. ULPIEN, *liv.* 7. *sur l'édit provincial.*

Raison du mot injure.

La loi Aquilia a lieu, toutes les fois qu'un esclave, n'importe quel soit le sexe, a été tué sans raison légitime, c'est à juste titre qu'il a été ajouté *sans raison légitime*, car il ne suffit pas qu'il ait été tué, il faut encore que ce délit ait été commis sans raison légitime (3).

---

(3) V. l. 65. s. 4. infr. de legat. 3.

4. Gaius, *lib.* 7. *ad edictum provinciale.*

De latrone, fure, aggressore.

Itaquè (1), si servum tuum latronem insidian-
tem mihi occidero, securus ero; *Nam adversùs
periculum naturalis ratio permittit se defendere* (2).

§. 1. Lex duodecim Tabularum *furem noctû
deprehensum occidere* permittit (3); ut tamen id
ipsum cum clamore testificetur, *interdiû* (4)
autem *deprehensum ità permittit occidere, si
is se telo defendat :* ut tamen æquè cum clamore
testificetur.

5. Ulpianus, *lib.* 18. *ad edictum.*

Sed et si quemcunquè alium ferro se petentem
quis occiderit, non videbitur injuriâ occidisse :
et, si metû quis mortis furem occiderit, non dubi-
tabitur, quìn lege Aquiliâ non teneatur. Sin autèm,
cùm posset adprehendere, maluit occiderre, magìs est, ut injuriâ fecisse videatur : ergò et
Corneliâ tenebitur.

Injuria quid significat.

§. 1. *Injuriam* autèm hîc accipere nos oportet,
non quemadmodùm circà injuriarum actionem,
contumeliam (5) quandam : sed quod non jure
factum est, hoc est, contrà jus, id est, si culpâ
quis occiderit. Et ideò interdùm (utraque) actio

---

(1) L. 4. infr. h. t.
(2) §. 2. Inst. eod.
(3) L. 45. §. 4. infr. eod. l. 3. supr. de justit. et jure. l. 1. §. 27. infr.
de vi et vi armat.

4. GAJUS, *liv. 7. sur l'édit provincial.*

Du voleur, de l'assassin, de l'agresseur.

C'est pourquoi (1), si j'ai tué votre esclave, qui est un voleur, lorsqu'il m'attaque, je n'aurai rien à craindre; car *d'après la raison naturelle, il est permis de se défendre contre quiconque nous attaque* (2).

§. 1. La loi des douze Tables permet (3) de tuer un voleur *surpris pendant la nuit*, pourvu toutefois que celui qui l'a tué ainsi ait crié au secours. Mais *quant au voleur de jour* (4), *elle ne permet de le tuer que lorsqu'il se défend à main-armée*, et elle veut toujours que l'on ait crié pour avoir des témoins.

5. ULPIEN, *liv. 18. sur l'édit.*

Celui qui en tue un autre qui se jette sur lui à main-armée, n'est pas censé l'avoir fait méchamment, et il n'y a pas de doute que celui qui tue un voleur dans la crainte de la mort, n'est pas soumis à l'action de la loi Aquilia. Si au contraire, pouvant s'en saisir, et le mettre hors d'état de nuire, il a mieux aimé le tuer, il est alors censé l'avoir fait sans raison légitime, et il se met par là dans le cas d'être atteint par les dispositions de la loi Cornélie.

Ce que signifie le terme injure.

§. 1. Ce mot *injuria*, injure, qu'emploie la loi Aquilia, ne doit pas être pris dans le même sens qu'on lui donne lorsqu'il s'agit d'un affront pour raison duquel on intente (5) une action par laquelle on se plaint d'une injure que l'on a reçue; mais on doit entendre ici par le mot injure ce qui est fait injustement, c'est-à-dire contre la justice, sans raison légitime, lorsque, par exemple, on tue par sa faute. C'est pourquoi il arrive quelquefois que l'action de la loi

---

(4) L. 9. infr. ad leg. Cornel. de sicar.
(5) L. 54. §. 2. infr. de furt.

concurrit, et legis Aquiliæ, et injuriarum : sed
duæ erunt æstimationes. Alia damni, alia contu-
meliæ. Igitur injuriam (1) hîc damnum accipiemus culpâ datum, etiàm ab eo qui nocere noluit.

De furioso, quadrupede, tegulâ, infante impubere.

§. 2. Et ideò quærimus (2) si furiosus damnum
dederit, an legis Aquiliæ actio sit? Et Pegasus
negavit : quæ enim in eo culpa sit, cùm suæ
mentis non sit? Et hoc est verissimum. Cessabit
igitùr Aquilia actio : quemadmodùm si quadrupes
damnum dederit, (Aquilia cessat), (aut) si tegula
occiderit. Sed et si infans damnum dederit, idem
erit dicendum. Quòd si impubes id fecerit, Labeo
ait, quià furti (3) tenetur, teneri et Aquiliâ
eum : et hoc puto verum, si sit jàm injuriæ
capax.

Magistro.

§. 3. Si magister in disciplinâ (4) vulneraverit
servum, vel occiderit, an Aquiliâ teneatur, quasi
damnum injuriâ dederit? Et Julianus scribit (5),
Aquiliâ teneri eum, qui eluscaverat discipulum
in disciplinâ. Multò magìs igitùr in occiso idem
erit dicendum.

Proponitur autèm apud eum species talis : sutor
(inquit) puero discenti, ingenuo, filio familiâs,
parùm benè facienti quod demonstraverat, formâ
calcei cervicem percussit, ut oculus puero per-
funderetur. Dicit igitùr Julianus, injuriarum

---

(1) L. 1. in pr. infr. de injur.
(2) D. l. 1. in pr.
(3) L. 49. §. 1. infr. h. t. et d. l. 1. §. 2. Inst. h. t.

Aquilia et celle des injures, concourrent ensemble. Mais
dans ce cas il y a deux estimations à faire, l'une qui est
relative à l'injure, et l'autre au tort. Nous entendrons donc
ici par le mot injure (1), le tort fait par la faute de quelqu'un, même sans qu'il ait eu l'intention de nuire.

D'un furieux, d'un animal à quatre pieds, d'une tuile, d'un enfant impubère.

§. 2. C'est ce qui a donné lieu de demander, si un in-
sensé (2) qui aurait fait du tort, serait tenu de l'action de
la loi Aquilia? Pégasus a répondu négativement, car, dit
ce jurisconsulte, peut-on regarder coupable celui qui n'a
pas l'usage de sa raison? et cela est très-vrai. Il n'y aura
donc pas dans ce cas lieu à l'action de la loi Aquilia; de
même que dans celui où un animal à quatre pieds, ou une
tuile aurait causé quelque tort. Il faudra raisonner de même
toutes les fois que le tort viendra de la part d'un enfant.
Mais si un impubère est l'auteur du tort, Labéon dit que par
la raison qu'il est tenu de l'action du vol (3), il l'est également de celle de la loi Aquilia; et je pense que cela est
très-juste, si déjà cet enfant est capable de vouloir nuire.

D'un maître.

§. 3. Si un maître a blessé ou tué (4) l'esclave qu'il était
chargé d'instruire, est-il tenu de l'action de la loi Aquilia,
comme ayant fait du tort au maître de l'esclave sans raison
légitime? Julien écrit que celui qui aurait éborgné son
élève en l'instruisant (5), serait tenu de l'action de la loi
Aquilia. A plus forte raison y aurait-il lieu à cette action,
si un maître avait tué son élève. On lit dans Julien l'hypothèse suivante : Un cordonnier qui apprenait son métier
à un jeune homme libre et fils de famille, fâché de ce que
son apprentif faisait mal ce qu'il lui montrait, le frappa à
la tête avec la forme d'un soulier, et lui creva un œil. Julien
répond que dans ce cas il n'y a pas lieu à l'action des injures, parce que le cordonnier n'a pas eu l'intention de faire
injure à son apprentif, mais seulement de le reprendre de
ce qu'il faisait mal, et de lui apprendre son métier. Mais il

___

(4) L. 9. §. 2. supr. de minor. l. 23. infr. de furt.
(5) V. l. 6. infr. h. t.

quidèm actionem non competere : quià non faciendæ injuriæ causâ percusserit, sed monendi et docendi causâ. An ex locato, dubitat : quià levis (1) duntaxàt castigatio concessa est docenti. Sed lege Aquilià posse agi non dubito.

6. PAULUS, *lib.* 22. *ad edictum.*

Præceptoris (2) enim nimia sævitia culpæ adsignatur.

7. ULPIANUS, *lib.* 18. *ad edictum.*

Quâ actione patrem consecuturum ait, quod minùs (3) ex operis filii sui propter vitiatum oculum sit habiturus : et impendia, quæ pro ejus curatione fecerit.

Si quis telo, vel sinè telo occidit.

§. 1. *Occisum* autèm accipere debemus, sivè gladio, sivè etiàm fuste, vel alio telo; vel manibus, si fortè strangulavit eum; vel calce petiit, vel capite, vel qualitèr qualitèr.

De onere dejecto, vel lapsû.

§. 2. Sed si quis plùs justò oneratus, dejecerit onus, et servum occiderit, Aquilia locum habet : fuit enìm (in) ipsius arbitrio, ità se non onerare. Nàm et si lapsus aliquis servum alienum onere presserit, Pegasus ait, lege Aquilià eum teneri : ità demùm, si vel plùs justò se oneraverit, vel negligentiùs per lubricum transierit.

---

(1) L. 13. §. 4. infr. locati conduct.
(2) Adde l. 15. §. 38. infr. de injur.

doute qu'il puisse être actionné en vertu de la convention faite entre lui et le père de l'enfant, suivant laquelle il était obligé de lui apprendre son métier, et il se fonde sur ce qu'un maître a sur son apprentif un droit de réprimande légère (1) ; mais pour moi je ne doute pas qu'il n'y ait lieu contre lui à l'action de la loi Aquilia.

6. PAUL , *liv. 22. sur l'édit.*

Car la trop grande sévérité d'un maître (2) dégénère en faute de sa part.

7. ULPIEN , *lib. 18. sur l'édit.*

Le même Julien dit que le père pourra exiger du maître de son enfant une somme (3) équivalente à la perte qu'il éprouvera sur le travail de son fils, par suite du préjudice que lui fait la privation de son œil, de même qu'il pourra répéter les dépenses qui auront été faites pour sa guérison.

Si quelqu'un tue avec armes, ou sans armes.

§. 1. Il importe peu quand on dit *avoir tué*, ou *avoir été tué* ; que le meurtre ait été commis avec une épée, un bâton, ou un fer, ou à coups de poings ; que celui qui a perdu la vie ait été étranglé, ou qu'il ait été tué à coups de pieds, ou de toute autre manière.

D'un fardeau renversé, d'une chûte que fait quelqu'un.

§. 2. Si quelqu'un chargé au-delà de ses forces, renverse son fardeau sur un esclave, et le tue, il y a lieu dans ce cas à l'action de la loi Aquilia ; car il était le maître de ne pas porter un aussi lourd fardeau. En effet, Pégase dit que si quelqu'un en tombant, a étouffé l'esclave d'autrui avec la charge qu'il porte, il est tenu de la loi Aquilia , en supposant qu'il ait pris un fardeau trop lourd , ou qu'il ait passé imprudemment par un chemin difficile et glissant.

---

(3) L. 5. §. ult. in pr. et fin. supr. h. t. l. 17. §. 1. supr. de usufr. l. 13. §. 4. infr. locati conduct. l. 16. §. 2. infr. de præscr.

De impulsû.

§. 3. Proindè si quis alteriûs impulsû (1) damnum dederit, Proculus scribit, nequè eum qui impulit, teneri, quià non occidit, nequè eum, qui impulsus est, quià damnum injuriâ non dedit : secundùm quod in factum actio erit danda in eum, qui impulit.

De colluctatione, pancratio, pugillatû.

§. 4. Si (quis) in colluctatione, vel in pancratio, vel pugiles, dùm inter se exercentur, alius alium occiderit, si quidèm in publico certamine (alius alium occiderit), cessat Aquilia : quià gloriæ causâ et virtutis, non injuriæ gratiâ videtur damnum datum. Hoc autèm in servo non procedit : quoniàm ingenui solent certare (2) : in filio familiâs vulnerato procedit. Planè, si cedentem vulnaverit, erit Aquiliæ locus : aut si non in certamine servum occidit; nisi (si) domino comittente hoc factum sit, tunc enim Aquilia cessat.

De servo ægroto percusso.

§. 5. Sed si quis servum ægrotum levitèr percusserit, et is obierit, rectè Labeo dicit, lege Aquiliâ eum teneri : quià aliud alii mortiferum esse solet (3).

De eo qui causam mortis præstitit.

§. 6. Celsus autèm multùm (4) interesse (dicit),

---

(1) L. ult. infr. de his, qui effud.
(2) L. 52. §. 2. infr. h. t.
(3) Arg. l. 2. §. ult. l. 5. l. 4. supr. de his, qui not. infam.

De l'action de pousser.

§. 3. Par conséquent si quelqu'un poussé par un autre (1) a tué un esclave, Proculus écrit que celui qui a poussé l'autre n'est pas tenu de cette action, parce que ce n'est pas lui qui l'a tué, non plus que celui qui a été poussé, en ce que c'est sans mauvaise intention et sans dessein de nuire qu'il a causé ce tort. Ainsi on devra accorder une action sur le fait, contre celui qui a poussé l'autre.

De la lutte dans un exercice public, du combat à coups de poings.

§. 4. Il n'y aura pas lieu à l'action de la loi Aquilia, contre celui qui aura tué son adversaire en luttant contre lui, si la chose est arrivé dans un exercice public, parce que les lutteurs combattent pour montrer leur courage et leur adresse, et non pour se faire à dessein du mal ; ce qui n'a pas lieu à l'égard d'un esclave, par la raison qu'il n'y a que les personnes libres qui sont admises à cet exercice (2) ; d'où il suit que ce que l'on vient de dire, peut et doit s'appliquer à un fils de famille qui aurait été blessé ; mais si un lutteur blesse son adversaire lorsqu'il cède et se retire du combat, il y a lieu dans ce cas à l'action de la loi Aquilia ; de même que dans celui où il tue un esclave avec lequel il s'exerce hors du combat, à moins que le maître de l'esclave n'y eut consenti, et ne le lui eut confié pour cet usage.

D'un esclave malade qui a été frappé.

§. 5. Si quelqu'un blesse légèrement un esclave malade, et qu'ensuite celui-ci vienne à mourir, Labéon dit avec raison qu'il y a lieu contre lui à l'action de la loi Aquilia, parce que souvent un coup qui serait peu de chose pour une personne jouissant d'une bonne santé, peut devenir mortel pour celui qui déjà est malade (3).

De celui qui a été cause de la mort.

§. 6. Celse dit qu'il est une distinction très-essentielle à faire à ce sujet, en ce qu'il importe beaucoup de savoir s'il a tué (4) l'esclave, ou s'il a seulement compromis ses jours,

---

(4) Vide tamen l. 24. §. 5. in fin. infr. de damno infect.

occiderit, an mortis causam præstiterit; ut, qui mortis causam præstitit (1), non Aquiliâ, sed in factum actione teneatur. Undè adfert eum, qui venenum pro medicamento dedit : et (ait), causam mortis præstitisse, quemadmodùm eum, qui furenti gladium porrexit : nàm nec hunc lege Aquiliâ teneri, sed in factum.

Si quis aliquem de ponte præcipitavit, aut puerum saxo illisit.

§. 7. Sed si quis de (2) ponte aliquem præcipitavit, Celsus ait, sivè ipso ictû perierit, aut continuò submersus est, aut lassatus vi fluminis victus perierit, lege Aquiliâ teneri : quemadmodùm, si quis puerum saxo inlisisset.

De medico.

§. 8. Proculus ait, si medicus servum imperitè (3) secuerit, vel ex locato vel ex lege Aquiliâ competere actionem.

8. Gajus, *lib. 7. ad edictum provinciale.*

Idem juris est, si medicamento perperàm (4) usus fuerit. Sed et qui benè (5) secuerit, et dereliquit curationem. securus non erit : sed culpæ reus intelligitur.

---

(1) Immò vide l. 15. in pr. infr. ad leg. Corn. de sicar.
(2) V. l. 9. in pr. l. 49. in pr. infr. h. t.
(3) §. ult. vers. sed si quis. Inst. eod.

parce que celui qui a exposé les jours de l'esclave (1), n'est pas tenu de l'action de la loi Aquilia, mais que le maître a simplement contre lui une action sur le fait. Il apporte à ce sujet pour exemple le cas où quelqu'un aurait donné à un autre du poison pour une médecine, et il dit qu'il est censé l'avoir mis en danger de perdre la vie ; de même que s'il armait un furieux : or, comme dans ces deux hypothèses, ce n'est pas directement donner la mort, mais seulement donner l'occasion de la mort, il n'y a pas lieu à l'action de la loi Aquilia, mais seulement à une action expositive du fait.

Si quelqu'un a précipité un esclave du haut du pont, ou tué un enfant en le lançant avec violence contre une pierre.

§. 7. Si quelqu'un a précipité un esclave du haut d'un pont (2), Celse dit que, soit qu'il soit mort de cette chûte, ou qu'il se soit noyé sur-le-champ, ou que trop fatigué par suite des efforts qu'il a fait pour se sauver, la rapidité de l'eau l'ait entraîné, et qu'il ait péri, il y a lieu à l'action de la loi Aquilia, de même que s'il eut tué un enfant en le jettant avec violence contre une pierre.

D'un médecin.

§. 8. Proculus dit que si un médecin a saigné à contre-tems un esclave (3), le maître de l'esclave a contre le médecin, ou l'action de la loi Aquilia, ou une action qui naît de la responsabilité qui frappe sur le médecin auquel en cette qualité il a confié son esclave.

8. GAJUS, *liv. 7. sur l'édit provincial.*

Il en est de même d'un médecin qui administre (4) mal-a-propos des remèdes à un malade. Celui même qui après avoir fait une saignée à-propos (5), abandonne son malade, devient responsable des suites de sa négligence, en ce qu'il s'est rendu coupable d'une faute qui mérite une peine.

---

(4) §. 7. Inst. eod.
(5) L. 6. S. 7. supr. de offic. præsid.

De mulione, et eo qui equo vehetur.

§. 1. Mulionem quoquè (1), si per imperitiam impetum mularum retinere non potuerit, si eæ alienum hominem obtriverint, vulgò dicitur culpæ nomine teneri. Idem dicitur, et si propter infirmitatem sustinere mularum impetum non potuerit. Nec videtur iniquum , si infirmitas culpæ adnumeretur : cùm affectare quisque non debeat, in quo vel intelligit, vel intelligere debet infirmitatem suam alii periculosam futuram. Idem juris est in personâ ejus, qui impetum equi, quo vehebatur, propter imperitiam , vel infirmitatem retinere non poterit.

9. ULPIANUS , *lib.* 18. *ad edictum.*

De obstretice.

Itèm si obstetrix (2) medicamentum dederit, et indè mulier perierit, Labeo distinguit : ut, si quidèm suis manibus supposuit, videatur occidisse; sìn verò dedit, ut sibi mulier offerret , in factum actionem dandam (3). Quæ sententia vera est : magìs enim causam mortis præstitit, quàm occidit.

De medicamento , et veneno.

§. 1. Si quis per vim, vel suasum , medicamentum alicui infundit, vel ore , vel clystere, vel si eum unxit malo (4) veneno, lege Aquiliâ (eum teneri :) quemadmodùm obstetrix supponens tenetur.

---

(1) §. 6. Inst. h. t.
(2) §. 8. Inst. cod.

D'un muletier, et de celui qui est à cheval.

§. 1. Le muletier (1) qui ne sait pas retenir ses mules, devient fautif, si ses mules écrasent quelqu'un. On doit dire la même chose s'il n'a pas la force de les contenir; et il n'y a pas d'injustice à soutenir que cette faiblesse est une véritable faute, parce que l'on ne doit pas faire un métier que l'on ne connait pas, et que le muletier n'a pu se dissimuler à lui-même que son ignorance ou sa faiblesse pouvaient être préjudiciable à autrui. Celui qui ou par ignorance, ou parce qu'il n'a pas assez de force ne peut contenir la fougue du cheval qu'il monte, est également coupable.

9. ULPIEN, *liv.* 18. *sur l'édit.*

D'une sage-femme.

De même, si une sage-femme (2) a donné un médicament à une femme en couche, et que cette femme en soit morte, Labéon dit qu'il faut distinguer si elle le lui a administré elle-même, ou si elle le lui a simplement donné à prendre, parce que dans le premier cas elle est censée l'avoir fait mourir, et qu'au contraire dans le second elle lui a seulement donné l'occasion de la mort; ce qui donne lieu à une action (3) expositive du fait. Cette opinion est vraie; car dans ce dernier elle lui a plutôt donné l'occasion de la mort, qu'elle ne l'a tuée elle-même.

D'un médicament, et du poison.

§. 1. Si quelqu'un a employé la violence ou la persuasion pour faire prendre à un autre un remède dangereux, soit en potion, soit dans un lavement, ou si à l'exemple d'une sage-femme, il l'a frotté avec un onguent nuisible (4), il y a lieu contre lui à l'action de la loi Aquilia.

---

(3) Adde l. 15. infr. ad leg. Corn. de sicar.
(4) L. 7. §. 6. supr. h. t.

De fame.

§. 2. Si quis hominem fame (1) necaverit, in factum actione teneri (2) Neratius ait.

De equo concitato.

§. 3. Si servum meum equitantem, concitato equo effeceris in flumen præcipitari, atquè ideò (homo) perierit ; in factum esse dandam actionem Ofilius scribit : quemadmodùm si servus meus ab alio in insidias deductus, ab alio esset occisus.

De lusû.

§. 4. Sed si per lusum (3) jaculantibus servus fuerit occisus, Aquiliæ locus est. Sed si, cùm alii in campo jacularentur, servus per eum locum transierit, Aquilia cessat : quià non debuit per campum jaculatorium iter intempestivè facere. Qui tamèn datâ operâ in eum jaculatus est, utiquè Aquiliâ tenebitur.

10. PAULUS, *lib.* 22. *ad edictum.*

Nàm lusus quoque noxius in culpâ est (4).

11. ULPIANUS, *lib.* 18. *ad edictum.*

Item Mela scribit, si, cùm pilâ (5) quidam luderent, vehementiùs quis pilâ percussâ in tonsoris manus eam dejecerit, et sic servi, quem tonsor radebat, gula sit præcisa adjecto cultello,

---

(1) V. l. 5. C. h. t.
(2) Immò vide §. ult. in pr. Inst. eod.
(3) §. 4. Inst. eod.

De la faim.

§. 1. Nératius dit que l'on peut intenter une action (1) expositive du fait contre celui qui a fait mourir un autre de faim (2).

D'un cheval effrayé.

§. 3. Ofilius écrit que si en effrayant un cheval monté par mon esclave, vous êtes cause qu'il a été précipité dans le fleuve où il a péri, il y a lieu contre vous à l'action expositive du fait, de même que, si mon esclave avait été conduit dans une embuscade où il aurait été tué par quelqu'un qui aurait été aposté pour lui ôter la vie.

Du jeu.

§. 4. Si un esclave a été tué par des gens qui s'amusaient à lancer des javelots (3), il y a lieu à l'action de la loi Aquilia. Mais si l'esclave passait dans l'endroit destiné à ces sortes de divertissemens, cette action cesserait, parce que la prudence s'opposait à ce qu'il dirigeât son chemin par cet endroit. Si cependant on avait lancé un trait contre lui en l'ajustant à dessein de l'attraper, celui qui l'aurait tué serait tenu de la loi Aquilia.

10. PAUL, *liv.* 22. *sur l'édit.*

Car un divertissement qui peut préjudicier à autrui, est à juste titre mis au nombre des fautes (4).

11. ULPIEN, *liv.* 18. *sur l'édit.*

De même Méla écrit que (5) si quelqu'un en jouant à la paulme, vient à lancer sa balle avec trop de violence, et qu'il la fasse tomber sur la main d'un barbier occupé à raser, si ce barbier coupe d'un coup de rasoir la gorge d'un esclave qu'il rasait, celui qui a lancé la balle devant s'imputer cet

---

(4) §. 6. 9. supr. Constit. ad Antecessor. l. 5o. in fin. infr. de furt.
(5) Adde l. 52. in fin. infr. h. t.

in quocunquè eorum culpa sit, eum lege Aquilia teneri : Proculus in tonsore esse culpam. Et sanè, si ibì tondebat, ubi ex consuetudine ludebatur, vel ubì transitus frequens erat, est quod ei imputetur : quamvìs nec illud malè dicatur, si in loco periculoso sellam habenti tonsori se quis commiserit, ipsum de se queri debere (1).

Si alius tenuit, alius interemit.

§. 1. Si alius tenuit, alius interemit, is, qui tenuit, quasi causam mortis præbuit, in factum actione tenetur.

Si plures percusserint.

§. 2. Sed si plures servum percusserint, utrùm omnes, quasi occiderent, teneantur, videamus ? et si quidèm apparet, cujus ictû perierit : ille, quasi occiderit, teuetur. Quòd si non apparet, omnes, quasi occiderint, teneri Julianus ait. Et, si cum uno agatur, cæteri non liberantur : nàm ex lege Aquiliâ quod alius præstitit, alium non relevat, cùm sit pœna.

§. 3. Celsus scribit, si (2) alius mortifero vulnere, percusserit, alius posteà exanimaverit, priorem quidèm non teneri, quasi occiderit, sed quasi vulneraverit ; quià ex alio vulnere periit : posteriorem teneri, quià occidit. Quod et Marcello videtur, et est probabilius.

Aut trabem dejecerint.

§. 4. Si plures trabem dejecerint, et hominem oppresserint, æque veteribus placet, omnes lege Aquilia teneri.

---

(1) Adde l. ult. infr. commodati.

accident

accident, et qu'il est tenu de la loi Aquilia. Proculus pense qu'il y a de la faute du barbier ; et en effet , si un barbier rasait dans un endroit où l'on a coutume de jouer à la paulme , et où il passe beaucoup de monde , on peut lui imputer cet événement , quoique l'on puisse dire avec raison que celui qui se confie à un barbier qui a établi sa boutique dans un endroit aussi dangereux , doive s'en prendre à lui-même de tout ce qui peut lui arriver (1).

Si l'un a tenu , l'autre tué.

§. 1. Si l'un tient un esclave et que l'autre le tue , on a contre celui qui a tenu l'esclave , une action expositive sur le fait , comme ayant participé à la mort.

Si plusieurs ont frappé.

§. 2. Mais examinons si plusieurs personnes ayant frappé un esclave , toutes seront tenues de même que si toutes l'avaient tué. Si l'on peut constater de quel coup il est mort, celui qui aura porté ce coup sera tenu comme s'il l'avait tué. Si au contraire on ne peut le prouver, toutes en seront tenues, de même que si elles l'avaient tué. C'est l'opinion de Julien , et s'il n'y en a qu'un seul qui soit condamné, les autres ne seront pas pour cela libérés ; car d'après la loi Aquilia , ce que l'un a payé, ne libère pas l'autre , parce que cette action est pénale.

§. 3. Celse écrit que si celui-ci (2) a porté à un esclave un coup mortel , et que celui-là l'eut tué roide , le premier ne sera pas tenu comme ayant tué , mais simplement comme ayant blessé , parce qu'il est mort d'un second coup , le second est tenu de l'action de la loi Aquilia , parce qu'il est l'auteur de la mort. C'est le sentiment de Marcellus , et il est le plus probable.

Ou fait tomber une poutre.

§. 4. Les anciens ont décidé que si plusieurs personnes en faisant tomber une poutre , ont écrasé un homme , il y avait lieu contre toutes à l'action de la loi Aquilia.

---

(2) L. 15. §. 1. l. 51. in pr. infr. h. t.

De cane irritato.

§. 5. Itèm cum eo , qui canem itritaverat (1)
et effecerat, ut aliquem morderet, quamvis eum
non tenuit, Proculus respondit, Aquiliæ actionem
esse. Sed Julianus eum demùm Aquiliâ teneri (ait),
qui tenuit, et efficit , ut aliquem morderet : cæ-
terûm, si non tenuit, in factum agendum.

De domino.

§. 6. Legis autem Aquiliæ actio hero (2) competit, hoc est, domino.

De homine redhibendo.

§. 7. Si in eo homine, quem tibi redhibiturus
essem, damnum injuriâ datum esset, Julianus ait,
legis Aquiliæ actionem mihi competere, mequè,
cùm cœpero redhibere, tibi (3) restituturum.

De bonæ fidei possessore.

§. 8. Sed , si servus bonâ fide alicui serviat ,
an ei competit Aquiliæ actio ? Et magis in factum (actio) erit danda.

De commodatario.

§. 9. Eum , cui vestimenta commodata sunt,
non posse , si scissa fuerint , lege Aquiliâ agere,
Julianus ait : sed domino eam competere.

De fructuario , et usuario.

§. 10. An fructuarius vel usuarius legis Aqui-

____

(1) L. 1. §.6. supr. tit. prox.
(2) L. 2. in pr. supr. L. 13. L. 43. infr. h. t.

D'un chien qui a été excité.

§. 5. Proculus a répondu que celui qui aurait excité un chien contre quelqu'un, et qui aurait été cause que ce chien eut mordu, était soumis à l'action de la loi Aquilia (1), quoiqu'il n'eut pas tenu le chien. Mais Julien pense que celui même qui aurait tenu le chien et l'aurait excité à mordre, était tenu de l'action de la loi Aquilia, mais que s'il ne le tenait pas, il y a seulement lieu à une action expositive du fait.

Du maître.

§. 6. Le droit d'intenter l'action de la loi Aquilia appartient au maître de l'esclave tué ou blessé (2).

De l'esclave qui doit être racheté.

§. 7. Julien a dit que si l'esclave que je vous ai vendu, et que vous deviez me rendre, en reprenant le prix que vous l'aviez acheté, a reçu quelque dommage, l'action de la loi Aquilia m'appartenait, et qu'en reprenant mon esclave, je vous rendrai aussi tout (3) ce que j'aurai reçu à l'occasion de ce dommage.

Du possesseur de bonne foi.

§. 8. Mais si un esclave n'est pas celui de la personne qui le regarde de bonne-foi comme étant à elle, celle-ci pourra-t-elle exercer l'action de la loi Aquilia? Je pense qu'elle doit de préférence se servir de l'action expositive du fait.

De celui à qui il a été prêté.

§. 9. Julien dit que celui à qui on a prêté des habits qu'un autre a déchirés, ne peut recourir à l'action de la loi Aquilia, et qu'il n'y a que le maître de ces vêtemens qui puisse s'en servir.

De l'usufruit, et de l'usage.

§. 10. Julien demande si l'usufruitier, ou l'usager, peut

---

(3) V. l. 14. infr. de ædilit. edict.

liæ actionem haberet, Julianus tractat : Et ego
puto meliùs, utile (1) judicium ex hac causâ
dandum.

12. Paulus, *lib.* 10. *ad Sabinum.*

Sed et si proprietatis dominus vulneravit servum, vel occiderit (2) in quo ususfructus meus
est : danda est mihi, ad exemplum legis Aquiliæ,
actio in eum pro portione ususfructûs; ut etiam
ea pars anni in æstimationem veniat, quâ nondùm
ususfructus meus fuit.

13. Ulpianus, *lib.* 18. *ad edictum.*

De libero homine, de servo fugitivo.

Liber homo, suo nomine utilem Aquiliæ habet
actionem : directam enim non habet, quoniam
dominus membrorum suorum nemo videtur. Fu-
gitivi autem nomine dominus (3) habet.

De bonæ fidei possessore.

§. 1. Julianus scribit, si homo liber bonâ fide
mihi serviat, ipsum lege Aquiliâ mihi teneri (4).

De servo hereditario.

§. 2. Si (5) servus hereditarius occidatur, quæritur, quis Aquiliâ agat, cùm dominus nullus sit
hujus servi? Et ait Celsus, legem domino damna

---

(1) L. 12. infr. h. t. l. 17. in fin. supr. de usufr.
(2) L. 7. §. 4. l. 18. §. 2. supr. de dolo mal.
(3) V. l. 11. §. 6. supr. h. t.

exercer l'action de la loi Aquilia. Je pense qu'elle doit lui être accordée (1), sinon d'une manière directe, au moins d'une manière utile.

12. PAUL, *liv*. 10. *sur Sabinus.*

Si le maître de la propriété blesse, ou tue (2) un esclave dont j'ai l'usufruit, je dois avoir contre lui une action semblable à celle de la loi Aquilia, relativement à mon usufruit, et l'on fera entrer dans l'estimation du dommage la portion de l'année, où mon usufruit n'avait pas même encore commencé.

13. ULPIEN, *liv*. 18. *sur l'édit*

D'un homme libre, d'un esclave fugitif.

Un homme libre peut intenter en son propre et privé nom, l'action utile de la loi Aquilia, pour un dommage qu'il a reçu en sa personne ; mais il n'a pas l'action directe, parce que personne ne peut être censé être le maître de ses membres. Le maître peut intenter cette action si son esclave, qui a pris la fuite vient à être tué, ou blessé (3).

Du possesseur de bonne foi.

§. 1. Julien écrit que si un homme libre, qui croit de bonne-foi être mon esclave, lorsqu'il ne l'est pas, en tient la place dans ma maison, il est personnellement tenu euvers moi de l'action de la loi Aquilia (4).

De l'esclave de la succession.

§. 2. On demande si (5) l'esclave d'une succession vacante a été tué, qui exercera l'action de la loi Aquilia, puisque cet esclave n'a point de maître ? Celse a répondu que l'intention de la loi a été que le tort causé au maître fut réparé : la succession sera donc regardée comme ayant un

---

(4) L. 54. §. 2. infr. de adquir. rer. domin.
(5) L. 43. infr. h. t. 1. 56. §. 2. supr. de hered. petit.

salva esse voluisse : dominus ergò hereditatis (1) habebitur. Quarè, aditâ hereditate, heres poterit experiri.

De servo legato.

§. 3. Si servus legatus, post aditam hereditatem sit occisus, competere legis Aquiliæ actionem legatario, si non post mortem servi adgnovit legatum : quòd si repudiavit, consequens esse ait Julianus dicere, heredi competere.

14. PAULUS, *lib.* 22. *ad edictum.*

Sed si ipse heres (2) eum occiderit, dictum est, dandam in eum legatario actionem.

15. ULPIANUS, *lib.* 18. *ad edictum.*

Huic scripturæ consequens est dicere : ut, si antè aditam hereditatem occidatur legatus servus, apud heredem (3) remaneat Aquiliæ actio, per hereditatem adquisita. Quòd si vulneratus sit antè aditam hereditatem, in hereditate quidèm actio remansit, sed cedere eam legatario heredem oportet.

Si servus mortiferè vulneratus post ea ex aliâ causâ moriatur, vel manumittatur, vel alienatur, vel heres a domino instituatur.

§. 1. Si servus vulneratus mortiferè, posteà ruinâ, vel naufragio, vel alio ictû maturiùs perierit : de occiso agi non posse, sed quasi de vulnerato (4). Sed si manumissus, vel alienatus, ex vulnere periit, (quasi) de occiso agi posse Julianus ait. Hæc ità tàm variè, quia verum est,

---

(1) L. 31. in fin. infr. de hered. instit.
(2) L. 7. §. 5. supr. de dolo mal.

maître dans la personne qui l'aura acceptée (1). C'est pourquoi cet héritier pourra l'exercer.

De l'esclave légué.

§. 3. Si un esclave qui a été légué par un testament, est
tué après que la succession a été acceptée, l'action de la loi
Aquilia appartient au légataire, s'il a accepté le legs qui
lui a été fait avant la mort de l'esclave. Mais s'il a renoncé
à son legs, c'est raisonner conséquemment que de dire que
cette action appartient à l'héritier. C'est l'opinion de Julien.

14. PAUL, *liv.* 22. *sur l'édit.*

Si c'est l'héritier lui-même (2) qui a tué l'esclave, l'action
de la loi Aquilia sera formée contre lui.

15. ULPIEN, *liv.* 18. *sur l'édit.*

Il suit de ce qui vient d'être dit, que si l'esclave d'une
succession qui a été légué, est tué avant qu'elle ait été acceptée, l'action de la loi Aquilia acquise à l'héritier, lui
reste (3) dans son entier. Mais si l'esclave a été blessé avant
que la succession fût acceptée, cette action reste encore à
l'héritier, mais il doit la transmettre au légataire.

*Si un esclave blessé mortellement vient à mourir par une
toute autre cause, ou s'il est affranchi, vendu, ou si
son maître l'institue son héritier.*

§. 1. Si l'esclave blessé à mort vient à périr ensuite plus
promptement par la chûte d'un édifice, ou dans un nau-
frage, ou des suites de tout autre coup, le maître ne pourra
pas actionner la personne qui l'aura blessé comme l'ayant
tué, mais simplement comme l'ayant blessé (4). Mais s'il
a été affranchi ou vendu, et qu'il vienne à périr, Julien
dit que l'on peut actionner celui qui l'a blessé comme l'ayant

---

(2) L. 60. §. 2. infr. ad SC. Trebell.
(4) L. 11. §. 3. supr. h. t.

eum à te occisum tunc, cùm vulnerabas; quod mortuo eo, demùm apparuit : in superiore non est passa ruina apparere, an sit occisus. Sed si vulneratum mortiferè, liberum et heredem esse jusseris, deindè decesserit : heredem ejus agere Aquiliâ non posse (1).

16. MARCIANUS, *lib. 4. regularum.*

Quia (2) in eum casum res pervenit, à quo incipere non potest (3).

17. ULPIANUS, *lib. 18. ad edictum.*

De servo bonâ fide possesso, vel pignerato.

Si dominus servum suum occiderit, bonæ fidei possessori (4), vel ei, qui pignori accepit (5), in factum actione tenebitur.

De servo duobus conjunctìm legato.

§. 1. Si conjunctìm (6) duobus legetur Stychus, et alter eorum occisum repudiaverit : puto, conjunctum solum posse Aquilia agere; quia retrò (7) accrevisse dominium ei videtur.

18. PAULUS, *lib. 10. ad Sabinum.*

De servo pignerato.

Sed et si is, qui pignori servum accepit, occidit eum, vel vulneravit : lege Aquiliâ et pigno-

---

(1) L. 16. l. 36. §. 1. infr. eod.
(2) §. 6. vers. unde si. Inst. de noxal. action.
(3) L. 11. supr. de servit. l. 85. §. 1. 1. infr. de reg. jur.
(4) L. 11. §. 8. supr. h. t.

tué. La raison de cette différence est fondée sur ce que dans le tems où vous l'avez frappé, il était blessé à mort, et devait mourir de sa blessure; au lieu que dans le premier cas, l'on peut douter si l'accident survenu aurait occasionné sa mort. Mais si votre esclave étant mortellement blessé, vous lui donnez la liberté, en le faisant votre héritier, et qu'il vienne ensuite à périr, son héritier ne pourra pas intenter l'action de la loi Aquilia (1).

16. MARCIEN, *liv.* 4. *des règles.*

Parce que la chose se trouve dans un état (2), tel que l'action n'aurait pu avoir lieu dans l'origine (3).

17. ULPIEN, *liv.* 18. *sur l'édit.*

De l'esclave possédé de bonne foi, ou donné en gage.

Si un maître a tué son esclave, il sera tenu de l'action expositive du fait envers le possesseur de bonne-foi (4), ou envers celui qui l'a reçu en nantissement (5).

De l'esclave légué conjointement à deux personnes.

§. 1. Si l'esclave Stychus est légué conjointement à deux personnes (6), et que l'une d'elle ait renoncé à son legs, on suppose l'esclave tué, j'estime que l'action de la loi Aquilia ne doit être intentée que par un seul légataire, parce que le domaine de l'esclave lui est accru par un effet rétroactif (7).

18. PAUL, *liv.* 10. *sur Sabinus.*

De l'esclave donné en gage.

Si un créancier a tué ou blessé l'esclave qui lui a été donné en nantissement, il pourra être actionné en vertu de la loi Aquilia, et de l'action pigneratice. Mais le de-

---

(5) L. 27. infr. de pignorib.
(6) L. 34. infr. h. t.
(7) L. 35. infr. eod.

ratitiâ conveniri potest. Sed alterutrâ contentus esse debebit actor.

19. ULPIANUS, *lib.* 18. *ad edictum.*

De servo communi.

Sed si communem servum occiderit quis, Aquiliâ teneri eum, Celsus ait. Idem est et si vulneraverit.

20. IDEM, *lib.* 42 *ad Sabinum.*

Scilicèt pro eâ parte, pro quâ dominus est, qui agat.

21. IDEM, *lib.* 18. *ad edictum.*

De damni æstimatione.

Ait lex, *quantì (is homo) in eo* (1) *anno plurimi fuisset.* Quæ clausula æstimationem habet damni, quod datum est.

De anni computatione.

§. 1. Annus autèm retrorsus (2) computatur, ex quo quis occisus est. Quòd si mortiferè fuerit vulneratus, et posteà post longum intervallum mortuus sit, indè annum numerabimus, secundùm Julianum, ex quo vulneratus est : licèt Celsus contrà scribit.

De æstimatione corporis et ejus quod interest.

§. 2. Sed utrùm corpus ejus solum æstimamus, quanti fuerit, cùm occideretur, an potiùs, quanti

---

(1) L. 2. in pr. supr. l. 21. §. 3. infr. eod.

mandeur devra opter entre l'une et l'autre de ces actions,
et s'en contenter.

19. ULPIEN, *liv.* 18 *sur l'édit.*

De l'esclave commun.

Celse dit que celui qui a tué un esclave commun, est
tenu de l'action de la loi Aquilia. Il en est de même s'il
l'a blessé.

20. LE MÊME, *liv.* 22. *sur Sabinus.*

Mais il ne sera tenu que pour la portion afférante de celui
qui l'actionnera.

21. LE MÊME, *liv.* 18. *sur l'édit.*

De l'estimation du dommage.

La loi s'exprime ainsi. *Le défendeur sera tenu de payer
l'esclave au plus haut prix qu'il aura valu dans l'année* (1).
Cette disposition renferme aussi l'estimation du dommage
qui aura été causé.

De la supputation de l'année.

§. 1. La supputation de l'année se fait en remontant au
jour où l'esclave a été tué (2). Mais s'il a été blessé à mort,
et qu'il ne soit décédé qu'après un long intervalle de tems,
d'après Julien nous compterons l'année en partant du jour
où il aura été blessé. Celse est cependant d'une opinion
contraire.

De l'estimation de la valeur de l'esclave tué, et de l'intérêt
que son maître avait à ce qu'il ne fut pas tué.

§. 2. Mais l'estimation portera-t-elle uniquement sur la
valeur intrinsèque de l'esclave, ou sur l'intérêt que nous

---

(2) D. l. 21. §. 1. in fin. infr. eod.

interfuit nostrâ, non esse occisum? Et hoc jure utimur, ut ejus, quod interest (1), fiat æstimatio.

22. Paulus, *lib.* 22. *ad edictum.*

Proindè, si servum occidisti, quem sub pœnâ tradendum promisi, utilitas venit in hoc judicium.

§. 1. Item causæ corpori cohærentes æstimantur, si quis ex comœdis (2), aut symphoniacis, aut gemellis, aut quadrigâ, aut ex pari mularum, unum, vel unam occiderit : non solùm (enim) perempti corporis æstimatio facienda est, sed et ejus ratio haberi debet, quo cætera corpora depretiata sunt.

23. Ulpianus, *lib.* 18. *ad edictum.*

Indè Neratius scribit, si servus heres institutus occisus (3) sit, etiam hereditatis æstimationem (4) venire (5).

§. 1. Julianus ait, si servus liber et heres esse jussus, occisus fuerit : nequè substitutum, nequè legitimum, actione legis Aquiliæ, hereditatis æstimationem consecuturum, quæ servo competere non potuit. Quæ sententia vera est. Pretii igitur solùmmodò fieri æstimationem, quia hoc interesse solùm substituti videretur. Ego autèm

---

(1) L. 22. l. 23. §. 1. 4. 6. l. 37. §. 1. l. 51. §. ult. l. 55. vers. quanti igitur. infr. eod.

(2) §. 10. Inst. eod. l. 34. in fin. l. 38. in fin. infr. de ædil. edict.

avions à ce qu'il ne fût pas tué? Nous sommes dans l'usage de faire porter l'estimation (1) sur l'intérêt que nous avions à la conservation de l'esclave.

22. PAUL, *liv.* 22. *sur l'édit.*

Par conséquent si vous avez tué un esclave que je m'étais engagé de livrer sous une certaine peine pécuniaire, le juge prendra en considération cette obligation que j'avais contractée.

§. 1. On aura de même égard lors de l'estimation aux qualités, et aux talens inhérens à la personne de l'esclave. Supposons, par exemple, que vous ayez tué un esclave que j'employais à jouer la comédie (2), ou de quelques instrumens, ou un des esclaves dont j'avais les deux jumeaux ; ou supposons que vous avez tué un des quatre chevaux qui composaient mon attelage, ou une des mules dont j'avais la pareille, non-seulement on devra estimer le tort que j'ai souffert en les perdant : mais on estimera encore la perte que je fais parce qu'ils ne sont plus pareils, et que par-là ils ont perdu de leur valeur.

23. ULPIEN, *liv.* 18. *sur l'édit.*

C'est ce qui a porté Nératius à écrire que si l'esclave qui a été institué héritier d'une succession, a été tué (3), celui qui s'est rendu coupable de ce meurtre (4) doit l'estimation de la succession, qu'il a fait perdre au maître de l'esclave (5).

§. 1. Julien écrit que si un esclave institué héritier avec don de la liberté, vient à être tué, ni l'héritier substitué, ni l'héritier légitime ne pourront obtenir en vertu de la loi Aquilia l'estimation de la succession qui n'a pu appartenir à l'esclave, et cette opinion est vraie. On n'estimera donc suivant lui que la valeur réelle de l'esclave, parce que c'est le seul intérêt que puisse avoir l'héritier institué. Pour moi je pense qu'on ne doit pas même estimer la

---

(3) D. §. 10.
(4) L. 11. in pr. infr. ad exib. l. 52. §. 28. infr. de furt.
(5) Obst. l. 63. in pr. vers. sed nec. infr. ad leg. Falcid.

puto, nec pretii fieri æstimationem : quià, si heres esset (1), et liber esset.

§. 2. Idem Julianus scribit, si institutus fuero sub conditione, *si Stychum manumisero*, et Stychus sit occisus post mortem testatoris, in æstimationem etiam hereditatis pretium me consecuturum : propter occisionem enim defecit conditio. Quòd si vivo testatore occisus sit, hereditatis æstimationem cessare : quia retrorsùm (2), quanti plurimì fuit, inspicitur.

§. 3. Idem Julianus scribit, æstimationem hominis occisi ad id (3) tempus referri, quo plurimì in eo anno fuit, et ideò, et si pretioso pictori pollex fuerit præcisus, et intrà annum, quo præcideretur, fuerit occisus, posse (eum) Aquiliâ agere : pretioquè eo æstimandum, quanti fuit priùs, quàm artem cum pollice amisisset.

§. 4. Sed et si servus, qui magnas fraudes in meis rationibus commiserat, fuerit occisus, de quo quæstionem habere destinaveram, ut (4) fraudium participes eruerentur : rectissimè Labeo scribit, tanti æstimandum, quanti meâ intererat, fraudes servi per eum commissas detegi, non quanti noxa ejus servi valeat.

§. 5. Sed et si bonæ frugi servus, intrà annum mutatis moribus, occisus sit, pretium id æstimabitur, quanto valeret priùs, quàm mores mutaret.

§. 6. In summâ, omnia commoda, quæ intrà annum, quo interfectus est, pretiosiorem servum

---

(1) §. 1. Inst. de hered. instit. l. pen. C. de necessar. serv. hered. instit.

valeur de l'esclave, puisque par cela même qu'il eût été héritier, il eût été libre (1).

§. 2. Le même Julien dit que si j'ai été institué sous la condition d'affranchir Stychus, et que Stychus ait été tué après la mort du testateur, je pourrai exiger outre le prix de l'esclave, l'estimation de la succession, parce que cette condition ne manque que par sa mort, qui ne peut m'être imputée. S'il a été tué du vivant du testateur, il n'y aura pas lieu à porter en compte cette succession, parce que pour estimer la plus value d'un esclave, on se reporte à un tems antérieur à sa mort. (2).

§. 3. Le même Julien écrit que lorsqu'il s'agit d'estimer la plus grande valeur d'un esclave qui a été tué, il faut se reporter (3) à l'année précédente, où il a eu un plus grand prix. C'est pourquoi si un esclave qui excellait dans l'art de la peinture, a eu le pouce coupé, et qu'il ait été tué dans la même année, le maître de l'esclave pourra intenter l'action de la loi Aquilia, et il pourra demander la plus grande valeur de cet esclave, c'est-à-dire, celle qu'il avait avant l'époque où il a perdu son art et son pouce.

§. 4. Si on a tué un de mes esclaves qui s'était rendu extrêmement coupable dans la gestion de mes affaires, et auquel, sous ce rapport, je devais faire subir la question, pour lui faire nommer les complices de ses vols (4), Labéon dit que l'estimation de cet esclave doit être en raison de l'intérêt que j'avais à découvrir les fraudes qui ont été commises à mon égard, ainsi que leurs auteurs; et qu'il ne suffit pas qu'elle soit seulement proportionnée au tort que mon esclave m'a personnellement causé.

§. 5. Mais si un esclave qui avait toujours mené une bonne conduite, est tué dans l'année où il avait commencé à se déranger, on l'estimera à la valeur qu'il avait avant qu'il se fût débauché.

§. 6. En général on doit dire qu'il faut faire entrer dans

---

(2) L. 21. §. 1. supr. h. t.
(3) V. d. l. 21.
(4) V. l. 15. §. 41. infr. de injur.

facerent, hæc accedere ad æstimationem ejus, dicendum est.

§. 7. Si infans sit occisus nondùm anniculus, verius est sufficere hanc actionem : ut æstimatio referatur ad id tempus, quo intrà annum vixit.

De successoribus.

§. 8. Hanc actionem et heredi (1) cæterisquè successoribus dari constat. Sed in heredem vel cæteros hæc actio non dabitur, cùm sit penalis (2); nisi fortè ex damno locupletior heres factus sit.

Si servus dolo occisus est.

§. 9. Si dolo servus occisus sit, ex lege Corneliâ (3) agere dominum posse constat. et, si lege Aquiliâ egerit, præjudicium fieri Corneliæ (4) non debet (5).

De confitente aut negante.

§. 10. Hæc actio adversùs confitentem competit in simplum : adversùs negantem, in duplum (6).

De falsà confessione.

§. 11. Si quis hominem vivum falsò confiteatur occidisse, et posteà paratus sit ostendere, hominem vivum esse : Julianus scribit; cessare Aquiliam; quamvis confessus sit se occidisse. Hoc enim solùm remittere actori confessoriam actionem, ne necesse habeat docere, eum occidisse.

---

(1) L. 1. §. 1. infr. de privat. delict.
(2) L. 111. in fin. infr. de reg. jur. §. 9. Inst. h. t.

l'estimation d'un esclave qui a été tué, tous les avantages qu'il avait dans l'année de sa mort.

§. 7. Si l'on tue un esclave âgé de moins d'un an, cette action suffit à son maître, et pour l'estimer on se reportera au tems où il vivait.

Des successeurs.

§. 8. Il est constant que cette action passe à l'héritier et aux autres successeurs (1). Mais elle ne sera pas donnée contre l'héritier, et les autres successeurs, parce qu'elle est pénale, (2) à moins qu'ils ne soient devenus plus riches par suite de ce délit.

Si l'esclave a été tué par dol.

§. 9. Il est également constant que si un esclave a été tué par dol, le maître de cet esclave peut faire condamner celui qui s'est rendu coupable de ce délit à la peine portée par la loi Cornelia(3), et s'il intente l'action de la loi Aquilia, il ne sera pas privé par-là du droit qu'il a de lui faire subir la peine portée (4) par la loi Cornelia (5).

De celui qui avoue, et de celui qui nie.

§. 10. Celui qui avoue le délit qu'il a commis, est seulement condamné par cette action au simple, mais celui qui nie, l'est au double (6).

D'une fausse déclaration.

§. 11. Si quelqu'un avoue faussement avoir tué un esclave qui vit, et qu'ensuite il soit disposé à le représenter, Julien dit qu'il n'y a pas lieu à l'action de la loi Aquilia, encore qu'il ait avoué l'avoir tué. Le seul avantage que le demandeur retire de cet aveu, consiste en ce qu'il n'est

---

(3) V. l. 3. C. eod.
(4) L. . §. 1. infr. vi honor. raptor.
(5) Vide tamen l. . infr. de accusat.
(6) L. 2. §. 1. supr. h. t.

Tom. 6.

Cæterum occisum esse hominem à quocunquè oportet (1).

24. PAULUS, *lib.* 22. *ad edictum.*

Hoc apertius est circà vulneratum homimem : nàm si confessus sit vulnerasse, nec sit vulneratus, æstimationem cujus vulneris faciemus? vel ad quod tempus recurremus?

25. ULPIANUS, *lib.* 18. *ad edictum.*

Proindè si occisus quidèm non sit, mortuus autem sit, magis est, ut non teneatur in mortuo, lîcèt fassus sit.

De confessione procuratoris, tutoris, curatoris.

§. 1. Si procurator, aut tutor, aut curator, aut quivis alius confitetur (aut) absentem vulnerasse, confessoria in eos utilis actio danda est.

De officio judicis in confitentem.

§. 2. Notandum, quod in hâc actione, quæ adversûs confitentem datur, judex non rei judicandæ, sed æstimandæ datur : nàm nullæ partes sunt judicandi in confitentes.

26. PAULUS, *lib.* 22. *ad edictum.*

Putà enìm, quòd qui convenitur, fateatur se occidisse, et paratus sit æstimationem solvere, et adversarius magni litem æstimat.

____

(1) Adde l. 24. infr. eod. l. 4. infr. de confessis.

pas obligé de prouver que son esclave a été tué par le défendeur. L'esclave a été tué, peu importe par qui, et cela suffit au demandeur (1).

24. PAUL, *liv.* 22. *sur l'édit.*

Cela est encore plus clair quand il s'agit d'un esclave blessé. Car s'il avoue l'avoir blessé, et qu'il ne le soit pas, comment pouvoir estimer cette blessure ? ou à quelle époque remontera-t-on ?

25. ULPIEN, *liv.* 18. *sur l'édit.*

Par conséquent si l'esclave n'a pas été tué, et qu'il soit mort naturellement, on doit dire, et avec raison, que cet aveu ne rend pas celui qui l'a fait, responsable de sa mort.

De l'aveu fait par un fondé de pouvoir, un tuteur, un curateur.

§. 1. Si un fondé de pouvoir, ou un tuteur, ou un curateur, ou tout autre avoue qu'une personne absente dont il faisait les affaires, a blessé un esclave, leur aveu doit donner lieu contre eux à une action utile.

Du devoir du juge à l'égard de celui qui avoue.

§. 2. Il est à remarquer que dans l'action qui a lieu contre celui qui avoue, les fonctions du juge ne consistent pas à condamner sur l'accusation, mais seulement à estimer le dommage. Car lorsque quelqu'un avoue avoir commis un délit, il n'y a rien à juger.

26. PAUL, *liv.* 22. *sur l'édit.*

Et en effet, supposons que le défendeur convienne du délit qu'il a commis, et qu'il soit disposé à en payer l'estimation, mais que le demandeur la porte beaucoup plus haut qu'elle ne doit monter.

27. ULPIANUS , *lib.* 18. *ad edictum.*

De servo servum subripiente et occidente.

Si servus servum alienum subripuerit , et occiderit , (et) Julianus et Celsus scribunt, et furti et damni injuriæ (1) competere actionem.

De servo communi.

§. 1. Si servus communis , id est , meus et tuus , servum meum occiderit , legi Aquiliæ locus est adversùs te, si tuâ voluntate (2) fecit : et ità Proculum existimasse , Ursejus refert. Quòd si non voluntate tuâ fecit : cessare noxalem actionem : ne sit in potestate servi (3) , ut tibi soli serviat : quod puto verùm esse.

§. 2. Itèm si servus communis , meus et tuus (4), sit occisus à servo Titii , Celsus scribit , alterum ex dominis agentem , aut litis æstimationem consecuturum pro parte, aut noxæ dedi ei in solidum oportere : quià hæc res divisionem non recipit.

Qui tenentur nomine servi.

§. 3. Servi autem occidentis nomine dominus tenetur (5) : is verò , cui bonâ fide servit , non (6) tenetur. Sed an is , qui servum in fugâ habet , teneatur nomine ejus Aquiliæ actione , quæritur ?

---

(1) L. 2. §. 1. infr. de privat. delict.
(2) L. 1. §. 15. infr. de vi et vi armat.
(3) Adde l. 16. §. 4. in fin. infr. de publicam. l. 13. in fin. pr. infr. de adquir. vel amitt. possess.

27. ULPIEN, *liv*, 18. *sur l'édit*.

De l'esclave qui en enlève et tue un autre.

Si un esclave s'est emparé d'un autre esclave, et qu'il
l'ait tué, Julien et Celse ont écrit qu'il y avait lieu, simultanément à l'action du vol, et à celle de la loi Aquilia (1).

De l'esclave commun.

§. 1. Si un esclave commun entre nous, c'est-à-dire,
le mien, et le vôtre, a tué mon esclave, il y a lieu contre
vous à l'action de la loi Aquilia, s'il a agi par votre ordre (2).
Ursejus rapporte que Proculus pensait ainsi. Mais si vous
ne lui avez pas donné d'ordre, l'action noxale cesse ; car autrement, il serait libre à l'esclave de n'appartenir qu'à vous
seul (3). Cette opinion me parait vraie.

§. 2. De même si un esclave commun entre nous (4) a été
tué par celui de Titius, Celse écrit que si l'un des deux
maîtres intente l'action de la loi Aquilia, il doit avoir l'estimation de l'esclave pour la portion de sa propriété, ou
qu'il faut que l'esclave qui a commis le délit lui soit
abandonné en entier, parce que cet abandon n'est pas susceptible de division.

Qui sont ceux qui sont tenus au nom de l'esclave.

§. 3. C'est contre le maître de l'esclave qui a commis
le délit, que l'action de la loi Aquilia doit être intentée(5).
Mais celui qui a un esclave qu'il croit de bonne-foi lui
appartenir, et qui ne l'est pas, n'en est pas tenu (6). On
demande si le maître d'un esclave qui serait en fuite, serait également tenu en son nom de l'action de la loi Aqui-

---

(4) L. 19. l. 20. supr. h. t.
(5) Immò vide l. 11. infr. de noxal. action.
(6) Immò vide d. l. 11. et l. 15. infr. d. t.

et ait Julianus, teneri (1) : Et est verissimum, cùm et Marcellus consentit.

Caput secundum.

§. 4. Hujus legis secundum quidèm capitulum in desuetudinem abiit (2).

Caput tertium.

§. 5. Tertiò (3) autem capite ait eadem lex 'Aquilia : *cæterarum rerum, præter hominem et pecudem oecisos, si quis alteri damnum faxit, quod usserit, fregerit, ruperit injuriá, quanti (4) ea res erit in diebus trigintá proximis, tantum æs domino dare damnas esto.*

De homine vel pecude, ruptis, fractis, ustis.

§. 6. Si quis igitur non occiderit hominem vel pecundem, sed usserit, fregerit, ruperit : sinè dubio ex his verbis legis agendum erit. Proindè, si facem servo meo objeceris, et eum adusseris, teneberis mihi.

De arbusto, ædificio, et rebus inquilini exustit.

§. 7. Item, si arbustum meum vel villam meam incenderis (5), Aquiliæ actionem habebo.

§. 8. Si quis insulam voluerit meam exurere, et ignis etiàm ad vicini insulam pervenerit : Aquiliâ tenebitur etiàm vicino : non minùs etiàm inquilinis tenebitur, ob res eorum exustas.

---

(1) Immò vide l. 17, §. ult. vers. movet quæstionem. infr. de furt.
(2) §. 12. Inst. h. t.
(3) §. 13. Inst. eod.

lia? Julien dit qu'il en est tenu (1). Et cela est très-vrai. Marcellus pense aussi de même.

Chef second.

§. 4. Le second chef de cette loi est tombé en désuétude (2).

Chef troisième.

§. 5. On lit dans le troisième chef de la loi Aquilia ce qui suit (3). *Que celui qui aura causé du dommage, abstraction faite des hommes et des animaux, soit en brûlant, rompant et en brisant, soit condamné à donner au maître de la chose la valeur du prix le plus haut que la chose aura valu dans les trente premiers jours (4) où le délit aura été commis.*

De l'esclave ou de l'animal, blessé ou estropié.

§. 6. Donc celui qui à la vérité n'aura pas tué un homme ou un animal, mais qui l'aura ou brûlé, ou estropié, devra sans nul doute être compris dans le troisième chef de la loi dont nous venons de parler. Par conséquent si vous présentez devant la figure de mon esclave un flambeau, et que vous l'ayez ainsi brûlé, vous serez tenu envers moi.

Des arbres et du mobilier d'une ferme brûlés.

§. 7. Si vous avez brûlé mes arbres, ou incendié ma métairie, j'aurai contre vous l'action de la loi Aquilia (5).

§. 8. Si le feu que quelqu'un a mis à ma maison, a gagné celle de mon voisin, mon voisin aura ainsi que moi le droit d'intenter l'action de la loi Aquilia contre l'incendiaire, et celui-ci sera également tenu envers les locataires à les indemniser de la perte des choses qui auraient été brûlées.

---

(4) L. 29. §. alt. infr. eod.
(5) V. l. 3o. §. 3. infr. l. 1. et 2. C. eod.

§. 9. Si fornicarius servus coloni ad fornacem obdormisset, et villa fuerit exusta : Neratius scribit, ex locato conventum præstare debere : si negligens in eligendis ministeriis fuit. Cæterum si alius ignem subjecerit fornaci, alius negligentèr custodierit : an tenebitur, qui subjecerit? Nàm, qui custodiit, nihil fecit ; qui rectè ignem subjecit, non peccavit : quid ergo (est)? Puto utilem competere actionem tàm in eum, qui ad fornacem obdormivit, quàm in eum, qui negligentèr custodiit. Nec quisquàm dixerit in eo , qui obdormivit, rem eum humanam et naturalem passum : cùm deberet vel ignem extinguere, vel ità munire, ne evagetur.

De furno secundùm parietem communem.

§. 10 Si furnum secundùm parietem communem haberes, an damni injuria tenearis ? Et ait Proculus, agi non posse : quià nec cum eo, qui focum haberet. Et ideò æquius puto, in factum actionem dandam : scilicèt , si paries exustus sit. Si autem nondùm mihi damnum dederis, sed ità ignem habeas, ut metuam ne mihi damnum des, damni infecti puto sufficere cautionem.

De ædificio exusto.

§. 11. Proculus ait : cum coloni servi villam exussissent, colonum vel ex locato; vel (ex) lege Aquilia teneri : ità ut colonus possit servos noxæ dedere : et, si uno (1) judicio res esset judicata,

---

(1) L. 45. infr. locati.

§. 9. Si l'esclave de mon fermier est forgeron, et que pour s'être endormi auprès de sa forge, le feu ait pris à ma métairie, Nératius dit que je puis intenter contre mon fermier l'action qui dérive du loyer *ex locato*, sur-tout si l'on peut lui reprocher de la négligence dans le choix des ouvriers qu'il emploie. Cependant si l'un avait mis le feu à la forge, et que l'autre l'eut gardé avec négligence, celui qui y a mis le feu sera-t-il tenu de l'action de la loi Aquilia? Car celui qui l'a gardé n'a rien fait. Celui qui a allumé la forge comme on doit le faire, n'a commis aucune faute, que faut-il donc décider? Je pense que l'on doit accorder une action utile, tant contre celui qui s'est endormi auprès de sa forge, que contre celui qui l'a gardée avec négligence. En vain objecterait-on que celui qui s'est endormi n'a fait qu'une action qui est dans la nature et à l'abri du reproche, car avant de s'endormir il devait ou éteindre le feu, ou le couvrir de manière qu'il ne pût causer aucun incendie.

D'un four placé le long d'un mur commun.

§. 10. Si vous avez un four adossé à un mur commun, seriez-vous tenu de l'action de la loi Aquilia si ce four portait préjudice au mur? Proculus dit que l'on ne peut intenter cette action contre vous. Il se fonde sur ce qu'il n'y aurait pas d'action contre celui dont la cheminée serait adossée contre ce mur. Pour moi, je pense qu'il est plus conforme à la justice, si le mur est brûlé, de donner à celui qui a souffert ce dommage une action expositive du fait. Si au contraire vous ne m'avez pas encore causé aucun tort, mais que j'aie lieu de le craindre, je pense qu'il suffira que vous me donniez caution de m'indemniser de tout ce que je pourrai souffrir à ce sujet.

D'un bâtiment brûlé.

§. 11. Proculus dit que si les esclaves d'un fermier mettent le feu à une métairie, le fermier est tenu envers son maître, en vertu de l'action qui dérive du loyer *ex locato*, ou de celle de la loi Aquilia, de sorte que le fermier ne peut les abandonner pour lui tenir lieu de la réparation à laquelle il ne peut se soustraire; et s'il y a eu un jugement rendu en vertu de cette action, on ne peut intenter l'autre (1). Mais les choses ne sont ainsi que dans

altero ampliùs non agendum. Sed hæc ità, si culpâ colonus careret : cæterùm, si noxios servos habuit, damni eum injuriâ teneri, cur tales habuit. Idem servandum et circà inquilinorum insulæ personas scribit : Quæ sententia habet rationem.

De apibus exustis.

§. 12. Si cùm apes meæ ad tuas advolassent, tu eas exusseris, legis Aquiliæ actionem competere Celsus ait.

Quid sit rumpere.

§. 13. Inquit lex, *ruperit.* [*Rupisse*] (1) verbum ferè omnes veteres sic intellexerunt, corruperit.

De lolio, aut avenâ in segetem injectis.

§. 14. Et ideò Celsus quærit : si lolium aut avenam in segetem alienam injeceris, quo eam (*tu*) inquinares, non solùm *quod vi aut clàm* dominum posse agere, vel, si locatus fundus sit, colonum ; sed et in factum agendum : et si colonus eam exercuit, cavere eum debere, *ampliùs non agi* : scilicèt, ne dominùs ampliùs inquietet. Nàm alia quædam species damni est, ipsum quid corrumpere, et mutare, ut lex Aquilia locum habeat : alia, nullâ ipsius mutatione applicare aliud ; cujus molesta separatio sit.

De vino corrupto.

§. 15. Cum eo planè, qui vinum (2) spurcavit,

____

(1) §. 13. vers. ruptum. Inst. h. t.
(2) D. §. 13. in fin.

le cas où il n'y a pas de faute de la part du fermier. Au surplus si le fermier a eu des esclaves enclins à mal faire, il encoure la peine portée par la loi, parce qu'il doit s'imputer à lui-même de se servir de pareils esclaves. Le même jurisconsulte écrit qu'il faut observer la même chose à l'égard des locataires de maisons. Et cette opinion est fondée.

Des abeilles brûlées.

§. 12. Celse dit que si mes essains d'abeilles vont se mêler parmi les vôtres, et que vous les ayez brûlées, j'ai contre vous l'action de la loi Aquilia.

Ce que l'on entend par le mot rompre.

§. 13. La loi emploie le mot *a rompu*. Par ce mot rompre (1), les anciens ont presque toujours entendu ce que nous entendons par le mot corrompre.

De l'ivraie, et des mauvaises graines semées dans un champ.

§. 14. C'est ce qui fait que Celse demande, si dans l'hypothèse où vous auriez semé de l'ivraie, ou de l'avoine dans le champ d'autrui, dans le dessein de détériorer sa moisson, le maître du champ peut vous actionner non-seulement en vertu *de l'interdit établi pour ce qui a été fait clandestinement ou par violence*, ou bien le fermier, si le champ est loué, mais encore intenter contre vous une action expositive du fait. Et si c'est le fermier qui poursuit, il devra donner caution que la chose ne se répétera plus, c'est-à-dire, que le maître à son tour ne vous inquiétera plus. Car il y a ici deux espèces de dommage que l'on peut demander en vertu de la loi Aquilia : l'un qui consiste à corrompre et à changer; l'autre qui sans changer l'espèce de la chose, en rend le mélange si difficile, que la séparation ne peut plus se faire.

Du vin gâté.

§. 15. Celse a dit que l'on pouvait intenter l'action de la loi Aquilia contre celui qui a gâté du vin (2) ou l'a ren-

vel effudit (1), vel acetum fecit, vel alio modo vitiavit, agi posse Aquiliâ, Celsus ait : quià etiam effusum, et acetum factum, corrupti appellatione continetur.

De fracto et usto.

§. 16. Et non negat, fractum et ustum contineri *corrupti* appellatione : sed non esse novum, ut lex, specialitèr quibusdàm enumeratis, generale subjiciat verbum, quo specialia complectatur : Quæ sententia vera est.

De servo vulnerato, vel cæso.

§. 17. *Rupisse* enm utiquè accipiemus, qui vulneraverit : vel virgis, vel loris, vel pugnis cedidit, vel telo, vel quo alio, ut scinderet alicui corpus : vel tumorem fecerit : sed ità demùm, si damnum injuriâ datum est. Cæterum si nullo servum pretio viliorem deterioremvè fecerit, Aquilia cessat : injuriarumque (2) erit agendum duntaxàt : Aquilia enìm eas ruptiones, quæ damna dant, persequitur. Ergò, et si pretio quidèm non sit deterior servus factus, verùm sumptus in salutem ejus et sanitatem facti sunt : in hæc mihi videri damnum datum, atquè ideò lege Aquiliâ agi posse.

De vestimentis scissis vel inquinatis.

§. 18. Si quis vestimenta sciderit, vel inquinaverit, Aquiliâ, quasi ruperit, tenetur.

De milio vel frumento effuso.

§. 19. Sed et si quis milium vel frumentum

---

(1) Adde §. 19. infr. hio.

versé (1), ou l'a fait tourner à l'aigre, ou en un mot l'a vicié de quelque manière que ce soit, parce que l'on peut ranger dans la classe des choses corrompues, le vin, ou renversé, ou converti en vinaigre.

De ce qui est rompu ou brûlé.

§. 16. Il ne nie pas non plus que l'on ne doive regarder comme *corrompu* ce qui a été brisé ou brûlé; mais il ajoute que ce n'est pas une chose nouvelle, que de voir une loi, après avoir détaillé spécialement quelque chose, emploier un mot général pour désigner les différentes choses qu'elle avait particularisées. Cette opinion est vraie.

De l'esclave blessé, ou tué.

§. 17. Nous étendrons également le mot *avoir rompu*, à celui qui aura blessé quelqu'un, ou à coups de verges, de courroies, ou à coups de poings, ou avec un fer, ou de toute autre manière qui aurait fait une contusion à quelqu'un. Mais il faut pour cela qu'il y ait eu réellement un dommage commis; car si l'on avait maltraité un esclave de peu de valeur, il n'y aura pas lieu à l'action de la loi Aquilia; mais le maître pourra (2) exercer l'action des injures : car la loi Aquilia poursuit tout ce qui a donné lieu à quelque dommage. Donc si les mauvais traitemens qu'un esclave a éprouvés ne lui ont pas ôté de sa valeur, mais qu'il ait été simplement fait des dépenses pour le guérir ou le conserver, on peut suivant moi, dire qu'il y a eu dans ce cas un dommage causé au maître, et que par conséquent il peut exercer l'action de la loi Aquilia.

Des habits déchirés ou tachés.

§. 18. Celui qui a déchiré ou gâté des vétemens, est tenu de l'action de la loi Aquilia, de même que s'il les avait corrompus.

Du grain ou du bled renversé.

§. 19. Celui qui aurait jeté mon grain, ou mon bled

---

(2) L. 9. in fin. infr. de injur.

meum (1) effuderit in flumen, sufficit Aquiliâ
actio.

Si quid frumento immixtum est.

§. 20. Itèm si quis frumento arenam vel aliud
(quid) immiscuit, ut difficilis (2) separatio sit,
quasi de corrupto agi poterit.

De nummis excussis.

§. 21. Si quis de manû mihi nummos excusserit (3), Sabinus existimat, damni injuriæ esse
actionem, si ità perierint, ne ad aliquem perve-
nirent, putà si in flumen (4), vel in mare, vel in
cloacam ceciderunt. Quòd si ad aliquem perve-
nerunt, *ope* (5), *consilio furtum factum* agendum : quod et antiquis placuit. Idem, etiàm in
factum dari posse actionem ait.

De partû ejecto.

§. 22. Si mulier pugno, vel equâ ictû à te percussâ ejecerit (6) : Brutus ait, Aquiliâ teneri,
quasi rupto.

De mulo nimiùm onerato.

§. 23. Et si mulum plùs justò oneraverit (7),
et aliquid membri ruperit, Aquiliæ locum fore.

---

(1) Adde §. 15. supr. hic.
(2) §. 14. in fin. supr. hic.
(3) L. 52. §. 13. infr. de furt.
(4) Adde l. 14. §. 2. infr. de præscr. verb.
(5) V. l. 50. §. 1. infr. de furt.

dans un fleuve, serait soumis aux mêmes peines portées par la loi Aquilia (1).

Si on mêle quelque chose parmi du bled.

§. 20. De même si quelqu'un a mêlé du sable, ou autre chose dans mon bled, au moyen de ce que l'on ne peut que très difficilement (2) séparer ce qui a été mêlé avec le bled, on pourra l'actionner comme s'il l'avait corrompu.

De l'argent que l'on a renversé.

§. 21. Si quelqu'un en me frappant sur la main, fait tomber les pièces (3) que je tenais, de manière que n'étant parvenues à qui que ce soit, je n'aie pu les recouvrer, supposé, par exemple, qu'elles soient tombées dans un fleuve (4), dans la mer, ou dans un égoût, Sabinus pense qu'il y a lieu dans ce cas à l'action de la loi Aquilia. Mais si elles sont parvenues entre les mains de quelqu'un, le maître de ces pièces peut intenter l'action du vol, parce que l'on peut regarder que celui qui a fait tomber ces pièces, ne l'a fait que dans l'intention de favoriser le voleur (5). Les anciens jurisconsultes ont partagé cette opinion. Le même Sabinus dit que l'on peut également donner une action expositive du fait.

De l'accouchement avant terme.

§. 22. Si une femme que vous avez imprudemment frappée d'un coup de poing, vient à accoucher avant terme, ou si une jument à laquelle vous avez porté quelque coup, met bas avant l'époque fixée par la nature (6), Brutus estime que l'on peut intenter contre vous l'action de la loi Aquilia, comme étant dans le cas de celui qui a corrompu une chose quelconque.

Du mulet trop chargé.

§. 23. Il y a également lieu à cette action, si le mulet que vous avez (7) surchargé au-delà de ses forces, vient à avoir quelques membres de rompus.

----

(6) L. 39. in pr. infr. h. t.
(7) L. 30. §. 2. infr. locati.

De nave perforatâ.

§. 24. Si navem venaliciarum mercium perforasset, Aquiliæ actionem esse, quasi ruperit,
Vivianus scribit.

De fructibus perceptis.

§. 25. Si olivam immaturam (1) decerpserit,
vel segetem desecuerit immaturam, vel vineas
crudas, Aquiliâ tenebitur : quòd si jàm maturas,
cessat Aquilia ; nulla enim injuria est, cùm tibi
etiàm impensas donaverit, quæ in collectionem
hujusmodi fructûum impenduntur. Sed si collecta
hæc interceperit, furti (2) tenetur. Octavenus in
uvis adjicit : nisi (inquit) in terram uvas projecit,
ut effunderentur.

De sylva casâ.

§. 26. Idèm et in silvâ cæduâ scribit, ut, si
immatura (3), Aquiliâ (4) teneatur : quòd si ma-
tura interceperit, furti teneri eum, et arborum
(5) furtim cæsarum

De salicto.

§. 27. Si salictum maturum ità, ne stirpes
læderes, tuleris, cessare Aquiliam.

De puero castrato.

§. 28. Et, si puerum quis castraverit, et pretiosiorem fecerit, Vivianus scribit, cessare Aqui-

---

(1) Adde l. 25. infr. de injur.
(2) L. 25. in fin. infr. de furt.
(3) L. 18. in pr. infr. quod vi aut clam. l. 1. C. h. t.
(4) Immò vide d. l. 18. in pr.

Du vaisseau qui a été percé.

§. 24. Vivianus écrit que l'on peut également intenter l'action de la loi Aquilia contre celui qui aurait fait un trou au vaisseau d'un marchand d'esclaves, de même que si ce vaisseau eût été rompu.

Des fruits qui ont été perçus.

§. 25. Celui qui aura cueilli des olives avant leur maturité (1) ou coupé des bleds, ou des raisins avant qu'ils fussent mûrs, sera soumis à la peine portée par la loi Aquilia; mais si ces fruits avaient atteint le dégré de maturité qu'ils devaient avoir, alors cette action cesserait; car loin de causer aucun préjudice au propriétaire, on a simplement fait des dépenses auxquelles il n'aurait pu se soustraire, attendu leur nécessité. Mais si ces fruits coupés étaient emportés, il y aurait lieu à l'action du vol (2). Octavenus ajoute, en ce qui concerne les raisins, ce qui suit, « à moins, dit-il, que celui qui a cueilli ces raisins, ne les ait renversés par terre pour les perdre (2). »

Du bois coupé.

§. 26. Le même jurisconsulte écrit, que celui qui coupe un bois taillis avant les époques où il est d'usage de le couper, (3) est tenu de l'action de la loi Aquilia (4). Mais que si, ayant coupé ce bois à l'époque où il devait l'être, il l'a emporté, il y a lieu alors à l'action du vol, et à celle relative aux bois coupés furtivement (5).

Des saules.

§. 27. Si vous coupez des saules en maturité, sans compromettre le salut du tronc, l'action de la loi Aquilia cesse.

De l'esclave que l'on a fait eunuque.

§. 28. Vivianus écrit que si en châtrant un jeune esclave, vous avez augmenté sa valeur, il n'y a pas lieu à

---

(3) L. 1. infr. arbor. furtim cæsar.

liam : sed injuriarum erit agendum, aut ex edicto
Ædilium (aut) , in quadruplum.

De artifice qui calicem fregit.

§. 29. Si calicem diatretum faciendum dedisti,
si quidem imperitiâ (1) fregit, damni injuriâ tenebitur : si (verò) non imperitiâ fregit, sed rimas
habebat vitiosas, potest esse excusatus. Et ideò
plerùmquè artifices convenire solent, cùm ejus-
modi materiæ dantur, non periculo suo se facere;
quæ res, ex locato tollit actionem, et Aquiliæ.

De margaritis ab uxore perforatis.

§. 30. Si cùm maritus uxori margaritas extri-
catas dedisset in usû, eaquè invito vel inscio viro
perforasset, ut pertusis in lineâ uteretur : teneri
eam lege Aquiliâ (2) sivè divertit, sivè nupta est
adhùc.

De foribus fractis, aut ædificio diruto.

§. 31. Si quis ædificii, mei fores confregerit,
(vel refregerit,) aut si ipsum ædificium (3) diruit,
lege Aquiliâ tenetur.

De aquæductû diruto.

§. 32. Si quis aquæductum meum diruerit,
licet cæmenta mea sunt, quæ diruta sunt, tamen,
quiâ terra mea non sit, quâ aquam ducam, meliùs
est dicere actionem utilem dandam.

---

(1) L. 13. §. 5. infr. locati.
(2) L. pen. infr. h. t. l. 2. C. rer. amotar. l. 37. infr. de donat. inter
vir. et uxor.

l'action de la loi Aquilia, mais qu'alors on pourra intenter contre vous l'action des injures, ou celle provenant de l'édit des Édiles, ou celle qui condamne au quadruple.

De l'ouvrier qui a brisé une coupe.

§. 29. Si vous avez donné à tailler une coupe de cristal, et que l'ouvrier, par maladresse, l'ait cassée (1), il en sera responsable ; mais si cette coupe s'est brisée en la travaillant, sans qu'il y ait eu de sa faute, par exemple, parce que le morceau de cristal avait des fentes, il est excusable. C'est pourquoi les ouvriers à qui l'on confie ces sortes d'ouvrages, ont coutume de convenir qu'ils ne les entreprennent pas à leurs risques, périls et fortunes, convention qui détruit les actions qui dérivent de la loi Aquilia et du loyer.

Des perles qu'une femme a fait perforer.

§. 30. Si la femme à qui son mari a donné des perles pour s'en servir, les fait percer à son insçu, ou malgré lui, afin d'en faire un collier, le mari peut intenter contre elle l'action de la loi Aquilia, soit qu'elle soit séparée d'avec lui, soit pendant le mariage (2).

Des portes brisées, et d'un édifice renversé.

§. 31. Si quelqu'un a brisé ou enfoncé ma porte, ou a détruit mon édifice, j'ai contre lui l'action de la loi Aquilia (3).

D'un aqueduc détruit.

§. 32. Si quelqu'un a détruit l'aqueduc que j'avais fait faire pour conduire l'eau sur mon fonds, quoique tous les matériaux m'appartiennent, cependant par la raison que le terrein par lequel je faisais passer l'eau n'est pas ma propriété, il est plus à propos de dire que j'ai simplement l'action utile de la loi Aquilia.

---

(3) L. 50. infr. h. t.

Si lapis ex plaustro ceciderit.

§. 33. Si ex plaustro lapidis ceciderit, et quid ruperit, vel fregerit, Aquiliæ actione plaustrarium teneri, placet, si malè composuit lapides, et ideò lapsi sunt.

De mulo qui pollicem servi ad quem erat alligatus avulsit.

§. 34. Si quis servum conductum (1) ad mulum regendum commendaverit ei mulum, ille ad pollicem (suum) eum alligaverit de loro, et mulus eruperit sic, ut et pollicem avelleret servo, et se præcipitaret; Mela scribit, si pro perito imperitus locatus sit, ex conducto agendum cum domino ob mulum ruptum vel debilitatum; sed, si ictû aut terrore mulus turbatus sit, tùm dominum, ejus, (id est, muli, et servi) cum eo, qui turbavit, habiturum legis Aquiliæ actionem. Mihi autèm videtur, et eo casû, quo ex locato actio est, competere etiàm Aquiliæ.

De lacû perfuso, et vino effuso.

§. 35. Itèm si tectori locaveris lacum vino plenum curandum, et ille eum pertudit, ut vinum sit effusum, Labeo scribit, in factum agendum.

28. PAULUS, *lib.* 10. *ad Sabinum.*

De foveis.

Qui foveas ursorum cervorumquè capiendorum

---

(1) Adde l. 60. §. 7. infr. locati.

Si une pierre est tombée d'une voiture.

§. 33. Si des pierres tombent d'une voiture, et que par leur chûte elles écrasent ou rompent quelque chose, il est décidé que le charretier est tenu de l'action de la loi Aquilia s'il a mal chargé sa voiture, et que ce soit à cause de cela que les pierres sont tombées.

Du mulet qui a arraché le pouce d'un esclave qui le tenait par la bride.

§. 34. Si l'esclave que quelqu'un m'a loué pour conduire mon mulet (1) et à qui je l'ai confié, a attaché autour de son pouce la bride de cet animal, et que celui-ci en s'échappant avec violence, ait arraché le pouce de l'esclave, et se soit jetté dans un précipice, Méla écrit que si au lieu d'un esclave intelligent et capable de conduire un tel animal, vous m'en avez loué un ignorant et peu propre à la chose à laquelle je le destinais, je pourrai intenter contre le maître de l'esclave l'action qui dérive de la location, à l'effet de m'indemniser du tort que l'ignorance de cet esclave, m'a causé puisqu'il est la cause de ce que mon mulet s'est cassé quelque membre, ou est devenu plus faible. Mais si ce mulet a été effrayé par un coup qu'on lui aura donné, ou par une peur qu'on lui aura faite, le maître du mulet ou de l'esclave aura contre celui qui l'a effarouché, l'action de la loi Aquilia. Quant à moi, je pense que dans le cas où il y a lieu à l'action provenant de la location, il y a également lieu à celle de la loi Aquilia.

D'une cuve mal percée, et du vin répandu.

§. 35. De même, si vous avez donné à quelqu'un une cuve pleine de vin pour en avoir soin, et qu'il l'ait percée de manière à ce que le vin soit répandu, Labéon écrit qu'il y a lieu dans ce cas à intenter l'action sur le fait.

28. PAUL, *liv.* 10. *sur Sabinus.*

Des pièges.

On a l'action de la loi Aquilia contre ceux qui creusent des fosses pour prendre des ours et des cerfs, s'ils les

causâ faciunt, si in itineribus (1) fecerunt, eoquè
aliquid decidit, factumquè deterius est, lege
Aquiliâ obligati sunt; at si in aliis locis, ubì fieri
solent, fecerunt, nihil tenentur.

De causæ cognitione.

§. 1. Hæc tamen actio *ex causâ* danda est :
id est, si nequè denunciatum est (2) nequè scierit,
aut providere potuerit (et multa hujusmodi de-
prehenduntur, quibus summovetur petitor, si
evitare periculum poterit,)

29. ULPIANUS, *lib.* 18. *ad edictum.*

De laqueis.

Quemadmodùm si laqueos eo loci posuisses,
quo jus ponendi non haberes, et pecus vicini in
eos (laqueos) incidisset.

De protecto, vel aquæductû reciso.

§. 1. Si protectum meum, quod suprà domum tuam nullo jure habebam, recidisses, posse
me tecum damni injuriâ agere, Proculus scribit :
debuisti enim mecum, *jus mihi non esse protectum habere* agere nec esse æquum, damnum me
pati, recisis à te meis tignis. Aliud est dicendum
ex rescripto imperatoris Severi, qui ei, per
cujus domum trajectus erat aquæductus citrà servitutem, rescripsit, *jure suo posse eum inter-
cidere..* Et meritò ; interest enìm, quòd hîc in
suo protexit, ille in alieno fecit.

____

(1) L. 7. § 8. infr. quod vi aut clam.
(2) L. 31. infr. h. t.

placent dans des chemins (1) et que quelqu'animal vienne à y tomber, et à perdre ainsi de sa valeur; mais si ces fosses sont placées dans des endroits où il est d'usage d'en placer, ils ne sont tenus de rien.

De la connaissance de la cause.

§. 1. Cependant cette action ne doit être donnée qu'en connaissance de cause, c'est-à-dire, que dans le cas où ceux qui auraient dressé ces pièges, n'auraient pas donné à connaître qu'ils existassent, ou que ceux qui ont à se plaindre n'auraient pu les connaître, ni les prévoir (2). Car il y a des cas où le demandeur n'est pas écouté, s'il a eu la possibilité de les éviter.

29. ULPIEN, *liv.* 18. *sur l'édit.*

Des filets.

De même que si vous aviez tendu des pièges dans un endroit où vous n'aviez pas le droit d'en tendre, et que le troupeau de votre voisin eût été s'y prendre.

D'un balcon, ou d'un aquéduc qui a été coupé.

§. 1. Proculus écrit que si vous aviez détruit un balcon que j'aurais fait avancer sur votre maison, sans en avoir le droit, je pourrais intenter contre vous l'action de la loi Aquilia; car vous deviez avant tout m'actionner à l'effet de me prouver *que je n'avais pas ce droit*, et il est injuste que je souffre du dommage que vous m'avez causé en faisant couper les poutres qui portaient mon balcon. D'après un rescrit de l'empereur Sévère, il n'en serait pas de même de celui dont l'aquéduc traverserait la maison de quelqu'un, sans que cet aquéduc fût la suite d'une servitude. Car l'empereur dit dans ce rescrit, que le propriétaire de la maison *peut de lui-même détruire cet aquéduc.* Et c'est avec raison, car il est une différence très-grande entre l'un qui a fait construire le balcon sur son propre fonds, et l'autre qui a construit sur le fonds d'autrui.

De nave.

§. 2. Si navis tua impacta in meam scapham, damnum mihi dedit, quæsitum est, quæ actio mihi competeret? Et ait Proculus, si in potestate nautarum fuit, ne id accideret, et culpâ eorum factum sit, lege Aquiliâ cum nautis agendum : quià parvî refert, navem immittendo, aut servaculum ad navem ducendo, an tuâ manù damnum dederis; quià omnibus his modis per te damno adficior. Sed si fune rupto, aut, cùm à nullo regeretur navis, incurrisset, cum domino agendum non esse.

§. 3. Itèm Labeo scribit, si cùm vi ventorum navis impulsa in funes anchorarum alterius, (et) nautæ funes præcidissent, si (1) nullo alio modo, nisi præcisis funibus explicare se potuit, nullam actionem dandam. Idemquè Labeo et Proculus, et circà retia piscatorum, in quæ navis (piscatorum) inciderat, æstimarunt. Planè, si culpâ nautarum id factum esset; lege Aquiliâ agendum. Sed ubi damni injuriâ agitur, ob retia, non piscium, qui ideò capti non sunt, fieri æstimationem; cùm incertum fuerit, an caperentur. Idemquè et in venatoribus, et in aucupibus probandum.

§. 4. Si navis alteram contrà se venientem obruisset, aut in gubernatorem, aut in ducatorem, actionem competere damni injuriæ, Alfenus ait. Sed si tanta vis navi facta sit, quæ temperari non potuit, nullam in dominum dandam actionem : sin autèm culpâ nautarum id factum sit, puto Aquiliæ sufficere.

---

(1) V. l. 3. §. 7. infr. de incend.

D'un vaisseau.

§. 2. Si votre vaisseau en heurtant ma chaloupe, m'a causé quelque dommage, on a demandé, qu'elle serait l'espèce d'action que je pourrais intenter? Proculus a répondu que si les matelots avaient eu la possibilité d'empêcher cet accident, et qu'il fût arrivé par leur faute et leur négligence, je pouvais intenter contre les matelots l'action de la loi Aquilia; parce qu'il importe peu que ma chaloupe soit brisée par l'effort de vos mains, ou parce que vous en aurez laissé approcher votre vaisseau, il suffit que j'aie éprouvé du dommage; mais si le vaisseau n'avait heurté et brisé ma chaloupe, que parce que le câble qui le retenait se serait brisé, ou parce que personne ne le gouvernait, je n'aurai aucune action contre le maître du vaisseau.

§. 3. Labéon écrit de même qu'il n'y avait lieu à aucune action dans le cas où la violence du vent pousse un vaisseau sur les cables d'un autre qui est à l'ancre, si les matelots, pour sauver et débarrasser leur vaisseau, n'ont(1) pu faire autrement que de couper les cables de celui que la violence du vent a jeté sur les leurs. Labéon et Proculus ont pensé la même chose à l'égard des filets de pêcheurs dans lesquels un vaisseau serait embarrassé. Nul doute que si la chose était arrivée par la faute des matelots, il y aurait lieu dans ce cas à l'action de la loi Aquilia. Mais on ne considère que le dommage causé aux filets, et nullement le produit de la pêche. Car comment pouvoir estimer des poissons qui ne sont pas pris, puisqu'il pourrait arriver que le coup de filet fût nul. Il faut dire la même chose à l'égard des filets tendus par des chasseurs, pour prendre des animaux, ou des oiseaux.

§. 4. Alfenus dit que si un navire avait coulé à fonds un autre vaisseau qui venait sur lui, il y avait lieu à l'action de la loi Aquilia contre le pilote ou contre celui qui le conduit. Mais si la violence du vent qui a donné lieu au choc, a été telle qu'il ait été impossible d'y remédier en aucune manière, il n'y a lieu à aucune action contre le maître du vaisseau. Si au contraire la chose a eu lieu par la faute des matelots, je pense que c'est alors le cas de recourir à l'action de la loi Aquilia.

§. 5. Si funem quis, quo navis religata erat, præciderit, de nave, quæ periit, in factum agendum.

De animalibus læsis quæ pecudes non sunt.

§. 6. (Hâc actione) ex hoc legis capite, de(1) omnibus animalibus læsis, quæ pecudes non sunt, agendum est : putà, ut de cane. Sed et de apro, et leone, cæterisquè feris et avibus idem erit dicendum.

De magistratibus et pignoribus.

§. 7. Magistratus municipales, si damnum injuriâ dederint, posse Aquiliâ teneri. Nàm et cùm pecudes aliquis pignori cepisset, et sane eas (2) necavisset, dùm non patitur (te) eis cibaria adferre : in factum actio danda est. Idem si, dùm putat se ex lege capere pignus, non ex lege ceperit : et res tritas corruptasque reddat, dicitur legem Aquiliam locum habere : qưod dicendum est, et si ex lege pignus cepit. Si quid tamen magistratus adversùs (3) resistentem violentiùs fecerit, non tenebitur Aquiliâ. Nàm et cùm pignori servum cepisset, (et) ille se suspenderit, nulla datur actio.

De verbo plurimi *supplendo in tertio capite.*

§. 8. Hæc verba, *quanti* (4) *in trigintâ diebus proximis fuit*, etsi non habent *plurimi*, sic tamen esse accipienda constat (5).

---

(1) §. 13. Inst. h. t.
(2) Adde l. 9. §. 2 supr. eod. 1. 4. infr. de agnosc. liber. l. 2. §. 20. infr. bonor. rapt.

§. 5. On aura une action expositive du fait contre celui qui aura causé la perte d'un vaisseau qui était sur ses ancres, en en coupant les cables.

Des animaux ne formant pas troupeau, qui ont été blessés.

§. 6. D'après le chef de la loi dont nous avons parlé, on peut intenter cette action de la loi Aquilia (1) à l'égard de toute espèce d'animaux blessés, qui ne forment pas un troupeau, par exemple, à l'égard d'un chien. Mais il faut dire la même chose à l'égard du sanglier, du lion, des oiseaux et autres animaux sauvages.

Des magistrats municipaux et des gages.

§. 7. Les magistrats municipaux même, s'ils ont causé quelque dommage, sont soumis à l'action de la loi Aquilia. Car s'ils ont reçu en nantissement quelques bestiaux, et qu'ils les privent de nourriture (2), sans vouloir permettre que le maître de ces bestiaux leur procure de quoi manger, on doit donner contre eux une action expositive du fait. Il en est de même, si pensant être autorisés par la loi à prendre une chose en nantissement, la loi ne les y autorisant pas, ils la rendent usée et en état de détérioration. La même chose a lieu dans le cas où ils ont pris légalement des nantissemens. Si cependant le magistrat est forcé de recourir aux voies de rigueur contre celui qui fait résistance, il n'y aura pas lieu contre lui à l'action de la loi Aquilia (3). S'il reçoit en nantissement un esclave qui vient à se pendre, il n'y a lieu à aucune action.

Du mot plus qui doit être ajouté dans le troisième chef de la loi.

§. 8. Ces expressions, *autant que la chose aura valu dans les trente jours* (4), doivent être regardées comme comprenant la plus grande valeur de la chose, quoique la loi ne l'exprime pas (5).

---

(3) L. 4. C. de his, qui ad eccles.
(4) §. 14. in fin. Inst. h. t.
(5) §. 15. Inst. eod.

3o. Paulus, *liv.* 22. *ad edictum.*

De adultero,

Qui occidit adulterum deprehensum servum alienum (1), hâc lege non tenebitur.

Aut pignorato servo occiso.

§. 1. Pignori datus servus, si occisus sit, debitori actio competit. Sed an et creditori danda sit utilis, quià potest interesse ejus, quòd debitor solvendo non sit, aut quòd litem tempore amisit, quæritur? Sed (hîc) iniquum est, et domino, et creditori eum teneri. Nisi si quis putaverit nullam in eâ re debitorem injuriam passurum, cùm prosit ei ad debiti quantitatem (2), et quòd sit ampliùs, consecuturus sit ab eo : vel ab initio in id, quod ampliùs sit, quàm in debito, debitori dandam actionem. Et ideò in his casibus, in quibus creditori danda est actio propter inopiam debitoris, vel quòd litem amisit, creditor quidèm usquè ad modum debiti habebit Aquiliæ actionem, ut prosit hoc debitori : ipsi autèm debitori in id, quod debitum excedit, competit Aquiliæ actio.

De vino vel frumento consumpto.

§. 2. Si quis alienum vinum vel frumentum consumpserit, non videtur damnum injuriâ dare : ideòque utillis danda est actio.

De dolo et culpâ. De segete aut vineâ læsâ progressû ignis.

§. 3. In hâc (3) (quoquè) actione, quæ ex

<hr>

(1) V. l. 2{. in pr. infr. ad leg. Jul. de adult.
(2) V. l. 24. §. 2. infr. de pignorat. act.

3o. PAUL, *liv.* 22. *sur l'édit.*

De l'esclave surpris en adultère,

Celui qui aura tué l'esclave d'autrui, surpris en adultère (1) avec sa femme, ne sera pas dans le cas de cette loi.

Ou donné en gage, qui a été tué.

§. 1. Le débiteur a l'action de la loi Aquilia dans le cas où l'esclave qu'il a donné en gage a été tué. Mais on demande si l'on doit accorder l'action utile de cette loi au créancier, parce qu'il peut avoir intérêt à ce que cet esclave n'ait pas été tué, en ce que, par exemple, son débiteur n'est pas solvable, ou en supposant que son action personnelle a été périmée par le laps de tems. Mais il serait injuste que le meurtrier de l'esclave fût tenu envers le maître et le créancier, à moins que l'on ne dise que le débiteur ne dût souffrir aucun tort, si on accordait cette action au créancier, puisqu'il se trouve libéré (2), et qu'il pourra répéter du créancier ce qu'il aura reçu au-de-là de sa créance, ou parce que le débiteur dans l'origine a eu en sa faveur l'action Aquilienne pour exiger de celui qui a tué l'esclave, ce qui excéderait sa dette. C'est pourquoi dans les cas dans lesquels on accorde au créancier une action à cause de la pauvreté de son débiteur, ou parce qu'il a perdu son action, il aura l'action de la loi Aquilia, jusqu'à la concurrence de sa dette, chose qui sera avantageuse au débiteur, et celui-ci aura la même action pour le surplus.

Du vin, ou du bled qui a été consommé.

§. 2. Celui qui consomme le vin, ou le bled d'autrui, n'est pas censé lui avoir causé du tort, c'est pourquoi on lui accordera l'action utile de la loi Aquilia.

Du dol et de la faute. De la maison ou de la vigne brûlée par le progrès du feu.

§. 3. Dans l'action (3) qui descend de ce troisième chef

---

(3) §. 14. in pr. Inst. h. t.

hoc capitulo oritur, dolus et culpa punitur. Ideòque si quis in stipulam suam, vel spinam, com-
burendæ ejus causâ, ignem immiserit, et ulte-
riùs evagatus et progressus ignis alienam segetem
vel vineam læserit, requiramus, nùm imperitiâ
ejus, aut negligentiâ id accidit. Nàm, si die ven-
toso id fecit, culpæ reus est : nàm et *qui occasionem præstat, damnum fecisse videtur.* In
eodem crimine est et qui non observavit, ne
ignis longiùs procederet. At si omnia quæ oportuit observavit, vel subita vis venti longiùs ignem
produxit, caret culpa.

Si servus non mortiferè vulneratus negligetur perierit.

§. 4. Si vulneratus fuerit servus, non mortiferè, negligentiâ autèm perierit, de vulnerato actio
erit, non de occiso.

31. Idem, *lib.* 10. *ad Sabinum.*

Si quid putator vel machinarius dejecerit.

Si putator (1), ex arbore ramum cùm dejice-
ret, vel machinarius hominem pretereuntem
occidit : ità tenetur, si is in publicum decidat,
nec ille proclamavit, ut casus ejus evitari possit.
Sed Mucius etiàm dixit, si in privato idem accidisset, posse de culpâ agi : culpam autèm esse,
quòd, cùm à diligente provideri poterit, non esset
provisum (2); aut tùm denunciatum esset, cùm
periculum evitari non possit. Secundùm quam
rationem non multùm refert per publicum, an
per privatum iter fieret : cùm plerùmque per

---

(1) §. 5. Inst. eod. l. 7. in fin. infr. ad leg. Corn. de sicar.

de la loi, on punit le dol et la faute. C'est pourquoi si quelqu'un met le feu à des pailles ou à des épines pour les brûler, et que le feu se prolongeant, endommage la maison ou la vigne d'autrui, il faut examiner si cet incendie est une suite de son ignorance, ou de sa négligence; car s'il l'a fait un jour où il faisait beaucoup de vent, il est fautif, parce que celui qui est *l'occasion du dommage, est réputé l'avoir causé.* Celui qui n'a pas pris garde à ce que le feu ne s'étendît pas plus qu'il ne le fallait, est également coupable du même délit. Mais s'il a pris toutes les précautions nécessaires, et que l'incendie n'ait eu lieu que parce qu'il s'est subitement élevé un vent violent et impétueux, il est à l'abri de tout reproche.

Si un esclave blessé à mort, est mort parce qu'il aura été négligé.

§. 4. Si un esclave a été blessé, mais sans que sa blessure fût mortelle, et qu'il ait péri par négligence, le maître de cet esclave actionnera celui qui l'aura blessé, sous le rapport de la blessure, mais non pas comme l'ayant tué.

31. Le même, *liv.* 10. *sur Sabinus.*

Si celui qui taille des arbres, ou un ouvrier qui travaille au haut d'une maison, jette quelque chose.

Si un jardinier en taillant(1) des arbres, ou un ouvrier quelconque en travaillant à un bâtiment, laisse tomber quelque chose qui tue un passant, il est tenu de l'action, si ce qu'il a jeté l'a tué sur un chemin public, et s'il n'a pas crié aux passans de se gârer pour éviter d'être atteints par ce qu'il aura jeté. Mucius dit même que si la chose avait eu lieu dans un endroit particulier (2), on pourrait l'actionner, parce qu'il y aurait de sa faute. En effet, c'est se rendre coupable, que de ne pas prévoir ce qu'un homme prudent doit prévoir, ou de ne pas avertir assez à tems pour que l'on puisse éviter le danger. D'après ce qui vient d'être dit, il importe donc peu que ce soit un

---

(2) L. 26. §. 7. supr. ex quib. caus. major. l. 9. §. 1. vers. et ait. infr. locati.

privata loca vulgò iter fiat. Quòd si nullum iter
erit, dolum duntaxàt præstare debet, ne immitat
in eum quem viderit transeuntem : nàm culpa ab
eo exigenda non est : cùm divinare (1) non potuerit, an per eum locum aliquis transiturus sit.

32. Gajus, *lib. 7. ad edictum provinciale.*

Si familia damnum dederit.

Illud quæsitum est, an quod proconsul in furto
observat, quod à familiâ factum sit, (id est, ut
non in singulos detur pœnæ persecutio, sed suffi-
ceret (2) id præstari, quod præstandum foret,
si id furtum unus liber fecisset) debeat et in
actione damni injuriæ observari. Sed magis visum est, idem esse observandum (3) : et meritò :
cùm enim circà furti actionem hæc ratio sit, ne
ex uno delicto totâ familiâ dominus careat, eaquè
ratio similitèr et in actionem damni injuriæ interveniat, sequitur, ut idem debeat æstimari :
præsertim cùm interdùm levior sit hæc causa delicti ; veluti si culpâ, et non dolo, damnum daretur.

Si quis servum vulneraverit vel occiderit.

§. 1. Si idem eundem servum vulneraverit,
posteà deindè etiam occiderit, tenebitur et de
vulnerato, et de occiso ; duo enim sunt delicta :

---

(1) L. 29. §. 2. infr. mandati. l. 4. §. 23. infr. de doli mali et met.
except.

chemin

chemin public ou privé, puisque souvent il arrive que l'on
passe par des chemins qui appartiennent à des particuliers.
Si l'endroit où l'accident est arrivé, n'était pas un chemin,
il est simplement tenu de son dol, c'est-à-dire, qu'il ne
doit rien jeter qui puisse nuire à ceux qu'il voit passer ;
car on ne peut pas regarder fautif celui qui n'a pu deviner(1)
que quelqu'un passerait par cet endroit.

32. GAJUS, *liv.* 7. *sur l'édit.*

*Si tous les esclaves d'une même maison ont occasionné
du dommage.*

On a demandé si l'on devait observer dans l'action de
la loi Aquilia ce que le proconsul observe à l'égard du vol
commis par tous les esclaves d'un même maître, c'est-à-
dire, si l'on devait ne pas accorder l'action pénale contre
chaque esclave en particulier, ou s'il suffisait que le maître
payât (2) ce qui serait dû, de même que si le vol n'avait
été fait que par une seule personne libre. On a jugé à-propos
de décider que la même chose devait être observée (3)
dans l'une et l'autre action, et c'est avec raison ; car comme
le motif qui a donné lieu à ce que cette règle fût introduite
à l'égard de l'action du vol, a été fondé sur ce qu'autrement le maître serait privé de tous ses esclaves à cause
d'un seul délit, et que ce motif est le même dans l'action
de la loi Aquilia, il s'ensuit que la même règle doit être
observée dans les deux actions, sur-tout parce qu'il peut
se faire que quelquefois la cause du délit qui donne lieu à
cette action de la loi Aquilia, soit beaucoup plus légère
que celle qui produit l'action du vol. Supposons, par exemple,
que le dommage dont on a à se plaindre, soit la suite d'une
faute, et non pas le résultat du dol.

Si quelqu'un a blessé ou tué un esclave.

§. 1. Si quelqu'un blesse un esclave, et qu'ensuite il le
tue, il pourra être actionné par le maître de l'esclave, comme
l'ayant blessé, et comme l'ayant tué : car ici il y a deux
délits distincts et séparés. Il n'en serait pas de même si

----

(2) L. 1. in fin. pr. infr. si famil. furtum fecisse dicatur.
(3) Vide tamen l. 9. supr. de jurisd.

alitèr, atquè si quis uno impetû pluribus vulneribus aliquem occiderit; tunc enim una erit actio de occiso.

33. PAULUS , *lib.* 2. *ad edictum.*

De rei æstimatione.

Si servum meum occidisti, non (1) affectiones æstimandas esse puto, (velutì si filium tuum naturalem quis occiderit, quem tu magno emptum velles), sed quantì omnibus valeret. Sextus quoquè Pedius ait, pretia (2) rerum, non ex affectione, nec utilitate singulorum, sed communitèr fungi. Itaquè eum, qui filium naturalem possidet, non eo locupletiorem esse, quòd eum plurimo, si alius possideret, redempturus fuit : nec illum, qui filium alienum possideat , tantum habere, quantì eum patri vendere posset : in lege enim Aquiliâ (damnum) consequimur, et *amisisse* dicemur, quod aut consequi potuimus, aut erogare cogimur.

De actione in factum.

§. 1. In damnis, quæ lege Aquiliâ non tenentur, in factum datur actio (3).

34. MARCELLUS, *lib.* 21. *Digestorum.*

Si servus legatus occisus est.

Titio et Sejo Stychum legavit : deliberante Sejo,

---

(1) Immò vide l. 54. in pr. infr. mandati.
(2) L. 62. §. 1. l. 65. in pr. infr. ad leg. Falcid.

quelqu'un avait tué un esclave en lui portant de suite plusieurs coups ; car il n'y a alors contre lui qu'une seule action,
comme l'ayant tué.

33. Paul, *liv.* 2. *sur l'édit.*

De l'estimation de la chose.

Si vous avez tué mon esclave, je ne pense pas (1) que
l'on doive estimer et apprécier l'affection que j'avais pour
lui (si par exemple quelqu'un tue un esclave qui est votre
fils naturel, et pour la conservation duquel vous auriez
donné beaucoup d'argent), mais que l'on doit simplement
estimer sa valeur telle qu'elle serait pour tout autre. Sextus
Pedius dit aussi que quand il s'agit d'estimer la valeur des
choses (2), il ne faut nullement considérer l'affection que
l'on a pour elles, ni l'utilité dont elles peuvent être à un
chacun, mais leur valeur commune. C'est pourquoi celui
qui a pour esclave son fils naturel, n'est pas censé avoir
un esclave d'un prix plus considérable, et par conséquent
être plus riche par la possession de cet esclave, que si celui-ci appartenait à tout autre ; de même que celui qui a en
sa puissance le fils d'un autre, n'est pas pour cela plus riche,
parce qu'il pourrait le vendre au père beaucoup plus cher
qu'il ne le vendrait à tout autre. Car par la loi Aquilia
nous pouvons exiger la réparation du dommage que nous
avons souffert, et nous sommes censés avoir éprouvé une
perte, toutes les fois que nous n'avons pas eu ce que nous
aurions pu avoir, ou que nous sommes obligés de faire des
dépenses pour en avoir été privés.

De l'action sur le fait.

§. 1. A l'égard des dommages pour lesquels on ne peut
exercer l'action de la loi Aquilia, on a en sa faveur une
action expositive du fait (3).

34. Marcellus, *liv.* 21. *du Digeste.*

Si l'esclave légué a été tué.

Quelqu'un a légué à Séjus et à Titius, un esclave nommé

---

(3) L. 11. in fin. infr. de præser. verb. §. ult. in fin. Inst. h. t.

cùm Titius vindicasset legatum, Stychus occisus est : deindè Sejus repudiavit legatum perindè (1) Titius agere possit, ac si soli legatus esset :

35. ULPIANUS, *lib.* 18. *ad edictum.*

Quia retrò (2) accrevisse dominium ei videretur.

36. MARCELLUS, *lib.* 21. *Digestorum.*

Nàm sicùt repudiante legatario legatum, heredis est actio, perindè ac si legatus non esset : ità hujus actio est, ac si soli legatus esset.

Si dominus servum vulneratum heredem instituerit.

§. 1. Si dominus servum, quem Titius mortiferè vulneraverat (3), *liberum et heredem esse* jusserit, eiquè posteà Mævius (exstiterit heres, non habebit Mævius) cum Titio legis Aquiliæ actionem : scilicèt secundùm Sabini opinionem, qui putabat, ad heredem actionem non transmitti, quæ defuncto competere non potuit. Nàm sanè absurdum accidet, ut heres pretium quasi occisi consequatur ejus, cujus heres exstitit. Quòd si ex parte eum dominus heredem cum libertate esse jusserit, coheres ejus mortuo eo, aget lege Aquiliâ.

---

(1) Adde l. 35. l. 36. in pr. infr. l. 17. §. 1. supr. eod.

Stychus. Pendant que Séjus délibérait s'il accepterait son legs, Titius en poursuivait la délivrance, et dans cet intervalle l'esclave Stychus fut tué. Séjus ayant ensuite renoncé à son legs, Titius peut-il former l'action de la loi Aquilia, comme s'il eut été seul légataire? J'ai répondu qu'il le pouvait (1).

35. ULPIEN, *liv.* 18. *sur l'édit.*

Parce que le domaine de cet esclave semblerait être accru à son profit par un effet rétroactif (2) au moyen de la rénonciation de son co-légataire.

36. MARCELLUS, *liv.* 21. *du Digeste.*

Car de même que s'il n'y avait qu'un seul légataire qui renonçât à son legs, l'action appartiendrait à l'héritier, comme si jamais il n'eut existé de légataire; de même elle appartient au légataire comme s'il eut été seul.

Si le maître institue pour son héritier un esclave qui a été blessé.

§. 1. Si le maître en testant donne la liberté, et institue pour héritier un esclave que Titius avait blessé mortellement (3) et que cet esclave devenu libre et héritier, laisse pour héritier Mœvius, celui-ci n'aura pas contre Titius l'action de la loi Aquilia, suivant l'opinion de Sabinus qui pensait qu'une action qui n'a pu appartenir à un défunt, ne peut être transmise par lui à son héritier; car il serait absurde qu'un héritier demandât la valeur de celui à qui il succède, comme un maître exigerait la valeur d'un de ses esclaves qui aurait été tué. Mais si le maître avait seulement en partie rendu libre, et institué héritier son esclave, son cohéritier pourrait après sa mort exercer l'action de la loi Aquilia.

---

(2) D. l. 17. in fin.
(3) L. 15. in fin. supr. h. t.

37. Javolenus, *lib.* 14. *ex Cassio.*

Si quis jussû alteriûs damnum dederit.

Liber homo, si jussû alteriûs, manû injuriam dedit, actio legis Aquiliæ cum eo est, qui jussit, si modò (1) jus imperandi habuit : quòd si non habuit, cum eo agendum est, qui fecit.

De quadrupede cujus nomine actio est, occisâ.

§. 1. Si quadrupes, cujus nomine actio esset cum domino, quòd pauperiem fecisset (2), ab alio occisa est, et cum eo lege Aquiliâ agitur, ætimatio non ad corpus quadrupedis, sed ad causam ejus, in quo de pauperie actio est, referri debet : et tanti damnandus est is, qui occidit, judicio legis Aquiliæ, quanti actoris interest noxæ potiùs deditione defungi, quàm litis æstimatione.

38. Idem *lib.* 9. *epistolarum.*

Si servum meum bonâ fide tibi servitutem servus tuus vulneravit.

Si eo tempore, quo tibi meus servus, quem bonâ fide emisti, serviebat, ipse à servo tuo vulneratus est, placuit, omni modo me tecum rectè lege Aquiliâ experiri.

---

(1) L. 10. in fin. infr. de his, quæ ut indignis l. 15. infr. ad leg. Falcid. l. 167. in fin. l. 169 in pr. infr. de reg. jur.

37. JAVOLENUS, *liv.* 14. *sur Cassius.*

Si quelqu'un cause du dommage par l'ordre d'un autre.

Si un homme libre, en employant la violence, cause par l'ordre d'un autre, du dommage à quelqu'un, il y a lieu contre celui qui a donné l'ordre à l'action de la loi Aquilia, sur-tout s'il avait le droit (1) de commander. Si au contraire il n'avait pas ce droit, c'est contre l'auteur du dommage qu'il faut agir.

De la mort de l'animal au sujet duquel l'action a été intentée.

§. 1. Si l'action avait été intentée contre le maître d'un animal qui avait causé du tort, et que cet animal ayant été tué par un autre (2), le maître formât contre celui qui l'a tué; l'action de la loi Aquilia, on devra estimer non pas la valeur de l'animal, mais il faudra se reporter à la cause qui est en litige avec le maître au sujet du tort que cet animal a causé, et celui qui l'a tué devra être condamné par le jugement à intervenir sur la loi Aquilia, à indemniser le demandeur dans la proportion de l'intérêt que le maître avait d'abandonner de préférence l'animal qui a été tué, pour (tenir lieu de la réparation du dommage qu'il avait causé) à payer le dommage d'après l'estimation qui en aura été faite.

38. LE MÊME, *liv.* 9. *des lettres.*

Si votre esclave a blessé le mien qui vous servait de bonne foi.

Si dans le tems que vous avez en votre puissance mon esclave, que vous aviez acheté de bonne foi, ce même esclave vient à être blessé par l'un des vôtres, on a décidé que j'étais fondé à former contre vous l'action de la loi Aquilia.

---

(2) L. 1. §. pen. supr. tit. prox.

39. Pomponius, *lib. 17. ad Quintum Mucium.*

De ejectione.

Quintus Mucius scribit : Equa , cum in alieno
pasceretur, in cogendo, quòd prægnans erat ,
ejecit (1) : quærebatur, dominus ejus possetne
cum eo, qui coëgisset, lege Aquiliâ agere, quià
equam in jiciendo ruperat (2). Si percussisset, aut
consultò vehementiùs egisset , visum est agere
posse.

De pecore quod quis in agro suo deprehendit.

§. 1. Pomponius : quamvìs alienum pecus in
agro suo quis deprehendisset : sic illud expellere
debet, quomodo si suum deprehendisset : quoniàm,
si quid ex eâ re damnum cepit , habet proprias
actiones. Itàquè qui pecus alienum in agro suo
deprehenderit , non jure id includit : nec agere
illud alitèr debet, quàm (ut suprà diximus) quasi
suum : sed vel abigere debet sinè damno, vel
admonere dominum, ut suum recipiat.

40. Paulus, *lib. 3. ad edictum.*

De chirographo, vel testamento , vel instrumento deleto.

In lege Aquiliâ, si deletum chirographum mihi
esse dicam, in quo sub condictione mihi pecunia
debita fuerit, et interim testibus quoquè id pro-
bare possim, qui (testes) possunt non esse eo
tempore, quo conditio extitit , et si summatim re

____

(1) L. 27. §. 22. supr. h. t.

39. POMPONIUS, *liv.* 17. *sur* *Quintus Mucius.*

D'un animal que l'on a chassé d'un endroit.

Quintus Mucius écrit ce qui suit. — Un particulier en chassant de son champ une jument qui y paissait, et qui était pleine, a été cause qu'elle a avorté (1). On demandait si le maître de la jument pouvait intenter l'action de la loi Aquilia contre celui qui, en la contraignant de sortir de son champ, avait causé son avortement (2). On a répondu que si la jument avait été frappée, ou chassée sans aucun ménagement, et avec une mauvaise intention, il y avait lieu à cette action.

Du bétail que quelqu'un a trouvé dans son champ.

§. 1. Pomponius : celui qui trouve l'animal d'un autre sur sa propriété doit en l'en chassant se conduire de même que s'il voulait en faire sortir un animal qui lui appartiendrait, parce que s'il en a éprouvé quelque dommage, il a eu en sa faveur des actions particulières, pour en demander la réparation. C'est pourquoi celui qui trouve le bétail d'un autre dans son champ, n'a pas le droit de l'y tenir enfermé, et comme nous l'avons dit plus haut, il ne doit pas dans cette circonstance agir autrement que s'il s'agissait de ses propres bestiaux ; mais il doit, ou le chasser avec circonspection, sans lui faire de mal, ou avertir le maître de venir le retirer.

40. PAUL, *liv.* 3. *sur l'édit.*

D'un billet, ou d'un testament, ou d'une pièce d'écriture, effacé ou déchiré.

Si quelqu'un a déchiré un billet par lequel je prétends qu'un tiers s'était obligé à me payer une certaine somme sous condition, que je prouve la vérité de ce que j'avance par des témoins, comme ces témoins pourraient ne plus exister à l'époque où la condition serait remplie,

---

(2) §. ult. Inst. eod.

exposita , ad suspicionem judicem adducam ;
debeam vincere : sed tunc condemnationis exactio
competit , cùm debiti conditio extiterit : quòd si
defecerit, condemnatio nullas vires habebit.

41. Ulpianus , *lib.* 41. *ad Sabinum.*

*Pro testamento deleto non competit actio legis et Aquiliæ
testatori , sed heredi vel legatario.*

Si quis testamentum deleverit (1) , an damni
injuriæ actio competat , videamus? Et Marcellus
lib. v. Digestorum dubitans negat competere :
quemadmodùm (enìm) (inquit) æstimatio ini-
bitur? Ego apud eum notavi , in testatore quidèm
hoc esse verum ; quià quod interest ejus , æstimari
non potest : veruntamèn in herede vel legatariis
diversum , quibus testamenta penè chirographa
sunt. Ibidèm Marcellus scribit , chirographo deleto (2) , competere legis Aquiliæ actionem. Sed
et si quis tabulas testamenti apud se depositas (3)
deleverit, vel pluribus præsentibus legerit , utilius
est , in factum et injuriarum (4) agi : si injuriæ
faciendæ causâ , secreta judiciorum publicavit.

§. 1. Interdùm evenire Pomponius elegantèr
ait , ut quis tabulas delendo , furti non teneatur ,
sed tantùm damni injuriæ , utputà si non animo
furti faciendi , sed tantùm damni dandi delevit :

---

(1) L. 42. infr. eod. l. 51. infr. de furt.
(2) L. 27. 28. 29. 30. 31. 32. infr. d. t.
(3) L. 42. infr. h. t. l. 35. supr. de dolo malo.

si en exerçant à cette occasion l'action de la loi Aquilia,
je parviens à convaincre le juge, auquel j'aurai exposé sommairement mon affaire, de ma véracité, je devrais obtenir
un jugement favorable; mais alors le jugement ne pourra
sortir son plein et entier effet, que lorsque la condition
sera remplie. Si au contraire elle n'a pas lieu, le jugement
sera comme non avenu.

41. ULPIEN, *lib.* 41. *sur Sabinus.*

L'action de la loi Aquilia n'appartient pas au testateur
dans le cas d'un testament effacé, mais à son héritier
ou au légataire.

Examinons si l'on peut intenter l'action de la loi Aquilia
contre celui qui a effacé un testament (1). Marcellus au
liv. v du Digeste, dit, mais en hésitant, qu'elle n'a pas
lieu. Car comment, dit-il, pouvoir estimer le dommage?
J'ai observé à ce sujet que la chose pouvait être vraie à
l'égard du testateur, parce qu'en effet on ne peut apprécier
son intérêt. Mais il n'en est pas de même à l'égard de
l'héritier ou du légataire, pour qui le testament est une
espèce d'acte contenant obligation en leur faveur. Le même
Marcellus écrit au même endroit, que je puis avoir l'action
de la loi Aquilia contre celui qui a détruit un billet, ou
un acte qui m'intéressait (2). Si quelqu'un a détruit un
testament déposé entre ses mains (3), ou en a prouvé la
publicité, en en faisant lecture à plusieurs personnes, il
y a lieu contre lui (4) à une action expositive du fait, et
à l'action de la réparation des injures, s'il a rendu publiques les dispositions secrètes du testament avec intention
de nuire à quelqu'un.

§. 1. Suivant Pomponius, il peut arriver quelquefois que
celui qui s'est rendu coupable de la corruption d'un testament, ne soit pas sujet à l'action du vol, mais seulement
à l'action de la loi Aquilia, comme si, par exemple, il
a effacé ce testament non dans l'intention de voler, mais
uniquement dans celle de nuire à ceux que le testament
regardait; car dans ce cas, il ne sera pas tenu de l'action

---

(4) L. 1. §. 38. infr. depositi.

nàm furti non tenebitur : cùm facto enim etiàm animum furis furtum exigit (1).

42. JULIANUS , *lib.* 48. *Digestorum.*

Qui tabulas testamenti depositas (2), aut alicujus rei instrumentum ità delevit, ut legi non possit, depositi actione, et ad exhibendum tenetur : quià corruptam rem restituerit, aut exhibuerit. Legis quoquè Aquiliæ actio ex eâdem causâ competit. *Corrupisse* enim tabulas rectè dicitur et qui eas interleverit.

43. POMPONIUS , *lib.* 19. *ad Sabinum.*

De damno in rebus hereditariis.

Ob id , quod antequàm hereditatem adires , damnum admissum in res hereditarias est (3), legis Aquiliæ actionem habes : quod post mortem ejus , cui heres sis, acciderit. *Dominum* enim lex Aquilia appellat , non utiquè eum, qui tunc fuerit , cùm damnum daretur : nàm isto modo ne ab eo quidèm , cui heres quis erit , transire ad eum ea actio poterit : nequè ob id , quod tum commissum fuerit , cùm in hostium potestate esses , agere postliminio reversus poteris. Et hoc alitèr constitui sinè magnâ captione posthumorum liberorum , qui parentibus heredes erunt , non poterit. Eadem dicemus et de arboribus eodem tempore furtim cæsis. Puto , eadem dici posse etiàm de (hâc) actione , *quod vi aut clam* : si modò quis aut prohibitus

---

(1) L. 53. in pr. infr. de furt.

du vol, puisqu'outre le fait du vol, il faut encore l'intention formelle de voler (1).

42. JULIEN, *liv.* 48. *du Digeste.*

Celui qui a effacé un testament, ou quelqu'autre pièce d'écriture dont il *était* dépositaire (2), au point d'être illisible, est soumis à l'action du dépôt, et à celle de la représentation; parce qu'il dépose une chose corrompue, altérée, ou qu'il la rend dans un état autre que celui où il l'a reçue. Il y a également lieu à l'action de la loi Aquilia contre lui, parce que celui qui efface un testament, est censé le *corrompre.*

43. POMPONIUS, *liv.* 19. *sur Sabinus.*

Du dommage causé aux effets d'une succession.

Vous pouvez recourir à l'action de la loi Aquilia, pour raison du tort que la succession à laquelle vous êtes appellé a souffert avant que vous l'ayez acceptée (3), et qui est arrivé après la mort de celui à qui vous succédez. Car la loi Aquilia, par le mot *maitre*, n'entend pas celui qui l'était de la chose, dans le tems où le dommage a été causé, en effet de cette manière, l'action ne pourrait être transmise de la personne décédée, à son héritier, et si vous aviez été pris par les ennemis, vous ne pourriez pas à votre retour intenter cette action pour raison du dommage que vous auriez éprouvé pendant votre absence, et on ne pourrait interpréter autrement la loi, sans causer un préjudice très-grand aux posthumes, et aux enfans qui sont les héritiers de leurs pères. Nous ferons le même raisonnement à l'égard des arbres qui auraient été coupés furtivement dans le même tems où la succession n'était pas encore acceptée. Je pense qu'il faut appliquer ce qui vient d'être dit, à l'action qui a lieu contre celui qui fait quelque chose contre un autre *clandestinement, ou avec violence,* si toutes fois elle a lieu contre quelqu'un qui aurait fait quelque

---

(2) L. 41. in fin. pr. supr. h. t.
(3) L. 13. §. 2. supr. eod.

fecerit, aut apparuerit eum intelligere debuisse, ab eis, ad quos ea hereditas pertineret, si rescissent, prohibitum iri.

44. ULPIANUS, *lib.* 42. *ad Sabinum.*

De culpâ levissimâ.

In lege Aquiliâ et levissima culpa (1) venit.

Si servus domino sciente damnum dederit.

§. 1. Quotièns sciente (2) domino servus vulnerat, vel occidit, Aquiliâ dominum teneri dubium non est.

45. PAULUS, *lib.* 10. *ad Sabinum.*

Scientia domini quomodo accipitur.

Scientiam hîc pro patientiâ accipimus, ut, qui prohibere potuit (3), teneatur, si non fecerit.

Si servus vulneratus convaluerit.

§. 1. Lege Aquiliâ agi potest, et sanato vulnerato servo.

Si quis servum quem liberum putabas, occiderit.

§. 2. Si meum servum, cùm liberum putares (4), occideris, lege Aquiliâ teneberis.

De duobus concurrentibus.

§. 3. Cùm stramenta ardentia transilirent : duo concurrerunt, amboquè ceciderunt, et alter

______

(1) L. 13. in fin. pr. infr. de liberali caus.
(2) L. 2. in pr. infr. de noxal. action.

chose contre une succession malgré l'opposition qu'il aurait trouvé à le faire, ou s'il a pu ne pas ignorer que ceux à qui la succession appartenait, s'y seraient opposés, s'ils en avaient été instruits.

44. ULPIEN, *liv.* 42. *sur Sabinus.*

De la faute la plus légère.

La loi Aquilia comprend même la faute la plus légère(1).

Si l'esclave cause du dommage à la connaissance de son maître.

§. 1. Il n'y a pas de doute que toutes les fois qu'un esclave blesse, ou tue quelqu'un au su de son maître, celui-ci ne soit soumis à l'action de la loi Aquilia (2).

45. PAUL, *liv.* 10. *sur Sabinus.*

Comment il faut entendre ce mot à la connaissance du maître.

Nous entendons ici par ce mot, *au su de son maître,* le cas où le maître ne s'y est pas opposé (3), pouvant le faire, et c'est alors qu'il est soumis à l'action de cette loi.

Si l'esclave blessé se rétablit.

§. 1. La guérison de l'esclave blessé, n'empêche pas que l'on ne puisse former l'action de la loi Aquilia.

Si quelqu'un a tué un esclave qu'il croyait libre.

§. 2. Si vous avez tué mon esclave, le croyant libre (4), j'ai contre vous l'action de la loi Aquilia.

De deux personnes qui se rencontrent.

§. 3. Deux personnes, en sautant simultanément par dessus des brâsiers ardens, sont tombées dans les flammes,

____

(3) L. 3. infr. d. t.
(4) L. 15. §. 45. infr. de injur.

flammâ consumptus est. Nihil eo nomine potest agi, si non intelligitur, uter ab utro eversus sit.

De damno sui defendendi causâ dato.

§. 4. Qui, cùm aliter tueri se non possunt, damni culpam dederint, innoxii sunt. *Vim enìm* (1) *vi defendere omnes leges, omniaquè jura permittunt.* Sed si, defendendi mei causâ, lapidem in adversarium misero, sed non eum, sed prætereuntem percussero, tenebor lege Aquiliâ : illum enìm solùm, qui vim infert, ferire conceditur ; et hoc, si tuendi duntaxàt, non etiàm ulciscendi causâ factum sit.

De pariete sublato.

§. 5. Qui idoneum parietem sustulit, damni injuriâ domino ejus tenetur.

46. Ulpianus, *lib.* 50. *ad Sabinum.*

Si vulnerato servo actum sit, et eo mortuo iterùm agatur.

Si vulnerato servo, lege Aquiliâ actum sit, posteà mortuo ex eo vulnere, agi lege Aquiliâ nihilominùs potest (2).

47. Julianus, *lib.* 68. *Digestorum.*

Sed si priore judicio æstimatione facta, posteà mortuo servo, de occiso agere dominus instituerit, exceptione doli mali opposità compelletur : ut ex utroquè judicio nihil ampliùs consequatur,

---

(1) V. l. 4. in pr. supr. h. t.

et l'une d'elles en a *été* dévorée. Il ne peut dans ce cas y avoir lieu à l'action de la loi Aquilia, si l'on ne peut découvrir quelle est celle qui a renversé l'autre.

Du dommage que l'on a causé en se défendant.

§. 4. On ne peut regarder comme coupables ceux qui n'ont pu se défendre, étant forcés de le faire, sans causer quelque dommage, et qui n'ont pu le faire autrement. *Car toutes les lois permettent de repousser la force par la force* (1). Mais si en me défendant, la pierre que je veux lancer contre mon adversaire, atteint un passant, je serai tenu de la loi Aquilia, car il n'est permis de frapper que celui qui attaque ; encore faut-il que la chose n'ait lieu que pour se défendre et non pour se venger.

D'un mur détruit.

§. 5. Celui qui détruit un mur qui pouvait encore durer pendant un certain tems, est tenu de l'action de la loi Aquilia envers le propriétaire de ce mur.

46. ULPIEN, *liv.* 50 *sur Sabinus.*

De l'action intentée à l'occasion d'un esclave blessé, et reprise après sa mort.

Si l'on intente l'action de la loi Aquilia au sujet d'on esclave blessé, on n'a pas moins le droit de l'intenter de nouveau, si l'esclave vient à mourir de sa blessure (2).

47. JULIEN, *liv.* 86. *du Digeste.*

Mais si dans un premier jugement on avait estimé l'esclave ; que le prix de cette estimation eût été soldé, et que l'esclave venant ensuite à mourir, le maître poursuive à cause de la mort de cet esclave, il sera débouté par l'exception du dol, qui pourra lui être opposé avec avantage. La raison est fondée sur ce que son esclave ne doit

---

(1) L. 2. in fin. supr. l. 47. infr. eod.

quàm consequi deberet, si initio de occiso homine egisset.

48. Paulus, *lib.* 39. *ad edictum.*

De damno dato in re hereditariá,

Si servus antè aditam hereditatem damnum in re hereditariâ dederit, et liber factus in eâ re damnum det : utrâquè actione tenebitur. Quià alterius, et alterius facti, hæ res sunt.

49. Ulpianus , *lib.* 9. *Disputationem.*

De apibus fumo fugatis vel necatis.

Si quis fumo facto apes alienas fugaverit, vel etiàm necaverit, magis causam mortis præstitisse videtur, quàm occidisse : et ideò in factum actione tenebitur.

Quid sit damni injuriâ datum. De ædibus intercisis incendii arcendi gratiâ.

§. 1. Quod dicitur (1), *damnum injuriâ datum Aquiliâ persequi*, sic erit accipiendum, ut videatur damnum injuriâ datum, quod cum damno injuriam attulerit : nisi magnâ vi cogente fuerit factum. Ut Celsus scribit circà eum, qui incendii arcendi gratiâ, vicinas (2) ædes intercidit : nàm hîc scribit cessare legis Aquiliæ actionem. Justo enìm metû ductus, ne ad se ignis perveniret, vicinas ædes intercidit : et, sivè pervenit ignis, sivè antè extinctus est, existimat, legis Aquiliæ actionem cessare.

____

(1) L. 1. l. 5. supr. eod.

pas lui être payé un prix plus cher, et excédant celui qu'il aurait reçu, si dans le principe il eût actionné l'auteur du tort qu'il éprouve dans la personne de son esclave, comme l'ayant tué.

48. PAUL, *liv.* 39. *sur l'édit.*

Du dommage causé à un effet dépendant d'une succession.

Si un esclave, avant qu'une succession ait été acceptée, cause quelque tort à cette succession, et qu'ensuite devenu libre, il cause de nouveau le même tort, il sera soumis à deux actions différentes, parce qu'il y a ici deux délits distincts et séparés.

49. ULPIEN, *liv.* 9. *des disputes.*

Des abeilles mises en fuite ou tuées par la fumée.

Celui qui, en faisant du feu dans un endroit où sont des abeilles, les met en fuite, ou les fait périr par la fumée, est plutôt censé avoir donné occasion à leur mort, que les avoir fait réellement périr, et c'est pourquoi on aura contre lui une action expositive du fait.

Ce que c'est que le tort causé sans raison légitime. D'une maison sapée pour éloigner et arrêter les progrès du feu.

§. 1. C'est ainsi qu'il faudra entendre ces mots, *la loi Aquilia poursuit la réparation du dommage causé sans raison légitime* (1), c'est-à-dire qu'on doit regarder comme dommage, toute espèce de tort fait à quelqu'un, à moins que l'on n'y ait été contraint par une force majeure; et c'est ainsi que Celse l'écrit à l'égard de celui qui pour arrêter les progrès d'un incendie violent, coupe et sape la maison voisine (2). Il n'y a pas lieu, dit-il, en ce cas, à l'action de la loi Aquilia; car s'il a sapé la maison de son voisin, il ne l'a fait que parce qu'il avait une juste crainte que le feu de la maison embrasée ne gagnât la sienne, et soit que le feu y soit parvenu, soit qu'il ait été éteint auparavant, il n'y a pas lieu à cette action. Telle est son opinion.

------

(1) L. 3 §. pen. infr. de incend.

50. IDEM, *lib.* 6. *opinionum.*

De domô demolitâ, et balneis extructis.

Qui domum alienam invito domino demolit (1), et eo loco balneas exstruxit : præter naturale jus, quòd superficies ad dominum soli pertinet, etiàm damni nomine actioni subjicitur.

51. JULIANUS, *lib.* 86. *Digestorum.*

Si institutum servum, mortiferè vulneratum, deindè here-
dem alius ità percusserit, ut maturiùs moreretur.

Ità vulneratus (est) servus, ut eo ictû certum esset moriturum : medio deindè tempore heres institutus est, et posteà ab alio ictus decessit : Quæro. an cum utroquè de occiso, lege Aquiliâ agi possit? Respondit : *Occidisse* dicitur vulgò quidèm, qui mortis causam (2) quolibèt modò præbuit : sed lege Aquiliâ is demùm teneri visus est, qui adhibitâ vi, et quasi manû, causam mortis præbuisset ; tractâ videlicèt interpretatione vocis à cædendo, et à cæde. Rursùs Aquiliâ lege teneri existimati sunt non solùm, qui ità vulnerassent, ut confestim vitâ privarent, sed etiàm hi, quorum (ex) vulnere certum esset aliquem vitâ excessurum. Igitùr, si quis servo mortiferum vulnus inflixerit, eundemquè alius ex intervallo ità percusserit, ut maturiùs interficeretur, quàm ex priore vulnere moriturus fuerat : statuendum est, utrumquè (3) eorum lege Aquiliâ teneri.

§. 1. Idquè est consequens auctoritate veterum : qui, cùm à pluribus (idem) servus ità vulneratus

---

(1) L. 27. §. 31. l. 45. in fin. supr. l. 2. C. h. t.
(2) V. l. 7. §. 6. supr. eod.

5o. LE MEME, *liv. 6. des opinions.*

D'une maison démolie, des bains qui ont été construits.

Celui qui détruit la maison d'autrui malgré le propriétaire (1), et construit à la place des bains, outre le droit naturel, qui veut que ces bains appartiennent au maitre du fonds, est encore soumis à l'action de la loi Aquilia.

51. JULIEN, *liv. 86. du Digeste.*

Si un autre a tellement frappé un esclave institué héritier, et déjà blessé à mort, que le coup ait avancé sa mort.

Un esclave a été blessé par quelqu'un au point de faire présumer qu'il en dût mourir; dans ces entrefaites, il a été institué héritier, et ensuite a reçu d'un autre, un coup dont il est mort. Je demande si l'on peut intenter l'action Aquilienne contre les deux individus qui l'ont séparément blessé, comme l'ayant tué. J'ai répondu que celui-là était communément censé *avoir tué* qui, de quelque manière que ce soit, avait été la cause de la mort; mais d'après la loi Aquilia, il semble qu'il n'y a de sujet à ses dispositions, que celui qui a employé la violence et a causé la mort de quelqu'un, en le tuant pour ainsi dire de ses propres mains. Du moins est-ce ce que l'on peut conjecturer d'après les expressions tuer et meurtre. Enfin sont réputés être tenus de l'action de la loi Aquilia, non-seulement ceux qui auront blessé quelqu'un de manière à lui ôter la vie sur-le-champ, mais encore ceux qui auraient blessé quelqu'un assez grièvement pour faire croire que la mort dû s'en suivre. C'est pourquoi si quelqu'un a fait à un esclave une blessure mortelle, et que dans l'intervalle une autre personne lui en ait également fait une qui dût accélérer sa mort, et le faire périr beaucoup plus promptement qu'il n'eut péri de sa première blessure, il faut décider qu'il y a lieu contre l'un et l'autre (3) à l'action de la loi Aquilia.

§. 1. Cette opinion est confirmée par l'autorité des anciens jurisconsultes, qui ont pensé que dans l'hypothèse où

---

(3) L. 11. §. 3. supr. eod.

esset, ut non appareret (1), cujus ictû periisset, omnes lege Aquiliâ teneri judicaverunt.

Si plures trabem furandi causâ sustulerunt, quam singuli ferre non possent.

§. 2. Æstimatio autèm perempti non eadem in utriusquè personâ fiet. Nàm qui prior vulneravit, tantum præstabit, quantum in anno proximo homo plurimì fuerit, repetitis ex die vulneris trecentis sexagintâ quinquè diebus : posterior in id tenebitur, quanti homo plurimi venire poterit in anno proximo, quo vitâ excessit; in quo pretium quoquè hereditatis erit. Ejusdem ergò servi occisi nomine alius majorem, alius minorem æstimationem præstabit. Nec mirum : cùm uterquè eorum ex diversâ causâ et diversis temporibus, occidisse hominem intelligitur. Quòd si quis absurdè à nobis hæc constitui putaverit, cogitet longè absurdius constitui, neutrum lege Aquiliâ teneri, aut alterum potiùs : cùm nequè impunita maleficia esse oporteat (2), nec facile constitui possit, uter potiùs lege teneatur. Multa autèm jure civili, contrà rationem disputandi, pro utilitate communi recepta esse, innumeralibus rebus probari potest : unum interim posuisse contentus ero. Cùm plures (3) trabem alienam furandi causâ sustulerint, quam singuli ferre non possent, furti actione omnes teneri existimantur : quamvìs subtili ratione dici possit neminem eorum teneri; quià neminem verum sit eam sustulisse.

52. ALFENUS, *lib.* 2. *Digestorum.*

De servo ex plagis mortuo.

Si ex plagis servus mortuus esset, nequè id me-

un esclave a été blessé par plusieurs personnes, sans que l'on pût décider (1) quel était celui qui avait porté le coup mortel, tous étaient atteints par l'action de la loi Aquilia

Si plusieurs ont volé une poutre que chaque voleur en particulier n'aurait pu entrainer.

§. 2. Mais l'estimation de la valeur de cet esclave, ne sera pas la même pour tous, car celui qui a porté le premier coup, payera la plus grande valeur de l'esclave dans l'année qui aura précédé, c'est-à-dire qu'à partir du jour de sa blessure, l'on supputera rétrogressivement trois cent soixante-cinq jours ; le second payera également la plus grande valeur de l'esclave dans l'année antérieure à sa mort, et on ajoutera à cette valeur, celle de la succession à laquelle il a été appellé. L'estimation de ce même esclave tué sera donc plus considérable pour l'un que pour l'autre, et cela n'est pas étonnant, puisque l'un et l'autre l'ont blessé mortellement, en différens tems, où la position de l'esclave n'était pas la même. Mais si l'on pensait que cette décision fut absurde, ne serait-il pas encore plus absurde de dire que ni l'un ni l'autre ne sont sujets à l'action de la loi Aquilia, ou qu'il n'y en a qu'un seul, puisqu'un semblable délit ne doit pas rester impuni (2), et qu'il est très-difficile de décider quel est celui des deux contre qui on doit intenter l'action de la loi Aquilia ? Au surplus, on trouve dans le droit civil une infinité de décisions rendues pour l'utilité publique, qui peuvent donner matière à disputer. Je me contenterai d'en citer une seule. Plusieurs personnes (3) dans l'intention de voler, ayant voulu enlever une poutre, n'ont pu l'emporter, il a été décidé que tous étaient coupables de vol ; cependant on pourrait par un raisonnement subtil, prétendre qu'ils ne sont pas tenus de cette action, parce qu'il n'est pas vrai qu'aucun d'eux ait enlevé la poutre.

52. ALFENUS, *liv.* 2. *du Digeste.*

De l'esclave mort de la suite de ses blessures.

Si un esclave est mort des suites de ses blessures, et que

---

(3) L. 21. §. 9. infr. de furt.

dici inscientiâ, aut domini negligentiâ (1) accidisset : rectè de injuriâ occiso eo agitur.

De rixâ et mutuâ percussione.

§. 1. Tabernarius in semitâ noctû suprà lapidem lucernam posuerat, quidam præteriens eam sustulerat ; tabernarius eum consecutus lucernam reposcebat, et fugientem retinebat : ille flagello, quod in manû habebat, in quo dolon inerat, verberare tabernarium cœperat, ut se mitteret ; ex eo majore rixâ (2) factâ, tabernarius ei, qui lucernam sustulerat, oculum effoderat. Consulebat, nùm damnum injuriâ (non) videtur dedisse, quoniàm prior flagello percussus esset ? Respondi, nisi datâ operâ effodisset oculum, non videri damnum injuriâ fecisse : culpam enim penès eum, qui prior (3) flagello percussit, residere. Sed, si ab eo non prior vapulasset, sed cùm ei lucernam eripere vellet, rixatus esset, tabernarii culpâ factum videri.

De duobus plaustris quæ in clivo ducebantur.

§. 2. In clivo Capitolino duo plaustra onusta mulæ ducebant : prioris plaustri muliones conversum plaustrum sublevabant, quo facilè mulæ ducerent : interìm superius plaustrum cessim ire cœpit, et cùm muliones, qui inter duo plaustra fuerunt, è medio exiissent, posterius plaustrum à priore percussum, retrò redierat, et puerum cujusdam obtriverat. Dominus pueri consulebat, cum quo (se) agere oporteret ? Respondi, in causâ jus esse positum. Nàm si muliones, qui superius

---

(1) L. 3o. in fin. supr. h. t.

sa mort ne provienne pas de l'ignorance du médecin, ou de la négligence de son maitre (1), on a contre celui qui l'a blessé l'action de la loi Aquilia, de même que s'il l'avait tué.

D'une querelle et des coups réciproquement donnés.

§. 1. Un marchand en boutique avait posé sur une pierre pendant la nuit une lanterne afin d'éclairer sa boutique ; un passant enléve cette lanterne ; le marchand court après le voleur et le retient. Celui-ci frappe le marchand avec un fouet qu'il tenait, et au bout duquel il y avait un dard, et veut s'échapper. Ce coup de fouet rend la rixe plus violente, et le marchand (2) finit par crever un œil à celui qui lui avait emporté sa lanterne. On demandait si ce marchand pouvait être regardé comme n'ayant pas à se reprocher d'avoir causé du tort, parce que l'autre l'avait frappé le premier. J'ai répondu que si le marchand avait crevé l'œil sans aucun dessein prémédité, il était à l'abri de tout reproche ; car le véritable coupable était celui qui avait frappé le premier (3) ; mais que s'il n'avait pas été frappé le premier, et qu'en cherchant à ratraper sa lanterne, il en fut venu aux mains, alors il devait être regardé comme coupable.

De deux chariots conduits dans un chemin allant en pente.

§. 2. Deux charriots chargés, attelés de deux mules, montaient lacolline du Capitole. Les charretiers du premier charriot en soulevaient le train de derrière, afin que leurs mules le tirassent plus facilement. Pendant ce tems, le charriot commença à reculer, les charretiers qui étaient derrière s'étant retirés, le second charriot atteint par le premier roula en arrière, et dans sa marche précipitée, tua un esclave. Le maitre de cet esclave consultait pour savoir lequel des deux charretiers il actionnerait. J'ai répondu que cela dépendait des particularités du fait, car si les charretiers qui avaient soulevé le train du premier chariot,

---

(2) V. l. 4. §. 3. infr. vi bonor. rapt.
(3) L. 1. §. 11. supr. tit. prox.

plaustrum sustinuissent, suâ sponte se subduxissent,
et ideò factum esset , ut mulæ plaustrum retinere
non possint , atquè onere ipso retraherentur : cum
domino mularum nullam esse actionem; cum ho-
minibus, qui conversum plaustrum sustinuissent ,
lege Aquiliâ agi posse : nàm nihilominùs cum
damnum dare , qui , quod sustineret , mitteret suâ
voluntate , ut (id) aliquem feriret; veluti si quis
asellum , cùm agitasset , non retinuisset; æquè ,
si quis ex manû telum , aut aliud quid immisisset ,
damnum injuriâ daret. Sed si mulæ , quià aliquid
reformidassent , et muliones timore permoti , ne
opprimerentur , plaustrum reliquissent, cum homi-
nibus actionem nullam esse , cum domino mularum esse. Quòd si nequè mulæ , nequè homines
in causâ essent , sed mulæ retinere onus nequissent , aut , cùm continerentur , lapsæ concidissent ,
et ideò plaustrum cessim redisset , atquè hi , quò
conversum fuisset , onus sustinere nequissent :
nequè cum domino mularum , nequè cum homi-
nibus esse actionem. Illud quidèm certè , quoquo
modo res se haberet , cum domino posteriorum
mularum agi non posse, quoniam non suâ sponte ,
sed percussæ retrò redissent.

Si bos, in experiendo , servum percutierit.

§. 3. Quidam boves vendidit eâ lege, *uti daret
experiundos* : posteâ dedit experiundos : emptoris
servus in experiundo percussus ab altero bove
cornû est : Quærebatur , nùm venditor emptori
damnum præstare deberet ? Respondi , si emptor
boves emptos haberet , non debere præstare : sed
si non haberet emptos , tùm , si culpâ hominis
factum esset , ut à bove feriretur , non debere
(præstari) ; si vitio bovis, debere.

s'étaient retirés d'eux-mêmes, et que leur retraite eût ôté aux mules la possibilité de le retenir, parce que la charge les eût entraînées, il n'y avait lieu à aucune action contre le maître des mules, et que l'on pouvait intenter l'action de la loi Aquilia contre les charretiers qui avaient soulevé le train de leur charriot ; car c'est causer du dommage que de lâcher sans nécessité ce que l'on retient, et ce, dans l'intention que quelqu'un en soit atteint et blessé, comme si quelqu'un effarouchait un âne, et ne cherchait pas à le contenir. Celui-là est de même coupable et responsable du tort qu'il commet, qui laisse échapper un trait, ou toute autre chose qu'il tient à la main. Mais si les mules avaient été effrayées, et que les charretiers n'aient abandonné leur charriot, que pour n'en être pas écrasés, il n'y a contre eux aucune action ; c'est le maître seul des mules que l'on doit actionner. Mais s'il n'y a de la faute ni des charretiers ni des mules, et que celles-ci n'aient pu retenir le charriot, ou qu'elles soient tombées, en voulant le retenir, et que ce soit à cause de cela qu'il ait été à reculons, sans que les charretiers aient pu en soutenir le poids, l'action ne pourra être formée ni contre le maître des mules, ni contre les charretiers. Chose certaine, c'est que de quelque manière que la chose ait eu lieu, on ne pourra pas agir contre le maître des mules du second charriot, en ce que les mules de ce second charriot n'ont reculé, que parce qu'elles y ont été forcés par le choc de l'autre charriot.

Si quelqu'un en essayant des bœufs les a frappés.

§. 3. Un particulier a vendu des bœufs *à l'essai* ; il les a livrés pour qu'on les essayât. L'esclave de celui qui les achetait à l'essai, a été frappé d'un coup de corne par un des bœufs, en les essayant. On demandait si le vendeur serait obligé d'indemniser l'acheteur du dommage qu'il éprouvait dans la personne de son esclave. J'ai répondu que si la vente des bœufs était consommée, il n'était tenu à rien ; que si au contraire elle ne l'était pas, le vendeur ne serait obligé à cette indemnité qu'autant que le bœuf eût été vicieux, et non pas si l'esclave eût été lui-même cause de ce qu'il aurait été frappé.

De ludo pilæ.

§. 4. Cùm pilam(1) complures luderent, quidam
ex his servulum, cùm pilam percipere conaretur,
impulit, servus cecidit, et crus fregit : Quærebatur, an dominus servuli lege Aquiliâ cum eo,
cujus impulsû ceciderat, agere potest ? Respondi,
non posse : cùm casû magis, quàm culpâ, videretur factum.

53. Nératius, *lib.* 1. *membranarum.*

De bobús in angustum locum deductis.

Boves alienos in angustum locum *coëgisti*, eoquè effectum est, ut dejicerentur (2) : datur in te,
ad exemplum legis Aquiliæ, in factum actio.

54. Papinianus, *lib.* 37. *quæstionum.*

Si creditor animal sibi debitum vulneraverit, aut occiderit.

Legis Aquiliæ debitori (3) competit actio, cùm
reus stipulandi antè moram promissum animal
vulneravit. Idem est et si occiderit animal. Quòd
si post moram promissoris, qui stipulatus fuerat,
occidit, debitor quidèm liberatur, lege autèm
Aquiliâ hoc casû non rectè experietur : nàm creditor ipse sibi potiùs, quàm alii, injuriam fecisse
videtur.

55. Paulus, *lib.* 22. *quæstionum.*

*Si creditor alterum ex duobus servis alternatim debitis,
antè moram occiderit.*

Stychum aut Pamphilum promisi Titio : cùm

---

(1) L. 11. in pr. supr. h. t.
(2) §. ult. Inst. h. t.

Du jeu de paulme.

§. 4. Plusieurs particuliers jouant (1) à la paulme, un d'eux poussa un jeune esclave qui essayait de ramasser la balle, et celui-ci en tombant se cassa la cuisse. On demandait si le maître du jeune esclave pouvait former l'action de la loi Aquilia contre celui qui l'avait poussé, et occasionné sa chûte. J'ai répondu négativement, parce que si l'esclave avait été blessé, cela devait plutôt être regardé comme un accident, que comme provenant de la faute du joueur.

53. NERATIUS, *liv.* 1. *de ses feuilles.*

De plusieurs bœufs renfermés dans un endroit trop étroit.

Vous avez renfermé des bœufs dans un endroit trop étroit, et par-là vous avez été cause qu'ils se sont blessés (2), il y a lieu contre vous, à l'instar de la loi Aquilia, à une action expositive du fait.

54. PAPINIEN, *lib.* 37. *des questions.*

Si celui à qui on s'est engagé de fournir un animal, l'a blessé ou tué avant.

Le débiteur (3) peut intenter l'action de la loi Aquilia contre son créancier, qui a blessé un animal qu'il s'était obligé de lui livrer, avant qu'il fût en demeure de le livrer. Il en est de même s'il l'a tué. S'il l'a tué après l'époque où il devait être livré, le débiteur est libéré; cependant il ne pourra former l'action de la loi Aquilia, car dans cette hypothèse, le créancier s'est plutôt fait tort à lui-même qu'au débiteur.

55. PAUL, *liv.* 22. *des questions.*

Si celui à qui il était dû deux esclaves alternativement, en a tué un avant que le débiteur fut en retard de le livrer.

J'ai promis à Titius l'esclave Stychus ou Pamphile. Sty-

____

(3) L. 55. infr. eod.

Stychus esset decem (millium) Pamphilus viginti, stipulator Stychum antè moram occidit : quæsitum est de actione legis Aquiliæ ? Respondi : Cùm viliorem occidisse proponitur : in hunc tractatum nihilùm differt ab extraneo creditor. Quantì igitur fiet æstimatio ? Utrùm decem (millium), quantì fuit occisus ; an (1) quantì est , quem necesse habeo dare ; id est, quantì meâ interest ? Et quid dicemus , si (et) Pamphilus decesserit sinè morâ ? Jam pretium Stychi minuetur , quoniàm liberatus est promissor : et sufficiet fuisse pluris , cùm occideretur, vel intrà annum. Hâc quidèm ratione , etiamsì post mortem Pamphili intrà annum occidatur , pluris videbitur fuisse.

56. Idem, *lib.* 2. *sententiarum.*

De uxore damnum dante.

Mulier , si in rem (2) viri damnum dederit , pro tenore legis Aquiliæ convenitur.

57. Javolenus , *lib.* 6. *ex posteriobus Laobenis.*

Si equus commodatus ab alio equo percussus fuerit.

Equum tibi commodavi , in eo tu cùm equitares, et unâ complures equitarent, unus ex his irruit in equum, teque dejecit, et eo casû crura equi fracta sunt : Labeo negat , tecum ullam actionem esse ; sed si equitis culpâ factum esset , cum equite sanè, non cum equi domino agi posse , verum puto.

---

(1) V. 1. 21. in fin. supr. eod.
(2) L. 27. §. 30. supr. eod.

chus valait dix mille pièces, et Pamphile vingt ; Titius a tué Stychus avant que je fusse obligé de le lui livrer. On a demandé qu'il fût statué à cet égard en ce qui concerne la loi Aquilia. J'ai répondu qu'au moyen de ce qu'il s'agissait ici de l'esclave dont la valeur était moindre, il n'y avait aucune différence quant à la loi Aquilia, entre lui et un étranger qui aurait tué cet esclave. Comment donc procéder à l'estimation ? La portera-t-on à 10 mille pièces, prix de l'esclave qui a été tué, ou sera-ce celle de celui que je suis obligé de fournir (1), c'est-à-dire, puis-je exiger un prix proportionné à l'intérêt que j'ai à ce que cet esclave n'ait pas été tué ? Que dirions-nous si Pamphile était venu à mourir avant que l'époque où il devait être livré, fût arrivée ? Le prix de Stychus sera diminué, parce que celui qui a promis de livrer l'un ou l'autre esclave, est libéré ; et il suffira que celui qui a été tué fût d'une valeur plus grande, soit dans le tems où il l'a été, soit dans l'année antérieure à sa mort. Par cette raison, si cet esclave est tué dans l'année qui suit la mort de Pamphile, il sera censé avoir été d'une plus grande valeur.

56. Le meme, *liv.* 2. *des sentences.*

Du tort causé par une femme.

Le mari (2) à l'action de la loi Aquilia contre sa femme, qui lui cause quelque tort dans un bien qui lui appartient.

57. Javolenus, *liv.* 6. *des livres postérieurs de Labéon.*

Si un cheval prêté à quelqu'un, a été frappé par un autre cheval.

Je vous ai prêté mon cheval ; comme vous le montiez, accompagné de plusieurs autres également montés, l'un des chevaux de ces cavaliers s'est jetté sur mon cheval, vous a jeté par terre, et par suite de cet accident, mon cheval a eu la jambe cassée. Suivant Labéon, je n'ai pas contre vous l'action de la loi Aquilia ; mais moi je pense qu'il est plus vrai de dire que si cet accident est arrivé par la faute du cavalier, on aura cette action contre le cavalier, et non contre le maître du cheval.

TITULUS TERTIUS.

De his, qui effuderint, vel dejecerint (1).

1. ULPIANUS, *lib.* 13. *ad edictum.*

Edictum de dejectis vel effusis.

PRÆTOR ait de his, qui dejecerint, vel effuderint : *Undè in eum locum, quo vulgò* (2) *iter fiet, vel in quo consistetur, dejectum vel* (3) *effusum quid erit, quantum ex eâ re damnum datum factumvè erit, in eum* (4), *qui ibi habitaverit, in duplum judicium dabo. Si eo ictú homo liber periisse dicetur, quinquagintà* (5) *aureorum judicium dabo. Si vivet, nocitumquè ei esse dicetur, quantum ob eam rem æquum judici videbitur, eum, cum quo agetur, condemnari, tantì judicium dabo. Si servus insciente domino fecisse dicetur, in judicio adjiciam, aut noxam dedere.*

Utilitas suprà scripti edicti.

§. 1. Summâ cum utilitate id Prætorem edixisse,

---

(1) Adde §. 1. et 2. Inst. de oblig. quæ quasi ex delict.
(2) V. §. 1. infr. h. l.
(3) §. 5. infr. h. l.

TITRE TROIS.

De ceux qui répandent, ou jètent quelque chose sur les passans (1).

1. ULPIEN , *liv.* 13. *sur l'édit.*

Edit relatif à ce qui est jeté ou répandu.

VOICI ce que dit le préteur au sujet de ceux qui répandent ou jètent quelque chose sur les passans. « Si l'on a jeté et » répandu (3) quelque chose d'une maison dans un endroit » ou l'on a coutume de passer (3), ou de s'arrêter, j'ac- » corderai contre celui qui occupe la maison une action par » laquelle il sera condamné à réparer an double le dommage » qu'il aura causé. Si un homme libre a été tué par ce qui » aura été jeté, je condamnerai la personne qui aura été » cause de cette mort, à payer 50 pièces d'or. S'il n'en » meurt pas, mais qu'il ait éprouvé quelque dommage, je » condamnerai l'auteur de ce dommage à payer la somme » que le juge aura jugé équivaloir, dans sa sagesse, au » dommage qui aura été causé. Si c'est un esclave qui à » l'insçu de son maître a occasionné ce dommage, j'ajou- » terai dans le jugement que je rendrai cette clause alter- » native, si mieux n'aime le maître de l'esclave l'aban- » donner, pour tenir lieu de la réparation du dommage. »

Utilité de l'édit précité.

§. 1. Il n'est personne qui ne convienne de la grande utilité de cet édit du préteur ; car le public est extrêmement

----

(4) §. 4. infr. h. l.
(3) §. 5. infr. h. l.

nemo est, qui neget : publicè enim utile est, sinè metû et periculo per itinera commeari (1).

De loco publico , vel privato per quem commeari solet , vel non.

§. 2. Parvì autèm interesse debet, utrùm publicus locus sit, an verò privatus : dummodò per eum *vulgò iter fiat.* Quià iter facientibus prospicitur, non publicis viis studetur : semper enim ea loca, per quæ vulgò iter solet fieri, eandem securitatem debent habere. Cæterùm si aliquandò vulgus in illâ viâ non commeabat, et tùnc dejectum quid, vel effusum, cùm adhùc secreta loca essent, modò cœpit commeari, non debet hoc edicto teneri.

De eo quod spontè decidit, vel effusum est.

§. 3. Quòd cùm (2) suspenderetur, decidit, magìs *dejectum* videri. Sed et quod suspensum decidit (3), pro dejecto haberi magìs est. Proindè et si quid pendens *effusum* sit, quamvìs nemo hoc effuderit, edictum tamèn locum habere dicendum est.

Qualis sit hæc actio, in quem datur, ab quam causam detur et quid persequatur.

§. 4. Hæc in factum actio *in eum* (4) datur, *qui inhabitat*, cùm quid dejiceretur, vel effunderetur ; non in dominum ædium : culpa enim penes eum est (5). Nec adjicitur culpæ mentio, vel inficiationis, ut *in duplum detur actio*, quamvìs damni injuriæ utrumquè exiget (6).

----

(1) In pr. supr. §. 2. infr. hic. l. 6. in pr. infr. h. t. l. 51. supr. ad leg. Aquil. l. 42. in pr. infr. de ædil. edict.

(2) Adde l. 7. §. 2. supr. de jurisd.

(3) L. 5. §. 12. infr. h. t.

intéressé à pouvoir aller et venir avec sûreté et sans crainte par les chemins (1).

Du lieu public ou privé par lequel on est dans l'usage de passer.

§. 2. Or il importe peu que le chemin soit public, ou privé, pourvu qu'il y ait un passage qui serve au public, parce que le préteur n'a considéré que l'intérêt des passans, abstraction faite des chemins publics. En effet, tous les endroits par lesquels il est d'usage de passer, doivent être absolument sûrs. Au surplus, si le public n'était pas dans l'habitude de fréquenter ce chemin, et qu'on y eût jeté ou répandu quelque chose, et que depuis on ait commencé à y passer, il n'y aura pas alors lieu à cet édit.

De ce qui tombe ou est répandu de soi-même.

§. 3. Si une chose tombe pendant qu'on la tient en suspens (2), elle est regardée comme ayant été jetée. Il en est de même si elle tombe d'un endroit d'où elle était suspendue (3). Par conséquent si une chose qui est suspendue vient à tomber, quoique personne ne soit cause de sa chûte, il n'en faudra pas moins dire qu'il y a lieu dans ce cas à l'édit.

Quelle est la nature de cette action, contre qui et pourquoi elle est donnée, et qu'est-ce quelle poursuit.

§. 4. Cette action expositive du fait est donnée (4) contre celui qui occupe la maison d'où on a jeté ou répandu quelque chose, et non pas contre le propriétaire. Car il n'y a que celui qui habite qui est coupable (5). L'édit ne fait pas mention de la faute de celui qui aura jeté ou répandu quelque chose, ni de sa dénégation, *pour qu'il y ait lieu à une condamnation au double.* La raison est fondée sur ce que cette action qui poursuit la réparation du dommage, exige l'une et l'autre chose (6).

---

(4) In pr. supr. hic.
(5) V. l. 6. §. pen. infr. h. t.
(6) L. 2. §. 1. supr. ad leg. Aquil.

8..

De libero homine occiso.

§. 5. Sed cùm *homo liber periit*, damni æstimatio fieri potest non fit in duplum, quià in homine libero nulla corporis æstimatio fieri potest (1) : sed *quinquagintà aureorum* (2) *condemnatio fit.*

Si libero homini nocitum sit.

§. 6. Hæc autèm verba, *si vivet, nocitumquè ei esse dicetur*, non pertinent ad damna, quæ in rem hominis liberi facta sunt, si fortè vestimenta ejus, vel quid aliud scissum, corruptumvé est : sed ea, quæ in corpus ejus admittuntur..

Si ex cænaculo conducto à filio familiâs,

§. 7. Si *filius familiâs* (3) cænaculum conductum habuit, et indè dejectum, vel effusum quid sit, de peculio in patrem non datur : quià (4) non ex contractû venit. In ipsum itaquè filium hæc actio competit.

Vel in quo servus habitat, dejectum vel effusum sit.

§. 8. Cùm *servus* habitator est, utrùm noxalis actio danda sit, quià non est ex negotio gesto : an de peculio, quià non ex delicto servi venit; nequè enim rectè servi dicitur noxa, cùm servus nihil nocuerit ? Sed ego puto, impunitum servum esse non oportere : sed extrà ordinem officio judicis corrigendum.

Quid sit habitare. De hospite.

§. 9. *Habitare* autèm dicimus, vel in suo, vel

---

(1) L. ult. in fin. infr. h. t. l. 2. vers. corporum. infr. de leg. Rhodia. l. 105. infr. de verb. oblig.

(2) In pr. supr. h. t. §. 1. in med. Inst. de oblig. quæ quasi ex delict.

D'un homme libre tué.

§. 5. Si c'est un homme libre qui a péri, on ne peut estimer le dommage au double, parce qu'un homme libre n'est pas susceptible d'être estimé (1). Mais dans ce cas l'estimation est de cinquante pièces d'or (2).

Si un homme libre a reçu quelque dommage.

§. 6. Ces expressions, *s'il survit*, et *qu'il ait éprouvé quelque dommage*, doivent s'entendre d'un dommage causé à la personne même de l'homme libre, mais non pas de celui qu'il aurait reçu soit dans ses habits qui auraient été ou gâtés, ou déchirés, soit dans toute autre chose.

Si d'une chambre louée par un fils de famille,

§. 7. Si un fils de famille a loué une chambre (3), de laquelle on aura jeté ou répandu quelque chose, le père ne peut être actionné, même jusqu'à la concurrence du pécule, parce que cette action ne dérive pas d'un contrat (4). Elle doit être dirigée contre le fils lui-même.

Ou occupée par un esclave, il a été jeté ou répandu quelque chose.

§. 8. Si c'est un esclave qui occupe la maison, doit-on accorder contre son maître une action noxale, parce que cette action ne dérive pas de la gestion des affaires d'autrui; ou l'action jusqu'à la concurrence du pécule, parce qu'elle ne provient pas du délit de l'esclave; et en effet il ne peut y avoir de délit de la part d'un esclave, qui lui-même n'a nui à personne? Pour moi, je suis d'avis que l'esclave ne doit pas rester sans être puni, et que le juge doit le faire châtier extraordinairement.

Ce que c'est qu'occuper. De l'hôte.

§. 9. Nous entendons par ce mot, *occuper une maison*, l'habiter ou comme propriétaire, ou à titre de loyer ou à

---

(3) §. 2. Inst. d. t.
(4) L. 58. infr. de reg. jur.

in conducto, vel gratuito (1). Hospes planè non tenebitur : quià non ibi habitat, sed tantisper hospitatur : sed is tenetur, qui hospitium dederit. Multùm autèm interest inter habitatorem, et hospitem : quantùm interest inter domicilium habentem et peregrinantem.

De pluribus habitantibus.

§. 10. Si plures in eodem cænaculo habitent, undè dejectum est, in quemvis hæc actio dabitur (2).

2. GAJUS, *lib. 6. ad edictum provinciale.*

Cùm sanè impossibile est scire, quis dejecisset, vel effudisset.

3. ULPIANUS, *lib. 23. ad edictum.*

Et quidèm, in solidum. Sed, si cùm uno fuerit actum, cæteri liberabuntur.

4. PAULUS, *lib. 19. ad edictum.*

Perceptione, non litis contestatione (3) præstaturi partem damni, societatis judicio vel utili actione ei qui servit.

5. ULPIANUS, *lib. 23. ad edictum.*

Si verò plures, diviso inter se cœnaculo, habitet, actio in eum (4) solùm datur, qui inhabitabat eam partem, undè effusum est.

---

(1) L. 5. §. 1. infr. h. t.
(2) V. l. 1. in fin. infr. de exercitor. act.

titre gratuit (1). Assurément un hôte qui se trouverait dans cette maison , ne serait pas tenu , la raison est qu'il ne l'habite pas , mais qu'il ne fait qu'y séjourner en passant , et celui-là seul qui le reçoit en est tenu. Or, il y a autant de différence entre celui qui habite une maison, et un hôte, qu'il y en a entre celui qui a un domicile , et un homme qui mène une vie errante.

De plusieurs occupans.

§. 10. Si la maison de laquelle il a été jeté ou répandu quelque chose , est habitée par plusieurs personnes, cette action sera donnée contre tous (2).

2. Gajus , *liv. 6. sur l'édit provincial.*

Parce qu'il est impossible de découvrir quel est celui qui aura jeté , ou répandu.

3. Ulpien , *liv. 23. sur l'édit.*

Tous même en seront tenus solidairement. Mais si l'on n'a actionné qu'un seul habitant de la maison , les autres seront libérés.

4. Paul , *liv. 19. sur l'édit.*

Celui qui aura payé , aura contre les autres l'action de la société , ou une action utile , pour se faire tenir compte de ce qu'il aura payé pour leur part , et pour cela il n'aura pas besoin de les citer en justice , à l'effet d'y être autorisé (3).

5. Ulpien , *liv. 23. sur l'édit.*

Si la maison est divisée en plusieurs parties , l'action n'est accordée que contre celui qui (4) habite la partie de laquelle il a été jeté , ou répandu quelque chose.

----

(3) L. 18. in fin. infr. de constit. pecum. l. 32. in fin. pr. infr. de pecul.

(4) §. 2. infr. h. l.

§. 1. Si quis gratuitas (1) habitationes dederit libertis, et clientibus, vel suis, vel uxoris, ipsum eorum nomine teneri Trebatius ait : Quod verùm est. Idem erit dicendum, et si quis amicis suis modica hospitiola distribuerit. Nàm et si quis cœnaculariam exercens, ipse maximam partem cœnaculi habebat, solus tenebitur. Sed et si hospitaculi habeat, solus tenebitur. (Sed si quis cœnaculi, ipse solus aquæ tenebitur.) Sed si quis cœnaculariam exercens, modicum sibi hospitium retinuerit, residuum locaverit pluribus, omnes tenebuntur, quasi in hoc cœnaculo habitantes, undè dejectum effusumvè est.

§. 2. Interdùm tamèn, quod sine captione actoris fiat, oportebit prætorem, æquitate motum, in eum (2) potiùs dare actionem, ex cujus cubiculo vel exedrâ dejectum est, licèt plures in eodem cœnaculo habitent : quòd si ex mediano cœnaculi quid dejectum sit, verius est, omnes teneri.

De horreario, conductore apothecæ, et eo qui locum conduxit us ibi opus faciat vel doceat.

§. 3. Si horrearius aliquid dejecerit, vel effuderit, aut conductor apothecæ, vel qui in hoc duntaxàt conductum locum habebat, ut ibì opus faciat, vel doceat, in factum actioni locus est : etiàm si quis operantium dejecerit, vel effuderit; vel (si quis) discentium.

---

1) L. 1 §. 9. supr. h. t.
(2) In pr. supr. h. l.

§. 1. Nératius dit que celui qui donne gratuitement une habitation (1) à ses affranchis, à ses clients, ou à ceux de sa femme, est tenu en leur nom des dispositions de l'édit; et ce qu'il dit est vrai. Il en est de même de celui qui a donné à ses amis une petite chambre pour s'y retirer (*a*); car si celui qui prend une grande maison à loyer, et loue les chambres du plus haut étage aux habitans pauvres, s'en réserve pour lui la plus grande partie, est seul tenu de l'édit. Il faut dire de même à l'égard de celui qui tient une maison destinée à loger des étrangers. Mais si celui qui tient une grande maison pour en louer les chambres les plus élevées aux personnes peu aisées, retient pour son usage particulier une petite chambre de cette même maison, et qu'il loue le surplus à plusieurs personnes, tous les locataires seront responsables du dommage, comme occupant la maison de laquelle il aura été jeté, ou répandu quelque chose.

§. 2. Cependant quelquefois le préteur devra, pourvu que le demandeur n'en souffre pas, n'accorder l'action que contre celui de la chambre duquel il aura été jeté ou répandu quelque chose (2), quoiqu'il y ait plusieurs personnes qui logent dans la même maison, et en cela il sera guidé par un sentiment d'équité. Mais si ce qui aura été jeté ou répandu, l'avait été du milieu de la maison, par exemple d'un corridor, il est plus a-propos de dire que tous les habitans de ce corridor sont responsables du dommage.

D'un magasin; de celui qui a loué une boutique, et de celui qui a loué un endroit pour y faire ou y apprendre à d'autres un métier quelconque.

§. 3. Il y a lieu à une action expositive du fait, contre celui qui a jeté, ou répandu quelque chose de son magasin, ou contre celui qui a loué une boutique, ou un endroit pour y travailler, ou pour y enseigner quelque métier, s'il en a été jeté ou répandu quelque chose, encore que cela soit arrivé par le fait de ses ouvriers, ou de ses apprentifs.

(*a*) On appelait *hospitiola* des endroits où l'on recevait les personnes à qui l'on donnait l'hospitalité, *hospites.* Il y avait chez les anciens, au rapport de Vitruus, chap. 10, des endroits où l'on servait à manger, et d'autres où l'on couchait les hôtes qui venaient les voir, et on appelait ces endroits *hospitiola.* Les villes bien policées avaient de ces sortes d'établissemens.

*Quâ actione conveniatur dejector ab eo qui hoc judicio
damnatus est.*

Cùm autèm legis Aquiliæ actione propter hoc
quis condemnatus est : meritò ei, qui ob hoc,
quod hospes, vel quis alius de cœnaculo dejecit,
in factum dandam esse Labeo dicit adversùs de-
jectorem. Quod verum est. Planè, si locaverat
dejectori, etiàm ex locato habebit actionem.

Intrà quod tempus hæc actio datur. De successoribus.

§. 5. Hæc autèm actio, quæ competit *de
effusis, et dejectis*, perpetua est : et heredi
competit. (In heredem verò non datur (1)). Quæ
autèm de eo competit, *quòd liber perisse dicitur*, intrà annum duntaxàt competit; nequè (in
heredem, sed nec heredi, similibusquè) personis;
nàm est pœnalis, et popularis (2) : dummodò
sciamus, ex pluribus desiderantibus hanc actionem ei potissimùm dari debere (3), cujus interest;
vel qui adfinitate cognationevè defunctum con-
tingit. Sed, si libero nocitum sit, ipsi perpetua erit
actio. Sed si, alius velit experiri, annua erit hæc
actio : nec enim heredibus jure hereditario competit. Quippè quod in corpore libero damni datur,
jure hereditario transire ad successores non debet,
quasi non sit damnum pecuniarium : nàm ex bono
et æquo oritur.

Edictum de periculose positis.

§. 6. Prætor ait : *ne quis in suggruenda pro-
tectovè, suprà eum locum, quà vulgo iter fiat,*

---

(1) V. vers. nam est. et §. ult. infr. hic.
(2) D. §. ult.

Par quelle action celui qui a jeté quelque chose, peut être poursuivi par celui qui a été condamné par cette action.

§. 4. Lorsque celui qui occupe une maison a été condamné par l'action de la loi Aquilia, à cause de ce délit, Labéon dit que c'est une justice que de lui accorder une action expositive du fait contre celui qui a jeté ou répandu quelque chose, fût-il étranger ; ce qui est vrai. S'il avait loué à ce dernier, il aurait en outre contre lui l'action qui descend du loyer.

Dans quel espace de tems cette action est donnée. De ceux qui succèdent.

§. 5. L'action qui est relative à *ce qui a été jeté*, *ou répandu*, est perpétuelle, et passe à l'héritier ; mais elle n'est pas accordée contre l'héritier de celui qui a commis le délit. Quant à celle qui a lieu dans le cas où *c'est un homme libre qui a péri* (1), elle ne dure que pendant l'année ; et elle n'est pas accordée contre l'héritier de l'homicide, ni transmise à l'héritier, ou autres successeurs de celui qui avait droit de la former, car elle est pénale et populaire (2). Il y a néanmoins cette observation à faire, c'est que lorsque plusieurs personnes se présentent pour former cette action, on doit préférer celui (3) qui a le plus d'intérêt, ou qui tient au défunt à raison de la parenté, ou de l'alliance ; mais si c'est un homme libre qui a éprouvé quelque dommage, l'action est perpétuelle. Si c'est un autre qui veuille la former, sa durée ne sera que d'une année, car elle n'appartient pas à son héritier par droit de succession. En effet, le dommage qu'éprouve dans sa personne un homme libre, ne doit pas passer par droit de succession à ses héritiers, puisqu'il ne s'agit pas d'un dommage qu'il a éprouvé dans ses biens, et que cette action est basée sur la bonne-foi.

Édit relatif aux choses placées de manière à causer du dommage.

§. 6. Le préteur dit « que qui ce soit ne mette sur son » toit, ou sur tout autre endroit de la maison qui avance

____

(3) L. 3. §. 1. infr. de popul. action.

*invè quo consistetur, id positum habeat, cujus
casus nocere cui possit. Qui adversùs ea fecerit, in eum solidorum decem in factum judicium
dabo: si servus insciente domino fecisse dicetur,
(aut œtimationem dari) aut noxœ dedi jubebo.*

Et ejus ratio.

§. 7. Hoc edictum superioris portio est, consequens etenìm fuit, prætorem etiàm in hunc
casum prospicere : ut si quid in his partibus
ædium periculosè positum esset, non noceret.

Interpretatio verbi, ne quis.

§. 8. Ait prætor, *ne quis in suggruendà protec-
tovè.* Hæc verba *ne quis* ad omnes (1) pertinent,
vel inquilinos, vel dominos ædium : sivè inhabi-
tent, sivè non, habent tamèn aliquid expositum
his locis.

De loco in quo positum est.

§. 9. *Suprà eum locum, quà vulgò iter fieret, invè quo consisteretur, id positum (habeat).*
Accipere debemus *positum*, sivè in habitationis,
vel cœnaculi, sivè etiàm in horrei vel cujus alterius ædificii.

De eo qui positum patitur.

§. 10. *Positum* habere etiàm is rectè videtur,
qui ipse quidèm non posuit, verùm ab alio positum patitur (2). Quarè, si servus posuerit, do-

___

(1) Adde l. 1. infr. de verb. sign.

» sur un lieu où l'on a coutume de passer, ou de s'arrêter,
» rien qui puisse occasionner quelque dommage aux pas-
» sans. Si quelqu'un contrevient à cette défense, je le con-
» damnerai à payer dix pièces. Si c'est un esclave qui l'ait
» fait à l'insçu de son maître, j'ordonnerai que le maître
» soit condamné à payer la somme de dix pièces, ou qu'il
« soit tenu de l'abandonner. »

Motif de cet édit.

§. 7. Cet édit fait partie de celui dont nous avons parlé plus haut; et en effet, le préteur a dû prévoir ce cas, puisqu'il était la conséquence de ce qu'il avait établi par l'autre édit, afin que si l'on mettait quelque chose sur ces parties de la maison, qui fut en risque de tomber, les passans ne pussent en souffrir aucun dommage.

Interprétation du mot que qui que ce soit.

§. 8. Le préteur a dit *que qui que ce soit ne place sur le toit, ou toute autre partie avancée de la maison.* Ces mots *que qui que ce soit* s'appliquent à toutes personnes indistinctement (1), ou locataires ou propriétaires; qu'ils habitent ou non la maison, s'ils ont laissé quelque chose d'ainsi exposé.

Du lieu où la chose a été placée.

§. 9. Ces mots, *qu'il ait placé quelque chose au-dessus du lieu où l'on a coutume de passer, ou de s'arrêter,* doivent s'entendre des différentes parties de la maison qui donnent sur un lieu où l'on s'arrête, ou par lequel on passe, tel que la fenètre d'une chambre à coucher, d'une salle à manger, d'un magasin, en un mot des parties d'un édifice quelconque.

De celui qui souffre que la chose soit placée.

§. 10. Pour être censé *avoir placé*, il n'est pas nécessaire que ce soit vous-mème qui ayez placé ce qui a fait du tort, mais il suffit que vous l'ayez souffert (2). C'est pourquoi si

---

(2) Adde l. 18. infr. mandati vide tamen l. 3. in fin. infr. tit. prox.

minus autèm positum patiatur, non noxali judicio dominus, sed suo nomine tenebitur.

Si positum nocere potuit , neque tamen nocuit.

§. 11. Prætor ait, *cujus casus nocere posset.* Ex his verbis manifestatur, non omne, quidquid positum est, sed quidquid sic positum est, ut nocere possit, hoc solùm prospicere prætorem, ne possit nocere : nec spectamus, ut noceat ; sed omninò, si nocere possit, edicto locus sit. Coërcitur autèm, qui positum habuit, sivè nocuit id, quod positum erat, sivè non nocuit.

Si positum decidit et nocuit.

§. 12. Si id, quod positum erat, deciderit et nocuerit, in eum competit actio, qui posuit, non in eum, qui habitaverit : quasi hæc actio non sufficiat ; quià positum habuisse non utiquè videtur, qui posuit, nisi vel dominus fuit ædium, vel inhabitator. Nàm et cum pictor in pergulâ clypeum, vel tabulam expositam habuisset, eaquè excidisset, et transeunti damni quid dedisset, Servius respondit, ad exemplum hujus actionis, dari oportere actionem : hanc enim non competere palàm esse ; quià neque in suggruendâ, nequè in protecto tabula fuerat posita. Idem servandum respondit, et si amphora ex recticulo suspensa decidisset, et damnum dedisset, quià et legitima et honoraria actio deficit.

Qualis sit actio de successoribus.

§. 13. Ista autèm actio popularis est (1), et

______

(1) Adde §. 5. supr. h. l.

c'est un esclave qui ait placé la chose, et que son maître souffre qu'elle y reste, il n'y aura pas lieu contre lui à l'action noxale, mais il sera tenu en son propre et privé nom.

Si ce qui a été placé a pu nuire, et cependant n'a pas nui.

§. 11. Le préteur ajoute, *qui puisse par sa chûte occasionner du dommage.* Ces expressions démontrent clairement qu'il n'a pas considéré indistinctement toute chose placée dans un endroit; mais simplement ce qui était placé de manière à nuire, et afin que les passans ne pussent en éprouver aucun dommage; et il ne faut pas entendre pour qu'il ait y lieu à l'édit, que la chose imprudemment posée, ait causé du dommage, il suffit qu'elle puisse en causer. On doit toujours punir celui qui a placé une chose dans le cas de nuire à quelqu'un, soit que l'accident qu'il y avait à craindre soit arrivé, soit qu'il n'ait pas encore eu lieu.

Si ce qui a été placé est tombé et a causé du dommage.

§. 12. Si la chose placée tombe et nuit aux passans, on a une action contre celui qui l'a placée, et non contre la personne qui habite la maison de laquelle elle est tombée, autrement cette action serait insuffisante, parce que celui qui a placé une chose quelconque n'est pas censé devoir la garder dans l'état où il l'a mise, à moins qu'il ne soit ou le propriétaire de la maison, ou qu'il ne l'habite; car Servius a répondu à l'égard d'un peintre qui avait exposé sur un balcon, un bouclier ou un tableau qui par sa chûte avait blessé un passant, qu'il fallait accorder contre le peintre une action à l'instar de celle dont nous parlons ici. En effet, il est constant qu'il n'en existe pas pour ce cas, puisque le tableau n'était posé ni sur le toit, ni sur aucune partie avancée de la maison. Le même jurisconsulte dit qu'il faut raisonner de même à l'égard d'une cruche suspendue au bont d'une corde, si elle vient à tomber, et a occasionner quelque dommage, parce que soit le droit civil, soit le droit prétorien, n'ayant pas prévu ce cas, il n'a été établi aucune action pour un semblable délit.

Quelle est cette action de ceux qui succèdent.

§. 13. Cette action est populaire, c'est-à-dire, ouverte à tout le monde (1), et est transmissible à l'héritier et aux

heredi, similibusquè competit : in heredes autèm non competit , quià (1) pænalis est.

6. PAULUS, *lib.* 9. *ad edictum.*

Ad quæ loca hoc edictum pertineat.

Hoc edictum non tantùm ad civitates, et vicos, sed et ad vias (2), per quas vulgò iter fit, pertinet.

Si interdiù vel nocte dejectum sit.

§. 1. Labeo ait locum habere hoc edictum, si interdiù dejectum sit, non nocte : sed quibusdàm locis et nocte iter fit.

Quorum culpam habitatur præstat.

§. 2. Habitator suam suorumquè (3) culpam præstare debet.

Si de nave dejectum sit.

§. Si de nave dejectum sit, dabitur actio utilis in eum, qui navi præpositus sit.

7. GAJUS, *lib.* 6. *ad edictum provinciale.*

De libero homine cæso.

Cùm liberi hominis corpus ex eo , quod dejectum effusumvè quid erit, læsum fuerit , judex (4) computat mercedes medicis præstitas , cæteraquè

---

(1) §. 1. Inst. de perpet. et tempor action.
(2) L. 1. §. 2. supr. h. t.

autres

autres successeurs de ceux qui déjà ont commencé à la former, mais elle n'est pas donnée contre l'héritier du coupable, parce qu'elle est pénale (1).

6. PAUL, *liv.* 19. *sur l'édit.*

Quels sont les endroits que cet édit concerne.

Les dispositions de cet édit concernent non-seulement les rues des villes, des bourgs, mais encore tous les endroits par lesquels il est d'usage de passer (2).

S'il a été jeté quelque chose pendant le jour ou la nuit.

§. 1. Labéon dit que l'édit n'a lieu que lorsque l'on jète quelque chose pendant le jour, et non pendant la nuit. Cependant il est des endroits par où l'on passe pendant la nuit.

Des personnes dont est responsable celui qui occupe.

§. 2. Celui qui occupe une maison est responsable de la faute qu'il commet lui-même (3), ainsi que de celle des siens.

Si on a jeté quelque chose de dessus un vaisseau.

§. 3. Si la chose est jetée du bord d'un vaisseau, on accordera une action utile contre le commandant du vaisseau.

7. GAJUS, *liv.* 6. *sur l'édit provincial.*

D'un homme libre qui a été tué.

Si un homme libre est blessé par ce qui a été jeté, ou répandu sur lui, le juge (4) prendra en considération ce qu'il en aura coûté pour les honoraires du médecin, et les dépenses qu'auront nécessité sa guérison, ainsi que la perte

---

(3) V. l. 1. §. 4. supr. eod.
(4) §. 1. in fin. Inst. de oblig. quæ quasi ex delict.

Tom. 6.

impendia , quæ in curatione facta sunt : prætereà operarum (1) , quibus caruit , aut cariturus est ob id , quod inutilis factus est. Cicatricum autèm aut deformitatis (2) nulla fit æstimatio : quia liberum (3) corpus nullam recipit æstimationem.

---

(1) L. 5. in fin. supr. si quadrupes pauper. l. 7. in pr. supr. ad leg. Aquil.

de ses journées de travail, à laquelle cet accident a donné lieu, et même la perte de celles qu'il doit éprouver par la suite, s'il doit se trouver hors d'état de travailler (1). Il n'y a pas lieu à estimer la cicatrice, ou la difformité (2) que cet accident a produit, parce qu'un homme libre n'est pas susceptible d'estimation (3).

---

(2) D. l. 3. supr. si quadrupes.
(3) L. 1. §. 5. supr. h. t.

TITULUS QUARTUS.

De noxalibus (1) *actionibus.*

1. Gajus, *lib.* 2. *ad edictum provinciale.*

Definitio.

Noxales actiones appellantur, quæ non ex contractû sed ex noxâ atquè maleficio (2) servorum adversùs nos instituuntur : quarum actionum vis et potestas hæc est, ut, si damnati fuerimus, liceat nobis dedititione ipsius corporis, quod deliquerit, evitare litis æstimationem.

2. Ulpianus, *lib.* 18. *ad edictum.*

De scientiâ domini.

Si servus sciente (3) domino occidit, in solidum dominum obligat. Ipse enim videtur dominus occidisse. Si autèm insciente, noxalis est : nec enim debuit ex maleficio servi in plùs teneri, quàm ut noxæ eum dedat.

Si dominus maneat aut in totum, vel partem esse desinat.

§. 1. Is, qui non prohibuit, sivè dominus

____

(1) Lib. 3. C. 41. et 4. Inst. 8.
(2) Inst. in pr. h. t.

TITRE QUATRE.

Des actions noxales (1).

1. Gaius *lib. 7. sur l'édit provincial.*

Définition.

On appelle *actions noxales*, celles qui sont formées contre nous, relativement à nos esclaves, non pas à cause d'un contrat qu'ils auraient passés pour nous, mais à cause d'un délit qu'ils auraient commis (2). Telle est la force et la puissance de ces actions, que si nous sommes condamnés, nous avons la liberté ou d'abandonner l'esclave pour tenir lieu de la réparation du dommage qu'il a causé, ou de payer ce à quoi ce dommage aura été estimé.

2. Ulpien, *lib.* 18. *sur l'édit.*

De la connaissance du maître.

L'esclave qui tue quelqu'un au su de son maître (3), le rend solidaire, c'est-à-dire qu'il l'oblige à payer la condamnation en entier, car il est censé avoir tué lui-même. Si au contraire, il l'a ignoré, l'action est noxale ; car par le délit de son esclave, il ne peut pas être contraint à donner plus que l'esclave lui-même.

Si le maître est toujours resté propriétaire de l'esclave, ou s'il a cessé de l'être en totalité ou en partie.

§. 1. Celui qui ne s'y est pas opposé, soit qu'il soit

______

(3) V. l. 3. l. 4. in pr. infr. eod.

manet, sivè desiit esse dominus, hâc actione
tenetur; sufficit enim, si eo tempore dominus,
quo non prohibeat, fuit, in tantum, ut Celsus
putet, si fuerit alienatus servus in totum, vel
in partem, vel manumissus, noxam caput non
sequi : nàm servum nihil deliquisse, qui domino (1)
jubenti obtemperavit. Et sanè, si jussit, potest
hoc dici : si autèm non prohibuit, quemadmodùm factum servi excusabimus ? Celsus tamèn
differentiam facit inter legem Aquiliam, et legem duodecim Tabularum, nàm in lege anti-
quâ, *si servus sciente domino furtum fecit,
vel aliam noxam commisit, servi nomine actio
est noxalis*, nec dominus suo nomine tenetur.
At in lege Aquiliâ (inquit) dominus suo nomine
tenetur, non servi. Utriusquè legis reddit rationem : duodecim Tabularum, quasi voluerit servos
dominis in hâc re non obtemperare : Aquiliæ, quasi
ignoverit servo, qui domino paruit, periturus si
non fecisset. Sed si placeat, quod Julianus libro
octogesimo sexto scribit : si servus furtum faxit,
noxiamvè nocuit, etiàm ad posteriores leges pertinere : poterit dici, etiàm servi nomine cum
domino agi posse noxali judicio, ut, quod detur
Aquilia adversùs dominum, non servum excuset,
sed dominum oneret. Nos autèm secundum Julianum probavimus : quæ (sententia) habet ratio-
ném, et à Marcello apud Julianum probatur.

3. IDEM, *lib.* 3. *ad edictum.*

De scientiâ domini.

In omnibus noxalibus actionibus, ubicunquè
scientia exigitur *domini*, sic accipienda est,

---

(1) Vide tamèn l. 157. in pr. inf. de reg. jur.

encore le maître de l'esclave, soit qu'il ne le soit plus, est tenu de cette action; car il suffit que l'esclave fût en sa possession dans le tems où il a commis le délit, sans s'y être opposé; et suivant Celse, c'est au point que si l'esclave avait été alienné en tout ou en partie, ou qu'il ait été affranchi, le délit ne le suit pas, car tout esclave qui obéit à son maître ne commet aucun délit (1). Nul doute que cela ne soit vrai dans le cas où le maître a donné des ordres à son esclave, mais s'il n'est coupable que pour ne l'avoir pas empêché, comment excuser l'action de l'esclave? Celse admet cependant une grande différence entre la loi des douze Tables et la loi Aquilia; car on lit dans la loi ancienne, (la loi des douze Tables,) ce qui suit: *Si un esclave a fait un vol au su et à la connaissance de son maître, ou a commis quelqu'autre délit, l'action est noxale, et le maître n'est pas tenu en son nom.* Au contraire, la loi Aquilia porte textuellement que le maître de l'esclave est tenu en son propre et privé nom, et non pas au nom de son esclave. Il rend raison des dispositions de l'une et l'autre loi. La loi des douze Tables a voulu que les esclaves n'obéissent pas à de pareils ordres; la loi Aquilia a eu en vue de pardonner à l'esclave qui a été forcé d'obéir à son maître, par le risque qu'il courait de périr s'il s'y refusait. Mais si l'on admettait ce que dit Julien au livre LXXXVI, au sujet d'un vol ou d'un délit commis par un esclave, et qu'on l'étendît aux lois postérieures, on pourrait dire que l'on pourrait agir contre le maître en vertu de l'action noxale, indépendamment de l'action de la loi Aquilia, qui autorise à agir contre le maître, sans pour cela excuser l'esclave. Pour nous, nous adoptons l'opinion de Julien, qui n'est pas sans fondement, et qui d'après le rapport de Julien, est approuvée par Marcellus.

3. LE MÊME, *liv.* 3. *sur l'édit.*

De la connaissance du maître.

Dans toutes les actions noxales qui exigent de la part du maître une connaissance du délit, on doit entendre par ce

si (1) , cùm prohibere posset , non prohibuit.
Aliud (2) est enim , auctorem esse servo delin-
quenti : aliud , pati delinquere.

4. PAULUS, *lib.* 3. *ad edictum.*

In delictis servorum , *scientia domini* quemadmodùm accipienda est ? utrùm cum consilio , an
et si viderit tantùm , quamvis prohibere non
potuerit ? Quid enim , si ad libertatem proclamans,
domino sciente faciat ? aut quid si contemnat dominum ? vel , cùm trans flumen sit servus, vidente
quidèm , sed invito domino , noxiam noceat ?
Rectiùs itàquè dicitur , scientiam ejus accipien-
dam qui prohibere potest (3) : et hoc in toto
edicto intelligendum est circà *scientiæ* verbum.

Si extraneus servus , sciente me fecit, eumquè redemero.

§. 1. Si extraneus servus sciente me fecerit,
eumquè redemero, noxalis actio in me dabitur,
quià non videtur domino sciente fecisse, cùm eo
tempore dominus non fuerim.

De concursù actionis in solidum , et noxalis.

§. 2. Cùm dominus ob scientiam teneatur, an
servi quoquè nomine danda sit actio , videndum
est. Nisi fortè prætor unam pœnam à domino
exigi voluit. Ergò dolus servi impunitus erit ;
quod est iniquum ? Imò utroquè modo dominus
tenebitur : unâ autèm pœnâ exactâ , quam actor
elegerit, altera tollitur.

---

(1) L. 43. in pr. supr. ad leg. Aquil.
(2) Immò vide l. 5. §. 10. supr. de his , qui effud.

mot *connaissance* le cas où il ne s'y est pas (1) opposé , pouvant le faire , car autre chose est (2) de donner l'ordre à son esclave de commettre un délit , et de souffrir qu'il le commette.

4. PAUL, *liv. 3. sur l'édit.*

Comment doit-on , à l'égard des délits d'un esclave , entendre la connaissance que le maître peut en avoir ? Faut-il qu'il l'ait conseillé , ou suffit-il qu'il l'ait vu , ne pouvant s'y opposer ? Car qu'en serait-il si l'esclave qui demande sa liberté , commet le délit au su de son maître , qu'il ne veut pas écouter , ou si l'esclave séparé de son maître par un fleuve , commet en sa présence , mais malgré lui le délit ? Il est plus juste de dire que l'on ne doit regarder comme instruit du délit, que celui qui ne s'y oppose pas , pouvant le faire (3) ; et c'est ainsi que dans tout l'édit , il faut entendre le mot *connaissance*.

Si un esclave étranger a fait quelque chose à ma connaissance , et que je l'aie acheté.

§. 1. Si l'esclave d'autrui commet un délit à ma connaissance , et qu'ensuite je l'achète , il n'y aura lieu contre moi qu'à l'action noxale , parce que cet esclave n'est pas censé l'avoir commis au su et à la connaissance de son maître , puisqu'à cette époque je ne l'étais pas encore.

Du concours de l'action pour le tout , et de l'action noxale.

§. 2. Examinons si le maître étant personnellement responsable du délit , à cause de la connaissance qu'il en a eu , on doit encore accorder contre lui l'action noxale au nom de son esclave ; peut-être dira-t-on que le préteur n'a eu l'intention que de le punir une seule fois. Et dans ce cas , le délit de l'esclave serait resté impuni. Ce qui est absolument injuste. Il est plus à-propos de dire , qu'il est susceptible de voir intenter contre lui les deux actions , mais si le demandeur intente l'une à son choix , ce choix une fois fait , il n'y a plus lieu à former l'autre.

-----

(3) L. 5o. 1. 1o9. infr. de reg. jur.

§. 3. Si detractâ noxæ deditione , quasi cum conscio domino actum sit , qui non erat conscius, absolutione factâ, et finito judicio, ampliùs agendo cum noxæ deditione, exceptione rei judicatæ summovebitur: quià res in superiùs judicium deducta et finita est. Donec autèm priùs judicium agitatur, licentia agenti est, si eum de scientiá domini arguendâ pœniteat, tunc ad noxalem causam transire (1). Contrà quoquè, si cum eo, qui scit, cùm noxæ deditione actum sit : ampliùs in dominum, detractâ noxæ deditione, danda actio non est. In ipso autèm judicio, si voluerit, et scientiam domini arguere, non est prohibendus.

5. ULPIANUS, *lib. 3. ad edictum.*

De servo plurium.

Si plurium servus dereliquerit omnibus ignorantibus : noxale judicium in quemvis (2) dabitur. Sed si omnibus scientibus : quivis eorum tenebitur, detractâ noxæ deditione; quemadmodùm si plures deliquissent; nec altero convento alter liberabitur. Sed, si alter scit, alter ignoravit (3) : qui scit, detractâ noxæ deditione, convenitur; qui nescit, cum noxæ deditione.

Differentia actionis noxalis, et non noxalis. De herede.
De servo manúmisso.

§. 1. Differentia autèm harum actionum non solùm illa est, quòd qui scit, in solidum (4) tene-

---

(1) V. §. 53. Inst. de action.
(2) L. 8. infr. h. t. l. 4. supr. si ex noxali. l. 11. §. 3. infr. de aquâ et aquæ pluv.

§. 3. Si après avoir renoncé à l'action noxale, on a actionné le maître comme ayant été informé du délit, et que celui-ci ait été renvoyé absous, parce qu'il a été reconnu qu'il n'était informé de rien, et qu'après le jugement rendu, on veuille recourir à l'action noxale, on sera débouté par l'exception tirée de la chose jugée, parce que le premier jugement a terminé la contestation. Tant qu'il n'y a pas de jugement de rendu sur la première demande formée, il est libre au demandeur, s'il se repent d'avoir intenté l'action contre le maître, comme ayant eu connaissance du délit, de recourir à l'action noxale (1). Par la raison contraire, si on a intenté l'action noxale contre le maître que l'on savait être instruit du délit, on ne peut plus renoncer à cette action pour agir personnellement contre lui, mais dans le cours de l'instance, si l'on veut prouver que le maître a eu connaissance du délit, rien ne pourra empêcher cette preuve.

5. Ulpien, *liv.* 3. *sur l'édit.*

De l'esclave qui appartient à plusieurs.

Si un esclave appartenant à plusieurs personnes commet un délit, à l'insçu de toutes, il y aura lieu d'intenter l'action noxale contre chacune d'elles (2). Mais si toutes en avaient été instruites, on aura contre chacune une action personnelle, sans y comprendre l'action noxale, de même que lorsque plusieurs se sont rendus coupables de ce délit ; cas où celui qui sera actionné, ne libèrera pas l'autre. Mais si de deux maîtres l'un a eu connaissance du délit et que l'autre l'ait ignoré (3), celui qui a été instruit, sera tenu personnellement sans pouvoir abandonner l'esclave, pour se libérer, et celui qui a ignoré le délit, ne sera tenu que de l'abandonner.

Différence de l'action noxale avec celle qui ne l'est pas. De l'héritier. De l'esclave affranchi.

§. 1. La différence qu'il y a entre ces deux actions consiste non seulement en ce que celui qui a eu (4) con-

---

(3) L. 17. in. pr. infr. h. t.
(4) L. .. in pr. supr. h. t.

tur, verùm illa quoquè, quòd sivè alienaverit servum, qui scit, sivè manumiserit, sivè decesserit servus, dominus tenetur : sed, si ipse dominus decesserit, heres ejus non tenetur.

6. Idem, *lib.* 18. *ad edictum.*

Sed (et) ipse servus manûmissus tenetur.

7. Idem, *lib.* 3. *ad edictum.*

De eo apud quem est servus.

Noxalis (autèm) non aliàs datur, nisi (1) apud me sit servus : et si apud me sit, licèt eo tempore non fuit , quo delinquebat , teneor ; et heres meus tenetur, si noxius vivat.

De emptore, venditore.

§. 1. Pomponius ait , si emptor servi noxali conventus sit, venditorem, quo sciente factum est, conveniri jàm non posse.

8. Idem, *lib.* 37. *ad edictum.*

De servo communi, vel familiâ communi.

Si servus communis furtum fecerit, quivis (2) ex dominis in solidum noxali judicio tenetur, eoquè jure utimur. Sed non aliàs poterit (is,) qui conventus est, evadere litis æstimationem , nisi in solidum noxæ dederit servum (3) : nec ferendus, etsi partem dedere fuerit paratus. Planè,

---

(1) L. 14. §. 1. l. 42. §. ult. iufr. §. 5. Inst. eod.
(2) L. 5. in pr. supr. eod.

naissance du délit est tenu d'exécuter la condamnation en entier, mais encore en ce qu'il est tenu même après que l'esclave a été ou aliéné, ou affranchi, ou après sa mort. Mais si le maître vient à décéder, son héritier n'est pas obligé.

6. Le même, *liv.* 18. *sur l'édit.*

L'esclave lui-même une fois affranchi est tenu de l'action.

7. Le même, *liv.* 3. *sur l'édit.*

De celui chez qui est l'esclave.

L'action noxale ne peut être intentée contre moi (1), qu'autant que l'esclave est en ma possession, et je suis tenu, s'il est en ma possession, quoiqu'il n'y fut pas dans le tems où il a commis le délit. Mon héritier même est tenu, si l'esclave coupable existe.

De l'acheteur, du vendeur.

§. 1. Pomponius dit que si celui qui a acheté l'esclave coupable a été condamné par suite de l'action noxale, le vendeur ne peut être attaqué sous le prétexte qu'il aurait eu connaissance du délit.

8. Le même, *liv.* 37. *sur l'édit..*

De l'esclave commun, ou des esclaves d'une seule et même maison.

Si un esclave commun à plusieurs maîtres a fait un vol, chacun d'eux (2) est tenu de l'action noxale, et tel est l'usage que nous suivons. Mais celui contre lequel l'action aura été formée, ne pourra se soustraire à la condamnation entière, qu'en abandonnant au demandeur l'esclave en entier (3), et il ne devra pas être écouté, s'il veut ne l'abandonner qu'en partie; c'est-à-dire, s'il ne veut abandonner que sa portion. Mais s'il a payé la condamnation en entier, parce

---

(5) L. 27. §. 2. supr. ad leg. Aquil.

si propter hoc , quod socii dedere parati non fuerint , in solidum fuerit condemnatus , communi
dividundo , vel familiæ erciscundæ judicio , adversùs eos experietur. Antè noxale sanè judicium
acceptum poterit suâ parte cedendo securitatem
consequi (1) , ne necesse habeat suscipere judicium. Quamquàm quis possit dicere evenire , ut ,
dùm pars ei cedatur, amittat actionem : dominus
enim pro parte factus , non potest cum socio
noxali experiri (2) : fortassis nec communi dividundo agere possit ejus maleficii nomine , quòd
antè communionem admissum est. Quod si non
potest , evidenti injuriâ adficietur. Sed meliùs
est dicere , competere ei communi dividundo
judicium (3).

9. Paulus, *lib.* 39. *ad edictum.*

Sui facti nomine solvens , non repetit à socio.

Si (4) communis familia vel communis servus
furtum fecerit , altero ex dominis sciente , is ,
qui scit, omnium nomine tenebitur : et conventus alterum quoquè liberat : nec à socio quicquàm
debebit consequi (5) : sui enim facti nomine
pœnam meruit. Quod si is, qui ignoravit, duplum
præstiterit , à socio simplum consequetur.

10. Idem , *lib.* 22. *ad edictum.*

Sed et eo nomine agere cum socio poterit,
quòd servum communem deteriorem fecit : quem-

---

(1) Vide tamèn l. 4. supr. si ex noxali.
(2) L. 43. in fin. infr. de furt.
(3) L. 61. in pr. infr. d. t.

que ses co-propriétaires auront refusé d'abandonner leurs
portions, il aura contr'eux l'action en partage d'une chose
commune, ou l'action en partage de biens de famille. Mais
avant de défendre sur l'action noxale, il pourra opérer sa
libération en offrant d'abandonner sa portion (1). Et dans ce
cas, il ne pourra être contraint à défendre sur l'action noxale,
quoique cependant l'on puisse dire que si le demandeur
accepte la portion qui lui est offerte, il perd son action;
parce que devenu propriétaire pour une portion, il ne peut
plus intenter l'action noxale contre les autres dont il est
devenu l'associé (2). Peut-être même ne pourrait-il plus, en
forçant les autres à partager, se faire indemniser par eux du
dommage qu'il a souffert par suite du délit qu'a commis
l'esclave, avant qu'il fût commun entr'eux et lui, et s'il ne le
peut, il est incontestablement lésé. Mais il vaut mieux dire,
qu'il aura contr'eux l'action en partage (3).

9. PAUL, *liv.* 39. *sur l'édit.*

Celui qui paie au nom de l'esclave commun qui a commis
un délit dont il a eu connaissance ne peut pas répéter
de son associé ce qu'il a payé.

Si (4) un certain nombre d'esclaves, ou un seul esclave
appartenant à deux maîtres, a fait un vol dont l'un des deux
maîtres a été instruit, celui-ci sera tenu au nom de tous
les esclaves; et s'il est condamné, il libérera son co-propriétaire, et il ne pourra pas recourir contre lui pour en
obtenir une indemnité (5) parce qu'il porte la peine d'un
délit qu'il a commis. Mais si celui qui n'a pas été instruit
du délit, a été attaqué, et condamné à payer le double
du vol, il exigera de son associé le simple; c'est-à-dire,
la moitié de ce qu'il aura payé.

10. LE MÊME, *lib.* 22. *sur l'édit.*

Il pourra aussi actionner son associé, parce qu'il aura
diminué la valeur de l'esclave commun, comme il pourrait
le faire contre tout autre qui aurait diminué la valeur d'une

---

(4) L. 5. infr. si famil. furt. fecisse dicatur.
(5) L. 17. in fin. pr. infr. h. t.

admodùm cum quolibet alio, qui rem communem
deteriorem fecisset. Cæterùm, si nihil pretereà
post noxæ deditionem commune habebit , pro
socio vel si socii non fuerunt, in factum agi
poterit.

11. Ulpianus, *lib. 7. ad edictum.*

De servo bonâ fide possesso.

Bonâ fide servi possessor (1), ejus nomine,
furti actione tenebitur : dominus non (2) tenetur.
Sed noxæ dedendo non facit quidèm actoris : cùm
autèm cœperit istum servum dominus vindicare,
doli (3) exceptione summovebitur; vel officio
judicis consequetur, ut indemnis maneat.

12. Paulus, *lib. 6. ad edictum.*

Si bonæ fidei possessor servum dimiserit.

Si bonâ fide possessor eum servum, quem bonâ
fide possidebat, dimiserit, ne agi cum eo ex noxali
causâ possit, obligari eum actione, quæ datur
adversùs eos, qui servum in potestate habeant, aut
dolo fecerint(4) quò minùs haberent : quià per hoc
adhùc possidere videntur.

13. Gajus , *lib. 13. ad edictum provinciale.*

De servo malâ fide possesso.

Non solùm adversùs bonâ fide possessorem (5),
sed etiàm adversùs eos, qui malâ fide possident,

---

(1) L. 21. C. de furt.
(2) Obst. l. 27. §. 3. supr. ad leg. Aquil.
(3) L. 27. in fin. l. 28. infr. h. t.

chose

chose commune. Au surplus si la société se trouve dissoute par l'abandon de l'esclave fait en réparation du délit qu'il a commis, il conserve contre son associé l'action qui dérive de la société, et il a contre tout autre qui n'est pas son associé, une action expositive du fait.

11. Ulpien, *liv. 7 sur l'édit.*

De l'esclave possédé de bonne foi.

Le possesseur de bonne foi d'un esclave (1), si cet esclave commet un vol, sera tenu de l'action du vol au nom de cet esclave, et non pas le maître (2). Si cependant il l'abandonne pour tenir lieu de la réparation, il n'en transmet pas par cet abandon la propriété au demandeur. Mais si le maître veut revendiquer l'esclave sur lui (3) il sera débouté de sa prétention par l'exception tirée du dol, ou le juge pourvoira à mon indemnité pour raison du dommage que j'aurai souffert par le vol de cet esclave.

12. Paul, *liv. 6. sur l'édit.*

Si le possesseur de bonne foi a renvoyé l'esclave.

Si le possesseur de bonne foi renvoie l'esclave qu'il possédait de bonne foi, pour se soustraire à l'action noxale qu'on est en droit de former contre lui, il est obligé, de même que le serait quiconque aurait l'esclave en sa puissance, ou aurait cessé de le posséder par mauvaise foi (4), parce qu'il est toujours regardé comme possesseur.

13. Gaius, *liv. 13. sur l'édit provincial.*

De l'esclave possédé de mauvaise foi.

On accorde l'action noxale non-seulement contre tout possesseur de bonne foi, (5) mais encore contre tout possesseur de mauvaise foi. Autrement il y aurait de l'absurdité

---

(4) L. 21, in pr. infr. eod. v. l. 22. supr. de rei vind.
(5) Immo vide l. 27. §. 5. supr. ad leg. Aquil.

noxalis actio datur. Nàm (et) absurdum videtur,
eos quidèm, qui bonâ fide possiderent, excipere
actionem : prædones verò securos esse (1).

14. ULPIANUS , *lib.* 18. *ad edictum.*

De pluribus delictis ejusdèm servi.

Si quis à multis conveniatur ex noxâ ejusdem
servi, vel (si) ab uno, ex pluribus tamèn delictis : non necesse habet, quià omnibus dedere
non potest, litis æstimationem offerre his , quibus
dedere non potest. Quid ergò est, si à pluribus
conveniatur? Si quidèm unus occupavit, an melior sit conditio, ut ipsi soli dedatur? An verò
vel omnibus dedi debeat, vel cavere debeat
defensum iri adversùs cæteros ? Et veriùs est,
occupantis (2) *meliorem esse conditionem.* Ei
itàque debetur, non qui prior egit ; sed qui (3)
prior ad sententiam pervenit : et ideò ei , qui
posteà vicerit, actionem denegari judicati.

*De statû libero. De servo legato sub conditione. De
cautione actori præstandâ.*

§. 1. Sed et si statûliber sit , et antè deditionem
exstiterit conditio , per fideicommissum libertas
fuerit antè præstita, vel existente conditione legati dominium fuerit translatum : arbitrio judicis
absolvi eum oportet. Et officii judicis (4) hoc

----

(1) L. 36. §. 5. supr. de hered. petit.
(2) L. 32. supr. de procurat. l. o. l. 52. in pr. vers. merito igitur.
infr. de pecul. l. 9. in pr. infr. de re judicat. excip. l. 6. infr. de tribut.
act. l. 3. infr. quod cum eo , qui in alien. potest.

à ce que ceux qui possèdent de bonne foi, fussent soumis à cette action, et que les possesseurs de mauvaise foi en fussent exempts (1).

14. ULPIEN, *liv.* 18. *sur l'édit.*

De plusieurs délits commis par le même esclave.

Si quelqu'un est actionné par plusieurs personnes à cause d'un délit commis par son esclave, ou par une seule, à l'occasion de plusieurs délits, il n'est pas nécessaire, parce qu'il ne peut abandonner l'esclave à tous ceux qui l'ont actionné, qu'il offre la somme que demandent ceux à qui il ne peut abandonner l'esclave. Que serait-ce s'il est actionné par plusieurs! Si l'un d'eux a formé le premier l'action, sa condition est-elle meilleure, et peut-elle faire que ce soit à lui que l'esclave doive être abandonné de préférence ? Ou bien faut-il l'abandonner à tous, ou bien exiger de celui à qui il l'abandonne, caution qu'il se chargera *de défendre contre tous les autres demandeurs.* Il est plus vrai de dire, que *la condition de celui qui a été le plus diligent* (2) *à former l'action, est la plus avantageuse.* C'est pourquoi l'esclave sera remis, non pas à celui qui a actionné le premier, mais à celui qui le premier (3) aura obtenu un jugement; par conséquent celui qui en obtiendra un autre, après pourra le mettre à exécution.

De l'esclave qui attend sa liberté. De l'esclave légué conditionnellement. De la caution qui doit être fournie au demandeur.

§. 1. Mais si l'esclave qui a commis le délit, est sur le point d'obtenir sa liberté qui dépend de l'événement d'une condition, et que la condition se trouve accomplie avant l'abandon de sa personne, ou que la liberté lui ait été donnée en vertu d'un fidéi-commis avant le jugement, ou si la condition étant remplie, le maître a été obligé de le livrer au légataire, le juge devra le renvoyer absous, et celui-ci devra également (4) faire donner caution à celui

---

(3) D. l. 10. in fin. infr. de pecul.
(4) V. l. 5. in fin. pr. infr. de verb. oblig.

quoquè erit ut caveatur ei, cui deditur, ob evictionem ob suum factum contingentem.

15. GAJUS, *lib. 6. ad edictum provinciale.*

Prætor decernere debet translationem judicii in statûliberum fieri. Si verò rei judicandæ tempore adhùc in suspenso sit statuta libertas, Sabinus et Cassius liberari heredem putant, tradendo servum : quià toto suo jure cederet. Quod et verum est.

16. JULIANUS, *lib. 22. Digestorum.*

Dolus casû non purgatur.

Si heres dolo malo fecerit, ne statûliberum in potestate haberet, et propter hoc judicium sinè noxæ deditione acceperit : (et) impletâ conditione statutæ libertatis, condemnari debebit; sicuti mortuo servo, condemnaretur.

17. PAULUS *lib. 22. ad edictum.*

De servo communi,

Si ex duobus dominis, uno sciente, altero ignorante, servus delinquit, si antè cum altero, qui nesciebat, actum sit, et noxæ dederit servum, iniquum est, vilissimi hominis deditione alterum quoquè liberari. Igitùr agetur et cum altero : et, si quid ampliùs est in damni persecutione, consequetur, computato pretio hominis noxæ dediti. Ipsi tamèn inter se(sic) debent pensare communi dividundo judicium, ut (si) ille, quo sciente fecit, præstiterit : non totius partem ferat, sed partem

à qui l'esclave sera abandonné, à l'effet de demeurer par lui garant et responsable de toute éviction qui pourrait survenir par son fait.

15. GAJUS, *liv. 6. sur l'édit provincial.*

Le préteur doit ordonner que l'instance sera recommencée contre l'esclave affranchi. Mais si la condition de laquelle dépendait la liberté, n'était pas encore remplie au moment du jugement, Sabinus et Cassius pensent que l'abandon de l'esclave fait par l'héritier, le libére, parce qu'il doit céder tous ses droits sur lui, et cela est vrai.

16. JULIEN, *liv. 22. du Digeste.*

La mauvaise foi n'est pas éteinte par l'événement de la condition.

Si l'héritier a employé le dol pour que l'esclave affranchi sous condition ne fut plus en sa puissance, et que par cette raison il ait défendu sur l'action intentée contre lui, sans la clause noxale, si la condition de laquelle sa liberté dépendait vient à être remplie, il sera condamné à payer l'estimation du dommage, telle que le jugement l'aura évaluée, de même qu'il serait condamné si l'esclave était mort.

17 PAUL, *liv. 22. sur l'édit.*

De l'esclave commun,

Si un esclave qui appartenait à deux maîtres, a commis un délit que l'un connaissait, et que l'autre ignorait, si ce dernier, ne sachant pas que son co-propriétaire eut déjà été actionné, avait abandonné cet esclave pour tenir lieu de réparation, il serait injuste que le maître qui n'a pas ignoré le délit, demeurât déchargé de l'action par l'abandon d'un esclave de peu de valeur. L'autre maître pourra donc être actionné, et si la poursuite de la réparation du dommage donne lieu à une estimation plus forte, le démandeur obtiendra cet excédent de valeur de l'esclave abandonné, compensation faite de sa valeur intrinsèque. Cependant la compensation doit se faire entre les associés lors

ejus, quanti servus est : sic, et si alter aliquid præstiterit, ejus partem fieri. Illud iniquum est, eum, qui jussit servum facere, consequi aliquid à socio (1), cum ex suo delicto damnum patiatur.

Vel fructuario.

§. 1. Si plures, ejusdem servi nomine, noxali mecum agere velint; vel (si) unus pluribus judiciis ejusdem servi nomine agat, in quo ususfructus tuus, proprietas mea sit : officio judicis continebitur, cum eum noxæ dedero, ut etiàm usumfructum actoris faciam. Sed per prætorem id consequar ego dominus proprietatis, ut aut cogat prætor te pro æstimatione ususfructûs conferre ad litis æstimationem, aut usufructû cedere, si hoc expediat; et, si ego dominus proprietatis eum servum nolui defendere, defensio tibi permittenda est : et, si damnatus hominem tradas, (et) adversùs me tueris.

18. POMPONIUS, *lib.* 18. *ad Sabinum.*

Is, qui usumfructum in servo habet, perindè(2) cum domino habet actionem furti, atquè si quilibet alius esset : sed cum eo non est, quamvis serviat ei : et ideò dominus damnatus fructuario noxæ dedens liberabitur.

---

(1) L. 9. supr. h. t. l. 16. §. 3. in fin. supr. de procurat.

du partage, de manière que si le maître qui a eu connaissance du délit, a payé le montant de la condamnation,
il ne doive pas reprendre sur son co-propriétaire une partie
de ce qu'il a payé, mais simplement, une partie de la valeur de l'esclave; et si le jugement a été exécuté par l'autre,
il reprendra sur son co-propriétaire la moitié de ce qu'il
aura payé. Il est injuste que celui qui a donné à l'esclave
l'ordre de commettre un délit, puisse retirer de son co-propriétaire une partie de ce qu'il a payé (1), puisque s'il a
été condamné, il ne l'a été que parce qu'il s'est mis dans
le cas de l'être par son propre délit.

Ou sujet à l'usufruit.

§. 1. Si plusieurs personnes veulent intenter conjointement avec moi l'action noxale, à cause du délit commis
par le même esclave, ou si un seul l'intente pour plusieurs
délits, au sujet d'un esclave dont vous avez l'usufruit, et
moi la propriété, il sera du devoir du juge, si je l'abandonne pour tenir lieu de réparation, de me forcer à
l'abandoner avec l'usufruit. Mais j'obtiendrai du préteur
contre vous en ma qualité de propriétaire une action, par
laquelle je vous obligerai à payer une partie de l'estimation
de la condamnation en raison de l'usufruit que vous aviez,
ou à renoncer à votre usufruit si vous l'aimez mieux. Mais
si moi, propriétaire de l'esclave, je n'ai pas voulu le défendre en justice, vous devez avoir cette liberté, et si
vous êtes condamné à abandonner l'esclave, le préteur vous
mettra à l'abri des poursuites que je pourrais exercer contre
vous.

18. POMPONIUS, *liv.* 18. *sur Sabinus.*

L'usufruitier d'un esclave peut intenter l'action du vol (2)
contre le maître de cet esclave, de même qu'il le ferait
contre tout autre. Mais on ne peut agir contre lui, quoique
l'esclave soit à ses ordres. C'est pourquoi si le maître est
condamné envers l'usufruitier, il se libérera en lui abandonnant l'esclave.

---

(2) L. 17. §. 9. infr. de injur.

19. PAULUS, *liv.* 22. *ad edictum.*

De re communi.

Si in re communi meâ et tuâ damnum nobis dederit Titii servus, si cum eo agemus, erit noxali Aquiliæ actioni locus : ne damnatus in solidum singulis noxæ dedere cogatur. Sed potest dici, quasi unius damnum sit et una obligatio, aut (1) utrisquè pecuniam offerendam, aut officio judicis simul utrisque noxæ dedendum. Sed et si alterutri nostrum in solidum noxæ deditus fuerit, et ob id ab utroquè dominus sit absolutus, rectè dicitur, eum, cui noxæ deditus sit, alteri teneri communi dividundo judicio, ut communicet servum noxæ sibi deditum, cùm ob rem communem (aliquid) ad socium pervenerit.

De servo in quo ususfructus alienus sit.

§. 1. Si servi, in quo ususfructus alienus est, dominus proprietatis operas conduxerit, verba efficiunt, ut cum noxæ deditione damnetur.

De servo vicario nauta.

§. 2. Si servus tuus navem exercuerit, ejusquè vicarius et idem nauta in eâdem nave damnum dederit : perindè in te actio danda est, ac si is exercitor liber, et hic vicarius servus ejus esset,

---

(1) Adde l. 6. in fin. infr. de condict. indeb.

19. PAUL, *liv.* 22. *sur* *Sabinus.*

D'une chose commune.

Si l'esclave de Titius nous a causé du dommage dans une chose qui nous est commune, et que nous formions notre demande contre lui, il y aura lieu à l'action noxale de la loi Aquilia, de peur qu'autrement s'il était condamné pour le tout à l'égard de chacun de nous, il ne fût obligé de nous abandonner l'esclave en entier, pour nous tenir lieu de la réparation que nous serions en droit d'exiger; mais on peut dire, au moyen de ce que c'est la même chose que s'il n'y avait qu'un seul dommage, et par conséquent qu'une seule obligation, il sera tenu (1) ou de nous payer à tous les deux la réparation du dommage que nous pouvons demander, ou d'après l'ordonnance du juge de nous abandonner à tous deux l'esclave pour tenir lieu de réparation; mais s'il a abandonné l'esclave à l'un de nous, et que par conséquent il ait été libéré à l'égard de nous deux, on est fondé à dire, que celui à qui l'esclave a été livré, est obligé envers l'autre par l'action de partage, à rendre l'esclave commun, puisqu'il n'en est devenu propriétaire que par suite de la communauté qui existait déjà entre l'un et l'autre.

De l'esclave dont l'usufruit appartient à un autre.

§. 1. Si le maître de la propriété d'un esclave a loué les services de cet esclave, dont l'usufruit appartenait à un autre, le jugement doit porter qu'il aura la liberté d'abandonner l'esclave, pour tenir lieu de réparation.

De l'esclave matelot soumis aux ordres du préposé à un vaisseau, et qui est lui-même esclave.

§. 2. Si votre esclave est préposé à un vaisseau, et qu'un esclave qu'il commande et qui fait en même tems partie des matelots qui sont sur le même vaisseau, ait causé quelque dommage, vous pouvez être actionné vous-même, comme si le premier esclave préposé au vaisseau, et qui est le vôtre, était libre, et que l'esclave qu'il avait sous lui fût le sien, et vous serez condamné à soustraire du pécule de votre esclave, celui qui aura été l'auteur du délit,

ut de peculio servi tui ad noxam dedere vicarium damneris : ut tamèn si servi tui jussû, vel sciente et patiente eo, damnum vicarius dederit, noxalis actio servi tui nomine esse debeat. Idemquè fit, etiàm si nautam facere jusserit.

20. Gajus, *lib. 7. ad edictum provinciale.*

De servo qui sœpiùs deliquit.

Qui ex pluribus noxis diversis temporibus experitur, ex unâ noxiâ servi dominium nactus, nullam ampliùs actionem habet adversùs eum, qui dominus fuerat : cùm actio noxalis caput sequatur. At si maluit dominus priori judicio litis æstimationem sufferre : vel eidem, vel alii ex alio maleficio agenti nihilominùs tenetur (1).

21. Ulpianus, *lib. 23. ad edictum.*

Si dominus judicium recuset.

Quotièns dominus ex noxali causâ convenitur, si nolit suscipere judicium, in eâ causâ res est, ut (2) debeat noxæ dedere eum, cujus nomine judicium non suscipitur : aut, si id non faciat, judicium suscipietur omnimodò : sed non aliàs condemnabitur, quàm si in potestate habeat (3) dolovè malo fecerit (4), quominùs haberet.

De servo absente.

§. 1. Eos, quorum nomine noxali judicio agitur, etiàm absentes defendi posse placuit (5) : sed

---

(1) L. 1. in fin. 1. 2. in pr. supr. si ex noxali.
(2) L. 29. infr. h. t.

à l'effet de l'abandonner pour tenir lieu de la réparation, de manière cependant que si ce dernier avait commis le délit par l'ordre de votre esclave, ou à sa connaissance, et sans qu'il s'y fût opposé, il y ait contre vous l'action noxale au nom de votre esclave qui était en chef sur le vaisseau. Il en est de même si l'esclave a ordonné à un matelot de commettre le délit.

20. GAJUS, *liv. 7. sur l'édit provincial.*

De l'esclave qui a commis plusieurs délits.

Celui qui aura formé en différens tems l'action noxale contre le maître d'un esclave, pour raison de différens délits qu'il a commis, s'il est devenu propriétaire de cet esclave qui lui aura été abandonné pour lui tenir lieu de réparation, ne sera plus fondé à former aucune action contre le maître, parce que l'action noxale suit l'esclave; mais s'il a mieux aimé payer le montant de l'estimation portée dans le premier jugement, il n'en sera pas moins obligé envers le même demandeur, ou envers tout autre qui poursuivra la réparation d'un délit différent (1).

21. ULPIEN, *liv. 23. sur l'édit.*

Si le maître refuse de répondre sur l'action.

Toutes les fois qu'un maître est actionné en vertu de l'action noxale, s'il refuse de défendre sur cette action, il est obligé d'abandonner l'esclave (2) qu'il ne veut pas défendre; ou s'il ne le fait pas, il sera nécessairement obligé de le faire, mais il ne sera condamné qu'autant que l'esclave sera en sa puissance (3) ou qu'il aura employé le dol pour s'en dessaisir (4).

De l'esclave absent.

§. 1. Il a été décidé (5) que l'on pouvait défendre les esclaves absens au nom desquels on intenterait l'action

---

(3) L. 42. §. fin. infr. eod.
(4) L. 1. in fin. supr. eod.
(5) Excip. l. 1. et 2. infr. de publicam.

hoc ità demùm, si proprii sint servi. Nàm, si alieni, præsentes esse oportet; aut si dubitetur, utrùm proprii sint, an alieni. Quod ità puto accipiendum, ut, si constet, vel bonâ fide servire, etiàm absentes possint defendi.

Edictum de eo qui negat se habere potestatem.

§. 2. Prætor ait : *Si is, in cujus potestate esse dicetur, negavit se in suâ potestate servum habere : utrùm actor volet* (1), *vel dejerare jubebo* (2), *in potestate suâ non esse , nequè se dolo malo fecisse , quominùs esset; vel judicium dabo sinè noxæ deditione.*

Verbum in potestate *quomodò accipitur.*

§. 3. *In potestate* sic accipere debemus, ut facultatem et potestatem exhibendi ejus habeat : cæterùm, si in fugâ sit, vel peregrè, non (3) videbitur esse in potestate (4).

Si reus jurare nolit.

§. 4. Quòd si reus *jurare* nolit, similis est ei, qui nequè defendit absentem, nequè exhibet : qui condemnantur quasi contumaces.

De tutore , curatore , et procuratore.

§. 5. Si tutor vel curator extent, ipsi jurare

---

(1) L. 34. §. 6. infr. de jurerur.
(2) §. 4. infr. hic. l. 22. §. fin. infr. h. t.
(3) Immò vide l. 27. §. 3. supr. ad leg. Aquil.

noxale; mais on y a mis cette restriction, qu'ils seraient véritablement les esclaves de leur maître, c'est-à-dire, de celui qui les défendrait. Car s'ils étaient les esclaves d'autrui, on ne pourrait le faire qu'autant qu'ils seraient présens. Il en est de même si on doute qu'ils appartiennent, ou non, à celui qui se charge de prendre leur défense. Pour moi, je pense que s'il est constant qu'il est propriétaire des esclaves, ou qu'ils sont les esclaves de bonne foi de celui qui veut les défendre, leur absence n'est pas un obstacle à ce qu'ils soient défendus.

Édit relatif à celui qui nie avoir l'esclave en sa puissance.

§. 2. Le préteur s'exprime ainsi qu'il suit : « *Si celui en la puissance duquel on prétendra que l'esclave est, le nie, j'ordonnerai, si le demandeur le requiert* (1), *que celui qui nie, soit tenu d'affirmer par serment qu'il ne l'a point en son pouvoir* (2) *et qu'il n'a pas employé le dol pour qu'il n'y fût plus, ou j'accorderai une action dans laquelle on n'ajoutera pas la clause noxale.* »

Comment il faut entendre ce mot en sa puissance.

§. 3. C'est ainsi que nous devons entendre ce mot *en sa puissance* ; c'est-à-dire, s'il a le pouvoir et le droit de le représenter ; car s'il est en fuite, ou au loin, il ne sera pas (3) censé pouvoir le représenter (4).

Si le défendeur refuse de prêter serment.

§. 4. Si le défendeur refuse de faire le serment, il sera dans le cas de celui qui ne veut ni défendre un esclave absent, ni le représenter. Et ces sortes de personnes sont condamnées comme contumaces.

Du tuteur, du curateur, et du fondé de pouvoir.

§. 5. Si le maître de l'esclave a un tuteur, ou un curateur, ce sont eux qui doivent affirmer par serment que l'esclave n'est pas en la puissance du maître. Un fondé

---

(4) L. 5. in fin. infr. ad exibend. l. 215. vers. at cum. infr. de verb. sign.

debent, in potestate domini non esse : si autèm procurator sit, dominus ipse juret, necesse est.

Utrùm post jusjurandum detur actio noxalis.

§. 6. Si jusjurandum exegit actor, reusquè juravit, deindè posteà noxali velit actor experiri : videndum est, an exceptio jurisjurandi debeat adversùs actorem dari? Et Sabinus putat, non esse dandam, quasi de aliâ re sit juratum, hoc est, tunc non fuisse in potestate : modò verò (1), cùm in potestate deprehendatur, de facto ejus posse agi. Neratius quoquè dicebat, post exactum jusjurandum posse actorem, detractâ noxæ deditione, experiri : si modò hoc contendat, posteaquàm juratum est, cœpisse in potestate habere.

22. PAULUS, *lib.* 18. *ad edictum.*

De servo deposito, commodato,

Si servus depositus vel commodatus sit, cum domino agi potest noxali actione : ei enim servire intelligitur. Et quod ad hoc edictum attinet, in potestate ejus est : maximè si copiam habeat recuperandi hominis.

Pignori dato, precariò concesso.

§. 1. Is, qui pignori accepit, vel qui precariò rogavit, non tenetur noxali actione : licet enim justè possideant (2), non (3) tamèn opinione (4)

---

de pouvoir ne pourrait faire ce serment, il doit être fait
par le maître.

Si l'on doit accorder l'action noxale après le serment.

§. 6. Si le demandeur a exigé le serment, et que le
défendeur l'ait fait, et qu'ensuite le demandeur veuille
intenter l'action noxale, il faut examiner, si le défendeur
peut et doit opposer au demandeur l'exception du serment?
Sabinus pense qu'il ne peut se servir de cette exception,
en ce que le serment a été fait pour une chose étrangère
à l'action noxale ; c'est-à-dire, que malgré que l'affirmation
ait porté sur la dénégation qui a été faite par le défendeur
que l'esclave n'était point en sa puissance, cependant, (1) si
l'esclave revenait en la puissance du maître, celui qui en
aurait éprouvé un dommage pourrait intenter l'action noxale
pour en demander la réparation. Nératius disait aussi que
le demandeur, après avoir exigé le serment, pouvait
intenter son action, abstraction faite de la clause noxale,
pourvu toutes fois qu'il prétendît, que l'esclave était revenu
en la puissance de son maître après le serment.

22. PAUL, *liv.* 18. *sur l'édit.*

De l'esclave confié à titre de dépôt, prêté,

Si l'esclave qui a été mis en dépôt chez quelqu'un, ou
prêté, commet un délit, on pourra intenter l'action noxale
contre le maître, car il est censé le servir, et en ce qui a
rapport à cet édit, il est en sa puissance, sur-tout si le maître
a la faculté de le faire rendre.

Donné en gage, ou à titre de précaire.

§. 1. Celui qui a reçu un esclave à titre de gage, ou de
précaire, n'est pas tenu de l'action noxale ; car quoiqu'il
possède à juste titre (2), il ne possède (3) cependant (4)

---

(3) Excip. l. 101. in fin. pr. infr. de legat. 3.
(4) L. 21. vers. cum igitur. C. de furtis.

domini possident (1). Sed hos quoquè in potestate domini intelligi, si facultatem repetendi eos
dominus habeat.

Quid sit habere facultatem repetendi.

§. 2. Quid est *habere facultatem repetendi?*
Habeat pecuniam ex quâ liberari potest : nàm
non debet cogi vendere res suas, ut solvet pecuniam, et repetat servum.

Si dominus fateatur,

§. 3. Dominus, qui *servum in suâ potestate
esse* confitetur, aut exhibere eum debet, aut
absentem defendere : quod nisi faciat, punitur,
atquè si præsentem non noxæ dederit.

Aut negat se habere in potestate.

§. 4. Si *negavit* dominus *in suâ potestate esse
servum :* permittit prætor *actori arbitrium, utrùm
jurejurando id decidere* (2), *an judicium dictare
sine noxæ deditione velit,* per quod vincet, si
probaverit eum in potestate esse, vel dolo ejus
factum, quo minùs esset : qui autèm non probaverit in potestate adversarii esse servum, rem
amittit.

23. GAIUS *lib. 6. ad edictum provinciale.*

De eo qui posteà cœpit habere in potestate.

Sed etsi posteà (3) adversarius ejus in potestate
habere cœperit servum, tenetur ex novâ possessione, denegatâ ei exceptione.

---

(1) L. 27. in fin. infr. h. t.
(2) L. 21. §. 2. supr. eod.

24.

pas à titre de maître (1), et un maître est toujours censé l'être de son esclave, lorsqu'il a le droit de le reprendre.

Ce que l'on doit entendre par ces mots : la faculté de le reprendre.

§. 2. Que doit-on entendre par ces mots, *s'il a la faculté de le reprendre?* Ils veulent dire, s'il a de l'argent pour le retirer; car on ne doit pas le forcer à vendre ses effets pour payer, et retirer son esclave.

Si le maître convient,

§. 3. Le maître qui avoué que son esclave est en sa puissance, doit le représenter, ou le défendre s'il est absent. S'il ne le fait pas, il est puni, comme si l'esclave étant présent, il refusait de l'abandonner pour tenir lieu de réparation.

Ou nie que l'esclave soit en sa puissance.

§. 4. Si le maître *nie que l'esclave soit en sa puissance, le préteur laisse au demandeur le choix d'exiger le serment* (2) *du maître, ou de former contre lui son action sans y comprendre la clause noxale;* et il réussira dans sa demande, s'il prouve que celui-ci a l'esclave en sa puissance; ou que s'il ne l'a plus, ce n'est que par la suite de son dol. S'il ne peut faire cette preuve, il est débouté de sa demande.

23. GAJUS, *liv. 6. sur l'édit provincial.*

De celui qui par la suite a commencé à avoir l'esclave en sa puissance.

Mais si par la suite (3) l'esclave rentre sous la puissance de son maître, il peut, en vertu de sa nouvelle possession, être actionné de nouveau, sans qu'il puisse opposer l'exception de la chose jugée.

---

(3) D. l. 21. in fin.

24. PAULUS, *lib.* 18. *ad edictum.*

De eo qui dolo desiit habere in potestate.

De illo videndum, utrùm adversùs eum tantùm, qui dolo fecit, quominùs in potestate haberet, actio locum habeat noxalis, si ex dolo ejus acciderit, ut cesset noxalis actio, fortè si servo suo fugam mandavit : an et (si) possit nihilominùs cum alio agi; quod accidit, cùm alienatus manumissusvè est ? Quod est verius : in quo casû electio est actoris, cum quo velit agere. Julianus autèm ait de eo, qui manumisit, si paratus sit defendere se manumissus, exceptionem dandam ei, qui manumisit. Hoc et Labeo.

25. GAJUS, *lib.* 6. *ad edictum provinciale.*

Idem est, et si novus dominus servi judicium patiatur.

26. PAULUS, *lib.* 18. *ad edictum.*

Electio verò alterum liberabit (1). Id enim prætor introduxit, ne eluderetur actor : non ut etiàm lucrum faceret. Ideòque exceptione à sequenti summovebitur.

Si plures dolo desierint habere in potestate.

§. 1. His consequens est, ut si plures (2) dolo fecerint, quo minùs in potestate haberent, eligere debeat actor, quem velit convenire.

(1) L. 9. supr. eod. l. 12. §. 14. supr. de hered. petit. l. 95. §. 9. infr. de solution.

24. PAUL , *liv.* 18. *sur l'édit.*

*De celui qui a cessé par mauvaise foi d'avoir l'esclave en
sa puissance.*

Il faut examiner si l'action noxale a lieu contre celui qui
a employé le dol, pour que l'esclave ne fût plus en sa puissance, seulement lorsque son dol a détruit totalement l'action
noxale, si, par exemple, il a ordonné à son esclave de
prendre la fuite, ou si elle a lieu même dans le cas où l'action
noxale peut encore être formée contre un autre que lui, ce
qui arrive dans le cas où il a aliéné ou affranchi l'esclave. Je
suis d'avis que l'action noxale doit encore avoir lieu dans ce
second cas, et que le demandeur a le choix d'attaquer celui
qu'il veut actionner de préférence. Julien dit à l'égard de
celui qui a affranchi l'esclave, que si cet affranchi est disposé
à se défendre lui-même, on doit accorder une exception à
l'ancien maître. Labéon pense de même.

25. GAJUS , *liv.* 6. *sur l'édit provincial.*

Il en est de même si le nouveau maître de l'esclave offre
de le défendre.

26. PAUL , *liv.* 18. *sur l'édit.*

Le choix qu'aura fait le demandeur (1) de l'un, opérera
la libération de l'autre, car le préteur n'a introduit ce choix
qu'afin d'empêcher que le demandeur ne fût trompé, et
non pas pour qu'il en fit un objet de spéculation lucrative. C'est
pourquoi s'il veut agir contre l'autre, on lui opposera une
fin de non-recevoir.

*Si plusieurs maîtres ont cessé d'avoir l'esclave en leur
puissance par mauvaise foi.*

§. 1. Il suit de ce qui vient d'être dit, que si plusieurs
maîtres avaient cessé de posséder par dol l'esclave (2), le
demandeur a la liberté de choisir celui contre qui il voudra
diriger son action.

______

(2) L. 5. in pr. supr. h. t.

Si ex pluribus dominis quidam dolo desierint possidere.

§. 2. Itèm, si ex pluribus dominis quidam dolo malo partes suas desierint possidere, electio erit actoris , utrùm directò agere velit cum eo , qui possidet, an prætoriâ cum eo, qui desiit possidere.

Si quis servum alienum suum esse responderit.

§, 3. Si servum alienum alius in jure *suum esse* respondere , altero solvente , alter liberatur.

De morte servi delinquentis.

§. 4. Si is, quem desieris dolo possidere, decesserit(1)priùs,quàm hâc actione convenireris,(2) liberaris : quià hæc actio in locum directæ actionis succedit. Diversum dicemus, si moram feceris in judicio accipiendo.

Si quis falsò negaverit se habere in potestate.

§.5. Nequè heredi, nequè in heredem, de eo quod defunctus mentitus est , actio danda est : nec in ipsum quolibèt tempore. Nàm liberum esse debet defendenti absentem servum, hujus edicti pœnam evitare : id est, ut sinè noxæ deditione conveniatur. Et ideò, si negaveris servum in tuâ potestate esse, posteà fateri poteris : nisì si jàm lis adversùs te contestata est : nàm tunc audiri non debebis (3), ut Labeo ait. Octavenus, ex causâ

---

(1) V. l. 45. infr. de oblig. et act.
(2) V. l. 13. §. 3. infr. de publican.

Si parmi plusieurs maîtres, il s'en trouve quelques uns qui aient cessé par mauvaise foi d'avoir l'esclave en leur puissance.

§. 2. De même si de plusieurs maîtres d'un esclave, il en est quelques-uns qui aient cessé de le posséder par mauvaise foi, le demandeur aura la liberté d'intenter une action directe contre celui qui le possède, ou une action prétorienne contre celui qui a cessé de le posséder.

Si quelqu'un a répondu que l'esclave d'autrui était le sien.

§. 3. Si quelqu'un a déclaré en justice que l'esclave d'un autre lui appartenait, l'un payant, l'autre est libéré.

De la mort de l'esclave coupable du délit.

§. 4. Si l'esclave que vous avez cessé de posséder par dol, vient à mourir (1), avant que l'action soit intentée contre vous (2), vous êtes libéré, parce que cette action remplace l'action directe. Mais nous dirons le contraire, si l'esclave était mort après que vous auriez été en demeure de défendre sur la demande.

Si quelqu'un a nié que l'esclave fût en sa puissance.

§. 5. L'action ne doit pas être donnée contre l'héritier de celui qui a nié faussement que l'esclave fût en sa puissance, et elle ne passe pas non plus à l'héritier de celui qui avait le droit de l'intenter. Elle ne peut même être donnée contre le maître en quelque tems que ce soit ; car il doit lui être permis, s'il offre de défendre l'esclave absent, d'éviter la peine portée par cet édit, c'est-à-dire de ne pas s'exposer à être privé du droit de pouvoir abandonner l'esclave. C'est pourquoi si vous avez nié que l'esclave fût en votre possession, vous pourrez malgré tout, avouer le contraire si toutefois l'affaire n'est pas entamée ; car autrement, comme le dit Labéon (3), vous ne pourrez pas être écouté. Octa-

---

(3) L. 25. in fin. supr. de rei vind. v. l. 11. in fin. infr. de interrog. in jure.

etiàm lite contestatâ tibi succurrendum : utiquè, si ætas tua ea sit, ut ignosci tibi debeat.

De servo ducto jussû prætoris.

§. 6. Si, absente domino, ductus sit servus, vel etiàm præsente, et in eâdem causâ sit, ut in integrum restitui possit : defensio permittitur ejus nomine, qui ductus est. Postulantibus enìm exhiberi eum ad defendendum, indulgere prætor debet. Idem concedendum est fructuario, vel cui pignoris nomine obligatus est, si præsens dominus defendere noluerit : ne alterius dolus aut desidia aliis noceat. Idem præstandum est in servo communi, quem alter ex dominis (præsens) noluit defendere. Sed et actori his casibus succurrendum est (1) : quià placet, dominii adquisitione extingui actionem : jussû enìm prætoris ductus (2), in bonis fit ejus, qui duxit.

27. G AJUS, *lib. 6. ad edictum provinciale.*

De servo pignerato, vel cujus ususfructus alienus est.

Si noxali judicio agitur de servo, qui pignoris jure tenetur, aut de eo, cujus ususfructus alterius est, admonendi sumus, si creditor vel usufructuarius præsens defensionem suscipere noluerit (3), proconsulem interventurum, et pignoris persecutionem, vel ususfructûs actionem negaturum. Quo casû dici potest, ipso jure pignus liberari ; nullum enìm pignus est, cujus persecutio negatur.

____

(1) L. 2. in fin. supr. si ex noxali.
(2) D. l. 2. in fin.

venus est d'avis que l'on doit venir à votre secours en connaissance de cause, après la contestation en cause, c'est-à-dire
que l'on peut, même après que la cause a été engagée, vous
permettre de faire cet aveu, supposez par exemple, que vous
soyez d'un âge qui sollicite en votre faveur cette indul-
gence.

De l'esclave emmené par l'ordre du préteur.

§. 6. Si l'esclave a été emmené en l'absence du maître,
ou même en sa présence, et que celui-ci soit dans le cas
d'être restitué en entier contre tout ce qui aura été fait contre
lui, il lui est permis de défendre l'esclave qui a été emmené. Car le préteur doit écouter ceux qui demandent que
l'esclave leur soit représenté pour le défendre. On doit accorder la même faculté à l'usufruitier, ou à celui à qui
l'esclave a été donné en gage, dans le cas où le maître étant
présent, il refuserait de défendre l'esclave, afin que le dol ou
la négligence du maître ne lui porte pas de préjudice. Il
faut faire la même chose à l'égard d'un esclave commun,
que l'un des maîtres refuse de défendre. Mais dans ce cas
il faut venir au secours du demandeur (1), dont l'action a
été éteinte par l'acquisition qu'il a faite du domaine, car
l'esclave emmené par l'ordre du préteur (2), fait partie des
biens de celui qui l'a emmené.

27. GAJUS, *liv. 6. sur l'édit provincial.*

De l'esclave donné en gage, ou dont l'usufruit appartient à un autre.

Si l'action noxale est intentée au sujet d'un esclave que
quelqu'un a en sa puissance à titre de gage, ou à titre
d'usufruit, on doit remarquer que le pro-consul doit
intervenir dans le cas ou le créancier, ou l'usufruitier présent ne voudrait pas se charger de le défendre (3), et qu'il
doit refuser à l'un ou à l'autre la liberté d'intenter contre
le demandeur qui se sera emparé de l'esclave, aucune action
pour poursuivre, soit le gage, soit l'usufruit, et dans ce cas
on peut dire que le gage n'existe plus ; car il n'y a plus

---

(3) L. 3. supr. si ex noxali.

Ususfructus autèm, etiàmsi persecutio (ejus) denegetur, ipso jure durat, eòusquè donec non
utendo constituto tempore pereat (1).

De eo qui servum alienum suum esse respondit.

§. 1. Ex his, quæ diximus de servo, qui alicui
pignoris jure obligatus est(2), dequè statulibero(3),
et (de eo), cujus ususfructus (4) alienus est :
apparet, eum, qui alienum servum in(5) jure *suum
esse* responderit, quamvis noxali judicio teneatur,
non tamèn posse noxæ deditione ipso jure liberari : quià nullum ad actorem dominium transferre possunt, cùm ipsi domini non sint (6).
Certè tamèn, si ex eâ causâ traditum posteà dominus vindicet, nec litis æstimationem offerat,
poterit per exceptionem doli mali repelli.

28. AFRICANUS, *lib.* 6. *quæstionum.*

De servo bonâ fide possesso.

Et generalitèr, si alieni servi nomine, qui tibi
justam servitutem serviret, noxali tecum egerim,
tuquè eum mihi noxæ dederis : sivè, me possi-
dente, dominus eum vindicet, exceptione (7)
doli mali, nisi litis æstimationem offerat, eum
summovere possum; sivè ipse possideat, Publi-
ciana(8)mihi datur. Et adversùs excipientem *si dominus ejus sit*, utilem mihi replicationem doli
mali profuturam. Et secundùm hæc, usù quoquè

---

(1) V. l. 69. infr. de solution.
(2) L. 22. §. 1. supr. h. t.
(3) L. 14. §. 1. supr. eod.
(4) L. 19 §. 1. supr. eod.

de gage dès qu'il n'y a plus d'action pour le revendiquer. Mais l'usufruit, quoiqu'il n'y ait pas d'action pour le demander, dure toujours, jusqu'à ce que le tems fixé par la loi pour le perdre, soit arrivé (1).

De celui qui a répondu que l'esclave d'autrui était le sien.

§. 1. De ce que nous avons dit à l'égard de l'esclave donné en gage (2), de celui dont la liberté dépend de l'événement d'une condition (3), enfin de celui dont l'usufruit (4) appartient a un autre, il est clair que celui qui aura déclaré en justice que l'esclave d'un autre lui appartient (5), quoiqu'il soit tenu de l'action noxale, ne peut pas cependant opérer de plein-droit sa libération, en abandonnant l'esclave pour tenir lieu de réparation, parce que ceux qui ne sont pas les maîtres d'un esclave, ne peuvent pas en transférer le domaine au demandeur (6). Cependant si le maître voulait par la suite revendiquer son esclave, qu'il aurait pour cette raison abandonné au demandeur, et qu'il n'offrît pas de réparer le délit que cet esclave aurait commis, il serait débouté par l'exception du dol que lui opposerait le demandeur.

28. Affricanus, *liv. 6. des questions.*

De l'esclave possédé de bonne foi.

En général, si j'intente contre vous l'action noxale au sujet de l'esclave d'autrui que vous croyez de bonne-foi être votre esclave, et que vous me l'ayez abandonné pour me tenir lieu de réparation, si alors le maître le revendique sur moi (7), je puis, s'il ne veut pas payer le dommage que son esclave m'a causé, lui opposer une exception tirée de sa mauvaise foi, ou s'il en est lui-même possesseur, j'aurai pour moi l'action Publicienne (8); s'il veut exciper de ce que l'esclave lui appartient, je pourrai recourir utilement à une réplique tirée de sa mauvaise-foi. Et d'après cela, je pourrai acquérir par la prescription cet esclave, quoique je

---

(5) L. 8. infr. de interrogat.
(6) V. l. 2. §. 1. supr. h. t.
(7) L. 11. l. 27. in fin. supr. eod.
(8) L. 5. supr. de Public. in rem act.

me capturum, quamvis sciens alienum possideam (1); alioquin, si alitèr constituatur, futurum, ut summâ iniquitate bonæ fidei possessor adficiatur : si, cùm ipso jure noxalis actio adversùs eum competit, necessitas ei imponatur, ut litis æstimationem sufferat. Eademquè dicenda sunt, et si, cùm ab eo non defenderetur, jussû prætoris eum duxerim (2) : quoniàm isto quoquè casû justam causam possidendi habeo.

29' Gajus, *lib. 6. ad edictum provinciale.*

De judicio noxali recusando.

Non solùm autèm qui in potestate non habet, recusare (potest noxale judicium, verùm etiàm habenti in) potestate liberum est (3) evitare judicium, si indefensam eam personam relinquat : sed huic necesse est, jus suum ad actorem transferre, perindè ac si damnatus esset.

3o. Idem, *lib. 6. ad edictum prætoris urbani, titulo de damno infecto.*

An sententia noceat absentibus.

In noxalibus actionibus eorum, qui bonâ fide absunt, jus non corrumpitur, sed reversis (4) defendendi ex bono et æquo potestas datur, si domini sunt, sivè aliquid in eâ re jus habeant; qualis est creditor, et fructuarius.

---

(1) V. l. 7. §. 4. infr. pro emptore.
(2) L. 32. infr. h. t. l. 2. in fin. supr. si ex noxali.

n'ignore pas qu'il appartient à autrui (1). D'ailleurs, si la chose
n'était pas ainsi, il en résulterait une grande injustice envers
le possesseur de bonne-foi, puisque l'action noxale pouvant
de droit être intentée contre lui, il se trouve obligé de payer
la réparation à laquelle le délit de l'esclave a donné lieu.
Il faut raisonner de même si le possesseur refusant de rendre
l'esclave, je m'en étais emparé par l'ordre du préteur (2),
parce que dans ce cas j'ai un juste motif pour le posséder.

29. GAJUS, *liv. 6. sur l'édit provincial.*

De l'action noxale sur laquelle on refuse de répondre.

Non-seulement celui qui n'a pas en sa puissance l'esclave,
peut refuser de défendre sur l'action noxale, mais encore il
est permis à celui qui le possède de se soustraire à cette
action (3), en l'abandonnant sans le défendre. Mais dans ce
cas, il faut qu'il transporte ses droits au demandeur, de
même que s'il avait été condamné.

30. LE MÊME, *liv. 6. sur l'édit du préteur de la ville, au titre du dommage que l'on craint.*

Si la sentence est nuisible aux absens.

En fait d'actions noxales, le droit de ceux qui sont absens
de bonne-foi ne se perd pas; mais lorsqu'ils sont de retour,
on leur accorde la liberté (4) de défendre l'esclave, s'il leur
appartient, ou qu'ils aient quelques droits sur lui. Tels
sont l'usufruitier et le créancier à qui l'esclave a été donné
en gage.

---

(3) V. l. 33. infr. h. t.
(4) L. 26. §. ult. supr. eod.

31. Paulus, *lib.* 7. *ad Plautium.*

Si familia furtum fecerit.

Quod ait prætor : *cum familia furtum faciat ad eum modum se actionem daturum, ut tantùm actor consequatur, quantùm, si liber fecisset*(1)*, consequeretur :* quæritur, utrùm ad pecuniæ præstationem respiciat, an etiàm ad noxæ deditionem; utputâ (si) ex pretiis noxæ deditorum duplum colligatur, sequentes actiones inhibeantur? Sabinus et Cassius putant, pretium quoquè noxæ deditorum imputari debere : quod Pomponius probat : et est verum. Nàm, et si servus indefensus ductus sit, æstimatio ejus imputanda est. Certè non tantùm duplicationis, sed et condictionis(2) rationem habendam, Julianus putat. Sed et furti faciendi tempus spectandum esse, an ejusdèm familiæ sint servi : nàm si hi, qui plurium dominorum erunt, unius esse posteà cœperint, locus edicto non erit.

32. Callistratus, *lib.* 2. *edicti monitorii.*

Si servus non defendatur.

Is, qui in alienâ potestate est, si noxam commisisse dicatur, si non defendatur, ducitur : et, si præsens est dominus, tradere eum, et de dolo malo promittere debet.

---

(1) L. 1. in fin. infr. si familia furtum fecisse dicetur.
(2) L. 2. infr. d. t.

31. PAUL, *liv. 7. sur Plaute.*

Si tous les esclaves d'un seul maître se sont rendus coupables de vol.

Quant à ce que dit le préteur : « Lorsque tous les esclaves
» de quelqu'un auront commis un vol, je donnerai une action
» qui sera telle que le demandeur aura la même chose que si
» le vol (1) eût été commis par une personne libre ; » on
demande, si cet article regarde seulement le cas où la condamnation s'exécute en argent, ou celui où elle s'exécute
par l'abandon des esclaves, comme si par exemple le demandeur eût retiré par l'abandon qui lui aurait été fait des esclaves
le double du prix de la chose qui lui a été volée ; dans cette
hypothèse, les actions qui lui restent seraient-elles éteintes ?
Sabinus et Cassius pensent que l'on doit prendre en considération la valeur des esclaves abandonnés, opinion adoptée
par Pomponius. Et cela est vrai, car si l'on s'est emparé
d'un esclave qui n'a pas été défendu, on doit avoir égard
à sa valeur. Julien pense cependant que l'on ne doit pas
seulement prélever sur la valeur de l'esclave le double de
la chose volée, mais qu'il faut aussi en déduire la condition
furtive (2), c'est-à-dire le droit que l'on a de se faire rendre
la chose volée, et qu'il faut se reporter au tems où le vol
a été commis, afin de pouvoir s'assurer si tous les esclaves
étaient de la même maison, car si ces esclaves, qui appartenaient à plusieurs maîtres, sont devenus la propriété d'un
seul, il n'y aura plus lieu à l'édit.

32. CALLITRATE, *liv. 2. de l'édit monitorial.*

Si l'esclave n'est pas défendu.

On a le droit d'emmener l'esclave qui est en la puissance
d'autrui, si, lorsqu'on prétend qu'il a commis un délit, il
n'est pas défendu, et si le maître est présent, il doit le livrer
au demandeur qui a été la victime du délit, et lui promettre de le garantir de tout le tort qu'il pourrait souffrir
à cause de son dol, c'est-à-dire de la mauvaise-foi de
l'esclave.

33. POMPONIUS, *lib.* 14. *ad Sabinum.*

*De eo qui non vult defendere. De liberis qui sunt in
potestate.*

Noxali judicio invitus nemo cogitur alium defendere (1) : sed carere debet eo, quem non defendit (2), si servus est. Quod si liber est, qui
in potestate sit, indistinctè ipsi sui defensio danda
est (3).

34, JULIANUS, *lib.* 4. *ad Ursejum (Ferocem).*

Quotièns enim nemo filium familiâs ex causâ
delicti defendit, in eum judicium datur.

35. ULPIANUS, *lib.* 41. *ad Sabinum.*

Et, si condemnatus fuerit filius, judicatum
facere debet : tenet enim condemnatio. Quinimò
etiàm illud dicendum est, patrem quoquè post
condemnationem filii, duntaxàt de (4) peculio
posse conveniri.

36. IDEM, *lib.* 37. *ad edictum.*

De eo cui potest servus avocari.

Si quis servum pigneratum, deindè à debitore
subreptum, emerit à debitore : nomine ejus furti
tenebitur, dominio servi adquisito. Nec oberit,
quod Serviana (5) potest ei homo avocari. Idemquè et si à minore quis viginti quinquè annis emerit, vel in fraudem creditorum sciens. Hi enim,

---

(1) L. 29. supr. h. t. l. 156. in pr. infr. de reg. jur.
(2) L. 17. in fin. supr. h. t. l. 3. supr. si ex noxali.
(3) L. 34. infr. §. ult. Inst. h. t.
(4) L. 3. §. 11. infr. de pecul.

33. POMPONIUS, *lib.* 14. *sur Sabinus.*

De celui qui ne veut pas défendre. Des enfans qui sont sous la puissance d'autrui.

Personne ne peut être forcé à défendre (1) celui contre lequel on forme en justice une action noxale ; mais il doit être privé de celui qu'il ne défend pas, s'il est esclave (2). Mais si elle est formée contre un homme libre qui est en la puissance d'autrui, on doit lui permettre indistinctement de se défendre lui-même (3).

34. JULIEN, *liv.* 4. *sur Ursejus Ferox.*

Car toutes les fois que personne ne défend un fils de famille sur un délit qu'on lui impute, l'action peut être dirigée contre le fils de famille lui-même.

35. ULPIEN, *liv.* 41. *sur Sabinus.*

Et si le fils de famille a été condamné, il doit exécuter le jugement, car la condamnation a son effet. Bien plus, on peut dire aussi que le père peut même être actionné, et seulement jusqu'à la concurrence (4) du pécule de son fils, après la condamnation de celui-ci.

36. LE MÊME, *liv.* 37. *sur l'édit.*

De celui sur lequel l'esclave peut être revendiqué.

Si quelqu'un a acheté un esclave qu'un débiteur avait donné en nantissement, et qui a ensuite été enlevé au créancier par ce même débiteur, il sera tenu de l'action noxale intentée à l'occasion d'un vol commis par cet esclave, par la raison qu'il en a acquis la propriété, et on ne pourra pas objecter que l'esclave peut être revendiqué sur lui en vertu de l'action Servienne (5) (hypothécaire). Il en est de même de celui qui a acheté un esclave d'un mineur de vingt-cinq ans, ou en fraude des créanciers ; car ceux-ci, quoique l'on

---

(5) §. 7. Inst. de action.

quamvìs auferri eis dominium possit, interìm
tamèn conveniendi sunt.

37. TRYPHONINUS, *lib.* 15. *disputationum.*

Si servum qui furtum fecit, actor, vel extraneas emerit.

Si alienus servus (1) furtum mihi fecerit, qui
posteà in meum dominium pervenerit : extingui-
tur furti actio, quæ mihi competierat, nondùm
in judicium deducta. Nec, si posteà alienavero(2)
eum , quem antè litem contestatam emeram ,
furti actio restaurabitur. Quod si post litem
contestatam eum redemero, condemnandus erit
venditor.

38. ULPIANUS , *lib.* 37. *ad edictum.*

De servo habito pro derelicto.

Quemadmodùm, si alii vendìdisset. Parvi enìm
refert, cui vendiderit : adveersario, an alii. Suâquè
culpâ litis æstimationem sublaturum , qui ven-
dendo, noxæ deditionem ademit.

§. 1. Julianus autèm lib. XXII Digestorum scribit,
si servum pro derelicto (3) habeam , qui tibi furtum fecerat, liberari me : quià statìm meus esse
desinit, ne ejus nomine, qui sinè domino sit ,
furti sit actio.

Si quis nummos ex re sibi à servo subtractâ redactos ei
excusserit.

§. 2. Si servus meus rem tuam subtraxerit, et

----

(1) §. 6. vers. unde si alienus. Inst. h. t.
(2) D. §. 6. vers. ideoque. l. 18. in fin. infr. de furt.

puisse leur en ôter la propriété, n'en sont pas moins soumis à l'action noxale.

37. TRYPHONINUS, *liv.* 15. *des disputes.*

Si le demandeur, ou un étranger a acheté l'esclave qui a fait le vol.

Si l'esclave d'autrui (1) qui m'a fait un vol, devient ma propriété, l'action du vol que j'avais est éteinte, si déjà elle n'a pas été formée. Et si par la suite je viens à aliéner (2) cet esclave que j'avais acheté avant que le procès fut engagé, elle ne pourra pas revivre. Mais si je l'avais acheté après que j'aurais eu formé ma demande, celui qui me l'a vendu devra subir la condamnation.

38. ULPIEN, *liv.* 37. *sur l'édit.*

De l'esclave censé abandonné.

De même que s'il eût vendu cet esclave à un étranger, car il importe peu quel soit l'acquéreur, que ce soit son adversaire, ou un autre; et il doit s'imputer à lui-même de payer l'estimation du dommage, puisque c'est lui-même qui en le vendant s'est privé de la faculté de pouvoir abandonner l'esclave pour tenir lieu de réparation.

§. 1. Julien, au liv. XXII du Digeste, écrit que si je vous ai abandonné l'esclave qui vous avait volé (3), j'étais libéré, parce que dès l'instant il a cessé de m'appartenir, et que l'on ne peut pas intenter l'action du vol au nom d'un esclave qui n'a pas de maître.

Si vous avez pris à mon esclave l'argent provenant d'une chose à vous appartenante, et que mon esclave vous avait volée.

§. 2. Si mon esclave a vendu la chose qu'il vous a volée,

---

(3) L. 1. l. 2. l. ult. infr. pro derelicto. l. 36. infr. de stipul. servor

vendiderit, tuquè nummos, quos ex pretio habebat, ei excusseris (1), locus erit furti actioni
ultrò citròquè : nàm et tu adversùs me furti ages
noxali servi nomine, et ego adversùs te nummorum
nomine.

Si servus creditoris nummos sibi solutor interceperit.

§. 3. Sed et si servo creditoris mei solverim
nummos, ut is eos domino suo det, æquè locus
erit furti actioni, si is nummos acceptos interceperit (2).

39. JULIANUS, *lib.* 9. *Digestorum.*

Si omnes domini dolo desierint habere in potestate.

Si plurium servus furtum fecerit, et omnes
dolo fecerint, quominùs eum in potestate haberent : subsequi debet prætor juris civilis actione,
et judicium honorarium, quod ex hâc causâ
pollicetur, in eum (dare), quem actor elegerit (3).
Nequè enim ampliùs præstare actori debet, quàm
ut detractâ noxæ deditione agere possit cum eo:
cùm noxali judicio experiri potuisset, si servus
exhiberetur.

An reus satisdare debeat.

§. 1. Qui alienum servum *suum esse* fatetur,
quamvìs noxali actione obligetur, nihilominùs,
causâ cognitâ, satisdare debet. Qui autèm pro
servo convenitur, satisdatione onerandus non est:
non enìm offert se defensioni alieni servi.

---

(1) L. 27. §. 21. supr. ad leg. Aquil. l. 2. §. 13. infr. de furt. §. 11.
Inst. de oblig. quæ ex delict.

et que vous lui ayez enlevé le prix qu'il en avait retiré (1),
il y a lieu de part et d'autre à l'action du vol, car vous,
vous m'attaquerez pour raison du vol qui vous a été fait,
et moi, je vous actionnerai pour raison de l'argent que vous
avez pris à mon esclave.

*Si l'esclave de votre créancier a intercepté l'argent que vous
lui aviez donné pour vous acquitter envers lui.*

§. 3. Mais si j'avais donné de l'argent à l'esclave de mon
créancier pour qu'il le lui remît en mon nom, il y aura
également lieu à l'action du vol contre le maître, si l'esclave ne remplit pas mes intentions au sujet de cet argent (2).

39. JULIEN, *liv. 9. du Digeste.*

*Si tous les maîtres ont cessé par mauvaise foi d'avoir
l'esclave en leur puissance.*

Si un esclave qui appartient à plusieurs maîtres a commis
un vol, et qu'ils se soient entendus pour que l'esclave ne
fût pas en leur puissance, le préteur doit à l'instar de l'action
civile, accorder au demandeur l'action prétorienne qu'il
promet dans ce cas, contre celui qu'il voudra actionner de
préférence (3). Car il ne doit pas lui accorder autre chose
que la faculté de pouvoir le poursuivre, sans ajouter la clause
noxale, puisque si l'esclave eût été représenté, le maître eût
pu se libérer en abandonnant l'esclave pour tenir lieu de
réparation.

Si le défendeur doit donner caution.

§. 1. Celui qui convient que l'esclave d'autrui *lui appartient*, quoiqu'il soit soumis à l'action noxale, doit néanmoins, en connaissance de cause, donner caution d'exécuter le jugement. Mais quant à celui qui actionne au nom
de son esclave, il n'est pas tenu de la donner, car c'est
son propre esclave qu'il défend.

-----

(2) V. l. 7. C. de furt.
(3) L. 26. §. 1. supr. h. t.

Si dominus dolo desiit habere in potestate.

§. 2. Si quis dicet dominum dolo fecisse, quo minùs in potestate ejus servus esset, ille autem contendat (1), eum servum ab alio defendi cum satisdatione : doli mali exceptioni locus erit.

Si post judicium acceptum cum domino servus ductus sit.

§. 3. Sed et si, post judicium acceptum cum domino, servus apparuerit, et, quià non defendebatur, ductus sit : exceptione doli mali posità dominus absolvetur.

De morte servi.

§. 4. Sed (et) mortuo servo (2), antequàm judicium accipiatur, omninò hâc actione non tenebitur dominus.

40. IDEM, *lib.* 22. *Digestorum.*

Si servus legatus antè aditam hereditatem servatus sit.

Si servus legatus, antè aditam hereditatem, rem heredis futuri subtraxerit, poterit is cum legatario, qui legatum agnoverit, furti agere. Sed, si idem servus hereditariam rem subtraxerit, furti actio cessabit : quià (3) hujusmodi rerum furtum non fit : ad exhibendum autèm actio competit.

---

(1) V. l. 24. in fin. supr. eod.
(2) L. 15. in fin. infr. de interrogat.

*Si le maître a cessé par mauvaise foi d'avoir l'esclave en
sa puissance.*

§. 2. Si quelqu'un prétend que le maître d'un esclave
a eu recours au dol, pour cesser de le posséder, et que
celui-ci soutienne qu'il est en la puissance de quelqu'un qui
s'est chargé de le défendre en donnant caution (1), il y aura
lieu à l'exception tirée de la mauvaise-foi.

*Si après l'action intentée contre le maître l'esclave est
emmené.*

§. 3. Mais si l'esclave avait reparu après que l'action aurait
été intentée contre le maître, et que le demandeur s'en fût
emparé, parce qu'il n'était pas défendu, le maître sera
absous par l'exception tirée du dol qui pourra être opposée
au demandeur.

De la mort de l'esclave.

§. 4. Mais si l'esclave (2) meurt avant que le procès soit
commencé, le maître ne sera nullement tenu de cette
action.

40. LE MEME, *liv.* 22. *du Digeste.*

*Si l'esclave légué a été conservé avant que la succession
ait été acceptée.*

Si un esclave qui a été légué, vient à voler un effet qui
appartient à l'héritier d'une succession avant qu'il l'ait acceptée, celui-ci pourra intenter l'action du vol contre le légataire qui aura accepté le legs qui lui aura été fait. Mais
si le même esclave a volé une chose qui dépendait de la
succession, l'action du vol cessera, parce que le vol des
choses de cette nature ne peut avoir lieu (3) ; mais il a une
action pour se faire représenter la chose volée.

----

(3) L. 68. infr. de furt.

41. IDEM, *lib.* 2. *ad Ursejum Ferocem.*

De servo communi.

Cùm servus communis alteri dominorum damnum injuriâ dedit, idcircò legis Aquiliæ actio non est (1), quià, si extraneo damnum dedisset, cum altero in solidum lege Aquiliâ agi posset : sicuti cùm servus communis furtum fecerit, cum altero (2) domino furti agi non potest, sed (3) communi dividundo (agi potest).

42. ULPIANUS *lib* 37. *ad edictum.*

Si ad libertatem proclamaverit is cujus nomine noxaliter agebatur.

Si ad libertatem proclamaverit is, cujus nomine noxale judicium susceptum est, sustineri debet id judicium, quoàd de statû ejus judicetur. Et (sic,) si quidèm servus fuerit pronunciatus, noxale judicium exercebitur : si liber (4), inutile videbitur.

De judicio accepte pro servo mortuo.

§. 1. Si quis pro servo mortuo, ignorans eum decessisse, noxale judicium acceperit, absolvi debet : quià desiit verum esse propter eum dare oportere.

Quandò, quibus, et adversùs quos actio noxalis competit.

§. 2. Hæ actiones perpetuæ sunt, locumque

---

(1) L. 27. §. 1. supr. ad leg. Aquil.
(2) L. 16. §. ult. infr. famil. ercisc.

41. IDEM, *liv.* 2. *sur Ursejus Ferox.*

De l'esclave commun.

Lorsqu'un esclave commun à plusieurs personnes, a fait tort à l'un des maitres, c'est une raison pour qu'il n'y ait pas lieu à l'action de la loi Aquilia (1), parce que s'il avait causé du dommage à un étranger, on aurait pu intenter l'action Aquilienne contre l'un des maitres qui y aurait été solidairement soumis; de même que lorsqu'un esclave commun a commis un vol, on ne peut pas former contre l'un des maitres l'action du vol (2); mais dans ce cas, l'on peut intenter l'action en partage d'une chose commune (3).

42. ULPIEN, *liv.* 37. *sur l'édit.*

Si celui à l'occasion duquel l'action noxale avait été intentée réclame sa liberté.

Si celui à l'occasion duquel l'action noxale a été formée, réclame sa liberté, cette action doit être en suspens, jusqu'à ce qu'il ait été rendu un jugement sur son état, et s'il est déclaré esclave, l'action noxale sera suivie; s'il est déclaré libre, elle sera comme non-avenue (4).

De l'action noxale intentée au nom d'un esclave qui est décédé.

§. 1. Celui qui s'est engagé à défendre sur une action noxale intentée au nom d'un esclave décédé, mais dont il ignorait la mort, doit être absous. La raison est qu'il n'était pas vrai qu'il dût payer la réparation du dommage causé par l'esclave.

Quand, par qui, et contre qui l'action noxale a lieu.

§. 2. Ces actions sont perpétuelles, et auront lieu tant que nous serons en état d'abandonner l'esclave au deman-

---

(3) D. l. 16. §. ult. l. 61. in pr. infr. de furt.
(4) L. 13. in fin. infr. de interrogat. l. 21. in fin. C. de furt.

habebunt tamdiù, quamdiù (1) servi dedendi facultatem habemus. Nec tantùm nobis, verùm
etiàm successoribus nostris competent. Itèm adversùs successores : sed non quasi in successores,
sed jure dominii. Proindè et si servus ad alium
pervenisse proponatur : jure dominii, noxali judicio novus dominus convenietur.

43. POMPONIUS, *lib.* 8. *epistolarum.*

Ubì servus defendi aut exhiberi debet, si dominus
defendere nolit.

Servi, quorum noxa caput sequitur, ibì defendendi sunt, ubi (2) deliquisse arguentur. Itàquè
servos dominus eodem loco exhibere debet, ubì
vim intulisse dicentur; et carere omnium dominio potest, si eos non defendat.

----

(1) L. 7. in pr. supr. h. t.

dour (1), non-seulement elles peuvent nous être transmises, mais encore à nos successeurs. Elles sont aussi accordées contre les héritiers du maître, non pas à titre d'héritiers, mais parce qu'ils sont devenus les maîtres de l'esclave qui a commis le délit. Par conséquent, si l'on dit que l'esclave a passé à un autre, le nouveau maître à raison de sa propriété, sera soumis à l'action noxale.

43. POMPONIUS, *liv. 8. des lettres.*

Ou l'esclave doit être défendu ou représenté, si son maître ne veut pas le défendre.

Les esclaves que le délit suit par-tout, doivent être défendus dans le lieu (2) où ils sont accusés d'avoir commis le délit. C'est pourquoi le maître doit les représenter dans le même lieu où l'on prétendra qu'ils ont exercé des actes de violence; et il s'exposera à les perdre tous, s'il refuse de les défendre.

---

(2) L. 1. 2. C. ubi de criminib.

LIBER DECIMUS.

TITULUS PRIMUS.

Finium (1) *regundorum.*

1. PAULUS, *lib.* 23. *ad edictum.*

Qualis sit hæc actio.

Finium regundorum actio in personam (2) est, licèt pro vindicatione rei est.

2. ULPIANUS, *lib.* 19. *ad edictum.*

Ad quæ prædia pertinet.

Hæc actio pertinet ad prædia rustica (3), quamvìs ædificia interveniant : nequè enim multùm interest, arbores quis in confinio, an ædificium ponat.

De adjudicatione.

§. 1. Judici finium regundorum permittitur,

---

(1) Lib. 3. C. 39. et §. 6. Inst. de officio judicis.
(2) V. §. 20. Inst. de action.

LIVRE DIX.

TITRE PREMIER.

De l'action relative au bornage des terres (1).

~~~~~~~~~

1. PAUL, *liv.* 23. *sur l'édit.*

Quelle est cette action.

L'ACTION relative au bornage des terres (2) est personnelle, quoiqu'elle ait pour objet la revendication d'une chose qui appartient à celui qui l'a réclame.

2. ULPIEN, *liv.* 19. *sur l'édit.*

Quels fonds de terre cette action concerne.

Cette action concerne les fonds de terre (3), quoiqu'il y ait des bâtimens qui les séparent. Car il n'y a pas beaucoup de différence entre ceux qui placent sur les limites des terres, des arbres ou des bâtimens.

De l'adjudication.

§. 1. Le juge qui doit connaître de la contestation en bornage, a la liberté, lorsqu'il ne lui est pas possible de

---

(3) L. 4. §. 10. infr. h. t.
~~~~~~~~~

ut, ubi non possit dirimere fines, adjudicatione (1) controversiam dirimat : et si fortè, amovendæ veteris obscuritatis gratiâ, per aliam regionem fines dirigere judex velit, potest hoc facere per adjudicationem, et (2) condemnationem.

3. Gajus *lib.* 7. *ad edictum provinciale.*

Quo casû opus est, ut ex alterutrius prædio alii adjudicandum sit : quo nomine is, cui adjudicatur, (invicèm pro eo, quod ei adjudicatur), certâ pecuniâ condemnandus est (3).

4. Paulus, *lib.* 23. *ad edictum.*

De eo quod interest.

Sed et loci unius controversia in partes scindi adjudicationibus potest, pròut cujusquè dominium in eo loco judex compererit.

§. 1. In judicio finium regundorum etiàm ejus ratio fit, quod interest. Quid enìm, si quis aliquam utilitatem ex eo loco percepit, quem vicini esse appareat? Iniquè damnatio eo nomine fiet. Sed et si mensor ab altero solo conductus (4) sit, condemnatio erit facienda ejus, qui non conduxit in partem mercedis.

De fructibus.

§. 2. Post litem autèm contestatam (5) etiàm fructus venient (6) in hoc judicio : nàm et culpa

------

(1) §. 6. Inst. de offic. judic.
(2) L. 3. infr. h. t.
(3) D. §. 7.

fixer les limites, de terminer la contestation, en adjugeant (1) le lieu qui a occasionné le procès à l'une des parties plaidantes, et si pour trancher toute difficulté pour l'avenir, il juge à-propos de transporter les bornes dans un endroit différent de celui où elles étaient placées avant, il peut le faire en adjugeant une portion de terre à l'une des parties qu'il condamnera (2) à payer à l'autre une certaine somme.

3. GAJUS, *liv.* 7. *sur l'édit provincial.*

Il faut que dans ce cas le juge adjuge à une partie une portion de terre qui appartenait à l'autre, et en retour celui à qui elle est adjugée, doit être condamné à payer à l'autre une certaine somme à titre d'indemnité de ce qu'elle a été obligée d'abandonner (3)

4. PAUL, *liv.* 23. *sur l'édit.*

De ce qui fait l'intérêt de l'action.

Mais la contestation qui porte sur un seul et unique endroit, peut être terminée par les adjudications que le juge en fait aux parties dans la proportion du droit de propriété que chacune lui semblerait avoir sur le lieu en litige.

§. 1. Dans l'action relative au bornage des terres, on a égard aux intérêts. Car que serait-ce si quelqu'un avait retiré quelqu'avantage d'un lieu qui était par l'événement la propriété du voisin? La condamnation dans ce cas serait injuste. Mais s'il n'y a qu'une seule partie qui ait nommé un arpenteur (4), l'autre qui ne l'aura pas nommé, n'en sera pas moins obligé à payer sa portion de salaire qu'il a droit d'exiger (l'arpenteur).

Des fruits.

§. 2. Les fruits qui ont été perçus après que l'affaire a été engagée (5), feront partie de cette action (6), car les parties sont réciproquement garantes de leur dol et de leur

---

(4) Vide tamèn l. 1. in pr. infr. si mensor fals. mod. dixerit.
(5) Adde l. 8. §. 6. infr. de precario.
(6) L. pen. infr. tit. prox.

et dolus exindè præstantur. Sed antè judicium percepti non omnimodò hoc in judicium venient: aut enìm bonâ fide percepit, et lucrari eum oportet, si eos consumpsit; aut malâ fide, et condici oportet.

De eo qui judici non paret.

§. 3. Sed et si quis judici non pareat in succidendâ arbore, vel ædificio in fine posito deponendo, partevè ejus, condemnabitur.

De terminis dejectis, vel exaratis.

§. 4. Si dicantur termini dejecti, vel exarati, judex, qui de crimine cognoscit, etiàm de finibus cognoscere potest.

Si alter fundus duorum, alter trium.

§. 5. Si alter fundus duorum, alter trium sit, potest judex uni parti adjudicare locum, de quo quæritur, licèt plures dominos habeat : quoniàm magìs fundo, quàm personis adjudicari fines intelliguntur. Hîc autèm, cùm fit adjudicatio pluribus, unusquisquè portionem habebit, quam in fundo habet, et prò indiviso.

De his qui communem fundum habent.

§. 6. Qui communem fundum habent, intèr se non condemnantur : nequè enìm intèr ipsos accipi videtur judicium.

Si ex duobus sociis alter vicinum fundum habent.

§. 7. Si communem fundum ego et tu habemus, et vicinum fundum ego solus, an finium

faute. Quant à ceux perçus avant la contestation , ils n'en font pas toujours partie. Car ou celui qui les a perçus était de bonne-foi, et il doit en profiter , s'il les a consommés, ou il était de mauvaise-foi ; alors on peut les répéter de lui par une action personnelle.

De celui qui n'obéit pas au juge.

§. 3. Celui qui n'aura pas obéi à l'ordonnance du juge qui lui enjoignait de couper un arbre, ou de détruire en tout ou en partie un bâtiment qu'il avait placé sur les limites des deux terres, sera condamné.

Des bornes renversées, ou dont la place a été labourée.

§. 4. Si l'on se plaint de ce que les bornes qui séparaient les deux fonds, ont été arrachées, et de ce que l'on a fait passer la charrue sur le lieu où elles étaient placées , le juge qui connaîtra de la plainte rendue à cette occasion, pourra également prononcer sur la matière du bornage.

Si tel fonds appartient à deux personnes , tel autre à trois.

§. 5. Si de deux fonds de terre qui se touchent, l'un appartient à deux maîtres, et l'autre à trois , le juge peut adjuger à l'une des parties le lieu en litige, quoiqu'il ait plusieurs maîtres , parce que c'est plutôt à la terre qu'aux personnes , que l'adjudication est censée faite. Or ici où l'adjudication se fait au profit de plusieurs, chacun aura une portion indivise du lieu adjugé dans la proportion de la propriété qu'il a dans le fond de terre.

De ceux qui possèdent un fonds en commun.

§. 6. Ceux qui possèdent un fonds en commun , ne peuvent être condamnés les uns envers les autres , car il ne peut y avoir de contestation de ce genre entre eux.

Si l'un des co-propriétaires est possesseur d'un fonds qui soit voisin de celui possédé en commun.

§. 7. Si nous avons un fonds de terre qui nous soit commun à vous et à moi, et que le fonds voisin appartienne à moi

regundorum judicium accipere possumus ? Et scribit Pomponius, non posse (nos accipere) ; quià ego et socius meus in hâc actione adversarii esse non possumus : sed unius loco habemur. Idem Pomponius, ne utile quidèm judicium dandum dicit, cùm possit, qui proprium habeat, vel communem vel proprium fundum alienare, et sic experiri.

Inter quos fundos hæc actio locum habet.

§. 8. Non solùm autèm intèr duos fundos, verùm etiàm intèr tres pluresvè fundos accipi judicium finium regundorum potest : utputà, singuli plurium fundorum confines sunt, trium fortè, vel quatuor.

De agris vectigalibus , fructuariis, pigneratis.

§. 9. Finium regundorum actio et in agris vectigalibus (1), et intèr eos, qui usumfructum habent, vel fructuarium, et dominum proprietatis vicini fundi, et intèr eos, qui jure pignoris possident, competere potest.

De prædiis urbanis, et rusticis.

§. 10. Hoc judicium locum habet in confinio prædiorum rusticorum (2), urbanorum, displicuit, nequè enìm confines hi, sed magis vicini dicuntur, et ea communibus parietibus plerùmqnè disterminantur : et ideò etsì in agris ædificia juncta sint, locus huic actioni non erit. Et in urbe hortorum latitudo contingere potest, ut etiàm finium reguudorum agi possit.

---

(1) L. 5. in fin. infr. arbor. furtim cæsar.

seul, pouvons-nous exercer l'action en bornage? Pomponius soutient la négative, parce que moi et mon associé ne pouvons être mutuellement parties adverses l'une de l'autre dans cette action, et que nous sommes assimilés à un seul et même propriétaire. Le même Pomponius dit que l'on ne doit pas même accorder l'action utile, puisque celui qui a à lui seul la propriété du fonds voisin, peut l'aliéner, ou aliéner le fonds commun, et ensuite intenter son action.

A l'égard de quelle espèce de fonds cette action a lieu.

§. 8. On peut intenter l'action en bornage, non-seulement à l'égard de deux fonds voisins, mais encore à l'égard de trois, et même de quatre autres contigus.

Des champs possédés à titre emphytéotique, grevés d'usufruit, ou engagés.

§. 9. L'action en bornage a lieu même à l'égard des terres qui sont tenues à bail emphythéotique (1); l'usufruitier peut aussi l'intenter contre le propriétaire du fonds voisin; le créancier qui a reçu un fonds de terre à titre de gage, peut de même intenter cette action.

Des biens fonds urbains et rustiques.

§. 10. Cette action n'a lieu que pour les fonds de terre qui se joignent (2). Elle n'est pas admise à l'égard des bâtimens, car ils sont plutôt voisins que limitrophes, et ordinairement ils sont séparés par des murs communs (mitoyens). C'est pourquoi encore qu'il y ait des bâtimens construits dans les campagnes, il n'y aura pas lieu à cette action; mais dans les villes où il y a des jardins, on pourrait se servir de cette action, s'il était question de les borner.

----

(2) L. 2. in pr. supr. h. t.

Si via publica,

§. 11. Sivè via publica intervenit, confinium non intelligitur : et ideò finium regundorum agi non potest.

5. IDEM, *lib.* 15. *ad Sabinum.*

Vel flumen,

Quià magìs in confinio meo via publica, vel flumen sit, quàm ager vicini.

6. IDEM, *lib.* 23. *ad edictum.*

Vel rivus, interveniat.

Sed, si rivus privatus intervenit finium regundorum agi potest.

7. MODESTINUS, *lib.* 10. *Pandectarum.*

De suo loco cuique tribuendo.

De modo agrorum arbitri dantur : et is, qui majorem locum in territorio habere dicitur, cæteris, qui minorem locum possident, integrum locum adsignare compellitur Idquè ità rescriptum est.

8. ULPIANUS, *lib.* 6. *opinionum.*

De mensoribus.

Si irruptione fluminis fines agri confudit inundatio, ideòquè usurpandi quibusdàm loca in quibus jus non habent, occasionem præstat : præses provinciæ *alieno eos abstinere* (1) , *et domino suum restitui, terminosquè per mensorem declarari* jubet.

Si un chemin public,

§. 11. Lorsque deux champs sont séparés par un chemin, ils ne sont plus contigus, par conséquent il n'y a pas lieu à l'action en bornage.

5. LE MÊME, *liv.* 15. *sur Sabinus.*

Où un fleuve,

Parce que le chemin public, ou le fleuve, est contigu à mon champ, plutôt que celui de mon voisin.

6. LE MÊME, *liv.* 13. *sur l'édit.*

Ou un ruisseau, séparent les terres.

Mais si les terres ne sont séparées que par un ruisseau particulier, il pourra y avoir lieu à l'action en bornage.

7. MODESTINUS, *liv.* 10. *des Pandectes.*

De la contenance du terrein qui doit être assignée à un chacun.

On nomme des arbitres pour arpenter les terres, et celui qui a plus de terrein qu'il ne doit en avoir d'après ses titres, est obligé de compléter à son adversaire ce qui lui manque. Il existe plusieurs rescrits qui approuvent cette décision.

8. ULPIEN, *liv.* 6. *des opinions.*

Des arpenteurs.

Si une inondation causée par le débordement d'un fleuve, a confondu les limites de deux champs, et donné occasion à un voisin de s'emparer de quelques portions qui ne lui appartiennent pas, le président de la province lui ordonnera *de les restituer* (1) *à leur maître, et nommera des arpenteurs pour régler et fixer les limites.*

______

(1) Adde l. 4. C. h. t.

De officio judicis.

§. 1. Ad officium de finibus cognoscentis pertinet, mensores mittere, et per eos dirimere ipsam finium quæstionem, ut æquum est, si ità res exigit, oculisquè (1) suis subjectis locis.

9. JULIANUS , *lib. 8. Digestorum.*

Si socii communi dividundo egerint aut alienaverint fundum.

Judicium finium regundorum manet, quamvis socii communi dividundo egerint, vel alienaverint fundum.

10. IDEM, *lib. 51. Digestorum.*

De judiciis duplicibus.

Judicium communi dividundo, familiæ erciscundæ, finium regundorum, tale est, ut in eo singulæ personæ duplex (2) jus habeant : agentis, et ejús, quo cum agitur.

11. PAPINIANUS, *lib. 2. responsorum.*

De veteribus monumentis , et censûs auctoritate.

In finalibus quæstionibus vetera (3) monumenta, censûs (4) auctoritas antè litem incohatam ordinati sequenda est : modò si non varietate (5) successionum, et arbitrio possessorum , fines , additis vel detractis agris, posteà permutatos probetur.

---

(1) L. 3. C. eod.
(2) L. 57. §. 1. infr. de oblig. et act.
(3) L. 10. infr. de probat.

De l'office du juge.

§. 1. Le juge qui connait des matières de bornage, doit nommer des arpenteurs ; et d'après leur rapport , suivant l'équité, et suivant que les circonstances l'exigent, terminer la contestation, en se guidant d'après la description des lieux qu'ils en auront faits sur des plans qu'ils auront levés (1).

9. JULIEN, *liv.* 8. *du Digeste.*

Si des co-propriétaires ont formé la demande en partage, ou ont aliéné le fonds commun.

L'action en bornage formée contre plusieurs copropriétaires d'un même terrein, subsiste même après que le fonds commun a été partagé, ou aliéné.

LE MÊME, *liv.* 51. *du Digeste.*

Des doubles actions.

Les actions en division d'une chose commune, en partage de biens de famille, et en bornage de terres, sont telles, que chaque personne réunit en elle la double qualité de demandeur et de défendeur (2).

11. PAPINIEN, *liv.* 2. *des réponses.*

Des anciens titres, et de l'autorité du dénombrement.

Dans les matières relatives au bornage des terres, on doit se conduire d'après les anciens titres (3), et le dernier recensement fait avant la contestation (4), pourvu qu'il ne soit pas prouvé que les limites aient été changées (5), et que les terres aient subi soit des augmentations, soit des diminutions, arrivées par des successions, ou la volonté des possesseurs.

---

(4) V. l. 4. in pr. infr. de censib.
(5) L. 2. C. h. t.

12. Paulus, *lib.* 3. *responsorum.*

Qui termini sunt observandi.

Eos terminos, quantùm ad dominii quæstionem pertinet, observari oportere fundorum, quos demonstravit is, qui utriusque prædii dominus fuit, cùm alterum eorum venderet (1). Non enim termini, qui singulos fundos separabant, observari debent, sed demonstratio adfinium novos fines intèr fundos constituere.

13. Gajus, *lib.* 4. *ad legem duodecim Tabularum.*

De lege duodecim Tabularum et lege Solonis.

Sciendum est, in actione finium regundorum illud observandum esse, quod ad exemplum quodammodò ejus legis scriptum est, quam Athenis Solon dicîtur tulisse. Nàm illic ità est : *si quis sepem ad alienum prædium fixerit, infoderitque, terminum ne excedito : si maceriam, pedem relinquito : si verò domum, pedes duos : si sepulchrum aut scrobem foderit, quantùm profunditatis habuerint, tantùm spatii relinquito : si puteum, passus latitudinem : at verò oleam, aut ficum, ab alieno ad novem pedes plantato: cœteras arbores, ad pedes quinquè.*

------

(1) V. l. 1. C. eod.

12. PAUL, *liv.* 3. *des réponses.*

Quels sont les bornes auxquelles ils faut avoir égard.

Si le propriétaire de deux fonds de terre en vend un, et qu'il y ait contestation à l'occasion des limites du fonds vendu, il faut s'en rapporter aux bornes qui existaient lors de la vente (1). On ne doit pas avoir égard aux anciennes bornes qui séparaient entre soi les deux terres, mais on doit suivre la désignation que le vendeur a faite des tenans et aboutissans; par la raison que cette désignation forme, à l'égard de l'acquéreur, de nouvelles limites.

13. GAIUS, *liv.* 4. *sur la loi des douze Tables.*

De la loi des douze Tables, et de celle de Solon.

Il est à remarquer que dans l'action en bornage, il faut suivre la règle ci - après, que l'on dit tirée d'une loi que Solon fit à Athènes sur la même matière : *Si quelqu'un plante une haie le long du terrein de son voisin, qu'il n'excède pas les limites qui séparent les deux terreins. S'il élève un mur de séparation, qu'il laisse un pied de distance. Si c'est une maison, qu'il en laisse deux. S'il y creuse un tombeau ou une fosse, il laissera autant d'espace qu'il y aura de profondeur. S'il y creuse un puits, la distance sera d'un pas. S'il y plante un olivier, ou un figuier, il laissera une distance de neuf pieds. S'il plante toute autre espèce d'arbres, elle sera simplement de cinq pieds.*

TITULUS SECUNDUS.

Familiæ (1) *erciscundæ.*

1. GAJUS, *lib. 7. ad edictum provinciale.*

Origo et ratio hujus actionis.

Hæc actio proficiscitur à *lege duodecim Tabularum.* Nàmquè coheredibus volentibus (2) à communione discedere, necessarium videbatur aliquam actionem constitui, quâ intèr eos res hereditariæ distribuerentur.

De eo qui partem suam possidet, vel non, et de eo qui negatur esse coheres.

§. 1. Quæ quidèm actio nihilominùs ei quoquè ipso jure competit, qui suam partem non possidet (3) : sed si is, qui possidet, neget eum sibi coheredem esse, potest eum excludere per hanc exceptionem (4), *si in eâ re, quâ de agitur, præjudicium hereditati non fiat.* Quòd si possideat eam partem, licèt negetur esse coheres, non nocet talis exceptio: quo fit, ut eo casû ipse judex,

---

(1) Lib. 3. C. 36. et §. 4. Inst. de oblig. quæ quasi ex contract. §. 4. Inst. de officio judicis.
(2) V. l. un. C. communi divid.

TITRE SECOND.

De l'action en partage de biens de famille, ou en partage d'hérédité (1).

1. Gajus, *liv. 7. sur l'édit provincial.*

Origine et motif de cette action.

Cette action vient de la loi des douze Tables. En effet, il a paru nécessaire que, lorsque des cohéritiers voulaient cesser de posséder en commun, il y eût une action qui réglât la manière dont ils partageraient entr'eux la succession (2).

De celui qui possède ou non sa portion, et de celui à qui l'on refuse la qualité d'héritier.

§. 1. Cette action appartient même à celui qui en sa qualité d'héritier ne possède pas sa portion (3). Mais si celui qui possède la succession, nie que celui qui en demande le partage soit réellement son cohéritier, il peut l'exclure en lui opposant l'exception suivante (4), *que sa demande porte préjudice à la question sur sa qualité d'héritier, qui doit être décidée avant.* Mais cette exception ne pourra pas être opposée à celui qui possède la succession, quoique celui qui forme la demande en partage, prétende que ce possesseur n'est pas son cohéritier, parceque

---

(3) L. 25. §. 2. infr. h. t.
(4) V. l. 16. l. 18. infr. de except.

apud quem hoc judicium agitur, cognoscat, an
coheres sit : nisi enim coheres sit, neque adjudicari quicquàm ei oportet, neque adversarius ei
condemnandus est (1).

2. ULPIANUS, *lib.* 19. *ad edictum.*

Quæ hereditas hoc judicio dividitur.

Per familiæ erciscundæ actionem dividitur hereditas, sivè ex testamento, sivè ab intestato,
sivè ex lege duodecim Tabularum (2), sivè ex aliquâ lege deferatur hereditas, vel ex Senatusconsulto, vel etiàm (3) constitutione. Et generalitèr
eorum duntaxàt dividi hereditas potest, quorum
peti potest (hereditas).

De Quartâ ex constitutione divi Pii.

§. 1. Si Quarta ad aliquem ex constitutione
D. Pii adrogatum deferatur (4), quià hic neque
heres, neque bonorum possessor sit, utile erit
familiæ erciscundæ judicium necessarium.

De peculio castrense.

§. 2. Itèm si filii familiâs militis peculium sit,
fortiùs defendi potest, hereditatem effectam per
constitutiones : et ideò hoc judicio locus erit.

De actore et reo.

§. 3. In familiæ erciscundæ judicio unusquis-
que heredum, et rei et actoris partes sustinet(5).

____

(1) L. 36. infr. h. t.
(2) L. 1. supr. de hered. petit.
(3) L. 3. in fin. supr. d. t.

dans ce cas, le juge qui connaît de la demande en partage, a
le droit de connaître de la qualité d'héritier contestée au
possesseur. Et en effet, s'il n'a pas de droit à la succession,
on ne doit pas lui rien adjuger, et il ne peut exiger que
son adversaire soit condamné envers lui (1).

2. ULPIEN, *liv.* 19. *sur l'édit.*

Quelle espèce de succession est partagée par cette action.

En vertu de l'action en partage d'hérédité, on divise
une succession, entre plusieurs héritiers, soit qu'elle leur
soit déférée en vertu d'un testament, ou *ab intestat*, soit
par la loi des douze Tables, ou par quelqu'autre loi particulière, soit par un Senatusconsulte, ou par les constitutions du prince (3). En général, pour partager une succession, il faut avoir le droit de pouvoir la demander, et
de soutenir qu'elle nous appartient.

De la Quarte d'après la constitution de l'empereur Antonin.

§. 1. Si quelqu'un en sa qualité d'adrogé, a le droit de
prélever sur une succession la Quatrième (4) partie d'icelle,
en vertu de la constitution de l'empereur Antonin, au
moyen de ce qu'il n'est héritier ni suivant le droit civil,
ni héritier suivant le droit prétorien, il aura pour lui l'action utile de partage d'hérédité.

Du pécule provenant d'un fils de famille soldat.

§. 2. De même s'il s'agissait du pécule d'un fils de famille, on peut prétendre avec raison qu'il est une véritable succession que les constitutions des princes ont rendu
telle. On peut donc intenter à cet égard une action en
partage d'hérédité.

Du demandeur et du défendeur.

§. 3. Dans l'action en partage d'hérédité, chaque cohéritier est tout-à-la-fois demandeur et défendeur (5).

---

(4) V. l. 22. supr. de adopt. l. 8. §. 15. supr. de inoffic. testam.
(5) L. 44. §. 4. infr. h. t.

§. 4. Dubitandum autèm non est, quìn familiæ erciscundæ judicium et intèr (1) pauciores heredes ex pluribus accipi possit.

De creditis, et debitis.

§. 5. In hoc judicium, etsì *nomina* non veniunt (2), tamèn si stipulationes interpositæ fuerint de divisione eorum, ut stetur ei, et (ut) alter alteri mandet actiones, procuratoremquè eum in suam rem faciat, stabitur divisioni.

3. Gajus, *lib. 7. ad edictum provinciale.*

Planè ad officium judicis nonnunquàm pertinet, ut debita et credita singulis pro solido, aliis alia adtribuat : quià sæpè et solutio et exactio partium non minima incommoda habet (3). Nec tamèn scilicèt hæc adtributio illud efficit, ut quis solus totum debeat, vel totum alicui soli debeatur : sed ut sivè agendum sit, partìm suo, partìm procuratorio nomine agat : sivè cum eo agatur, partìm suo, partìm procuratorio nomine conveniatur. Nàm licèt libera potestas (esse) maneat creditoribus cum singulis experiundi, tamèn et his libera potestas est, suo loco substituendi eos, in quos onera actionis officio judicis translata sunt.

4. Ulpianus *lib.* 19. *ad edictum.*

Cæteræ itàque res praetèr nomina (4) veniunt in hoc judicium. Sìn autèm nomen uni ex here-

---

(1) L. 43. infr. eod.
(2) L. 4. in pr. l. 25. §. 1. infr. eod.

§. 4. Il est hors de doute que l'action en partage d'hérédité ne puisse avoir lieu entre un certain nombre d'héritiers(1) quoique les autres ne la forment pas.

Des dettes actives et passives.

§. 5. Quoique les dettes n'entrent pas dans l'action en partage d'hérédité (2), cependant s'il y a eu entre les héritiers des stipulations réciproques quant à leur partage, et qu'ils se soient mutuellement engagés à l'effectuer, et que pour cela un héritier ait transporté ses actions à un autre, et l'ait fait son fondé de pouvoir dans sa propre cause, le partage devra être exécuté.

3. Gajus, *liv. 7. sur l'édit provincial.*

Il est des cas où le juge qui connaît de l'action en partage d'hérédité, doit assigner à chaque héritier les dettes actives ou passives, en entier, parce que souvent le recouvrement et le paiement des dettes, lorsqu'ils se font partiellement (3), deviennent très-incommodes. Quoiqu'il en soit, cette attribution faite à chaque héritier, ne fera pas qu'il devra seul la dette, ou que la créance sera due à lui seul, mais il en résultera que s'il y a quelques actions à former, il les formera en partie en son nom, en partie comme fondé de pouvoir de ses cohéritiers ; de même que s'il est actionné, il le sera en partie en son nom, en partie comme fondé de pouvoir de ses cohéritiers ; car quoiqu'il soit libre à des créanciers d'actionner chaque héritier en particulier, cependant ceux-ci ont la faculté de subroger en leur lieu et place ceux que le juge a désigné comme devant payer telle ou telle dette.

4. Ulpien, *liv. 19. sur l'édit.*

Excepté les dettes, cette action comprend donc toutes les autres choses qui font partie de la succession (4). Si le testateur a légué une dette active à l'un de ses héritiers,

---

(3) L. 22. §. 1. infr. eod. l. 8. §. 9. supr. de transact. l. 7. in pr. infr. tit. prox. l. 17. §. pen. infr. commodati. l. 3. infr. de aliment vel cibar.

(4) L. 25. §. 1. infr. h. t.

dibus legatum sit, judicio familiæ erciscundæ hoc heres consequitur.

De venenis, et libris improbæ lectionis.

§. 1. *Mala medicamenta et venena* (1) veniunt quidèm in judicium, sed judex omninò interponere se in his non debet. Boni enìm et innocentis viri officio eum fungi oportet. Tantùmdèm debebit facere (et) in *libris* (2) *improbatæ lectionis* (Magicis fortè, vel (his) similibus). Hæc enìm omnia protinùs corrumpenda sunt.

De injustis lucris.

§. 2. Sed et si quid ex peculatû, vel ex sacrilegio adquisitum erit, vel vi, aut latrocinio, aut adgressurâ, hoc non dividetur.

De tabulis testamenti.

§. 3. Sed et *tabulas testamenti* debebit aut apud eum, qui ex majore (3) parte heres est, jubere manere, aut in æde deponi. Nàm et Labeo scribit, venditâ hereditate tabulas testamenti descriptas deponi oportere: heredem enìm exemplum debere dare, tabulas verò authenticas ipsum retinere, aut in æde deponere.

5. Gajus, *lib. 7. ad edictum provinciale.*

De cautionibus hereditariis.

Si quæ sunt *cautiones hereditariæ*, eas judex curare debet, ut apud eum maneant, qui majore (4)

---

(1) V. l. 26. in pr. infr. de verb. sign.
(2) V. l. 6. c. 1. C. de hæreticis.
(3) L. 5. infr. h. t.

celui-ci pourra former l'action en partage d'hérédité, afin qu'elle lui soit transportée.

Du poison, et des livres dont la lecture est défendue.

§. 1. Les poisons et autres médicamens de cette espèce qui se trouvent dans la succession, sont aussi l'objet de l'action en partage d'hérédité (1), mais le juge ne doit pas intervenir dans ce partage. Car il doit agir en homme juste, et à qui l'on n'a rien à reprocher. Il doit se conduire de même à l'égard des livres défendus (2), tels que ceux qui traitent de la magie, ou autres semblables. Car toutes ces choses doivent être détruites sur-le-champ.

Des gains illicites.

§. 2. Mais s'il se trouvait dans la succession quelque chose que le défunt eût acquis par des crimes de péculat, de sacrilège, de violence, de brigandage, et de meurtre, elles ne devraient pas être partagées.

De l'original d'un testament.

§. 3. Le juge ordonnera que le testament reste entre les mains de celui qui a la plus forte partie de la succession (3), ou qu'il soit déposé dans un lieu public. Car Labéon écrit que si la succession vient à être vendue, le testament doit être déposé dans un lieu public, et que l'héritier n'est tenu que d'en donner copie, il peut, suivant ce jurisconsulte, ou garder entre ses mains l'original, ou en faire le dépôt dans un lieu public.

5. Gajus, *liv. 7. sur l'édit provincial.*

Des cautions héréditaires.

S'il y a quelques papiers qui intéressent la succession, le juge ordonnera qu'ils restent entre les mains de celui à qui revient la plus forte partie de la succession (4); les

---

(4) L. 4. §. fin. supr. eod.

ex parte heres sit : cæteri descriptum et recognitum faciant, cautione interpositâ, *ut*, *cùm res exegerit*, *ipsæ* (1) *exhibeantur*. Si omnes iisdem ex partibus heredes sint, nec inter eos conveniat, apud quem potiùs esse debeant, sortiri eos oportet : aut ex consensû vel suffragio eligendus est amicus, apud quem deponantur : vel in æde sacrâ (2) deponi debent.

6. ULPIANUS, *lib.* 19. *ad edictum.*

Nàm ad licitationem rem deducere, ut, qui licitatione vicit, hic habeat instrumenta hereditaria, non placet nequè mihi, nequè Pomponio.

7. VENULEJUS, *lib.* 7. *stipulationum.*

An victoria heredis prosit coheredi.

Si heres unus, cùm sub conditione adjectum coheredem, aut apud hostes adjectum (eo) haberet, dixerit *se heredem esse*, et actione expertus vicerit, deindè conditio heredis extiterit, vel postliminio redierit : an victoriæ commodum debeat cum eo communicari? Nàm indubitatè judicati actio ei in solidum competit. Et electionem coheredi dandam, (id est) aut communicandam eam, aut experiundi faciendam potestatem huic qui post victoriam coheredis effectus sit heres, aut reversus (sit) in civitatem. Idèmque observandum, si posteà natus sit posthumus : non enim his personis silentium imputari potest, cùm ad hereditatem post victoriam coheredis pervenerint.

---

(1) V. l. 8. in pr. infr. eod. l. ult. in pr. infr. de pignorat. act. l. 48. in fin. l. 52. in pr. infr. de act. empti. l. 24. C. de fideicom.

8. ULPIEN.

autres héritiers en auront des copies collationnées, et l'héritier entre les mains de qui seront restés les originaux, donnera caution *de les représenter toutes les fois* (1) *que besoin en sera.* Si tous héritent par égale portion, et qu'ils ne soient pas d'accord entr'eux de celui entre les mains de qui ils seront déposés, le sort dans ce cas en décidera, où l'on choisira, d'un consentement unanime, un ami qui en sera le dépositaire, ou on les déposera dans un lieu public (2).

6. ULPIEN, *liv.* 19, *sur l'édit.*

Car je ne suis pas d'avis, et Pomponius pense comme moi, que l'on fasse une licitation pour raison de ces papiers, et qu'ils restent entre les mains de celui qui en aura offert le prix le plus haut.

7. VENULEJUS, *liv.* 7. *des stipulations.*

Si la réussite d'un héritier peut être utile à son cohéritier.

Si un héritier ayant reçu par le testament un cohéritier institué sous condition, ou prisonnier chez les ennemis, *se porte pour seul et unique héritier*, et qu'ayant exercé une action de la succession, il ait obtenu gain de cause, qu'ensuite la condition sous laquelle son cohéritier a été institué, ait été remplie, ou qu'il soit revenu de chez les ennemis, et qu'il jouisse du droit de postliminie, doit-il partager avec lui le gain qu'il a retiré de cette action? Car il est hors de doute que l'héritier qui a actionné, a seul le droit de faire exécuter le jugement? Le cohéritier a le choix ou de demander le partage du gain provenu de cette action, ou de renouveller la même action, comme étant devenu héritier depuis le gain du procès, ou depuis son retour à Rome. Il faut observer la même chose, s'il survient un posthume après le jugement. Car on ne peut imputer à ces personnes leur silence, puisque leur droit à la succession n'a existé que du moment où l'héritier a réussi dans sa demande.

---

(2) L. 4. in fin. supr. h. t. v. L. 1. §. 36. vers. sed et si. in fin. infr. depositi. l. 19. C. de usuris.

8. Ulpianus , *lib.* 19. *ad edictum.*

De rationibus heredi , vel servo actori prælegatis.

Pomponius scribit , si uni ex heredibus prælegatæ fuerint *rationes* , non priùs ei tradendas , quàm coheredes descripserint. Nàm et si servus actor (inquit) fuerit legatus, non aliàs eum tradendum , quàm rationes reddiderit. Nos videbimus , nùmquid et cautio sit interponenda : *ut quotièns desideratæ fuerint rationes , vel actor prælegatus , copia eorum fiat ?* Plerumquè enìm authenticæ (1) rationes sunt necessariæ actori ad instruenda (2) ea , quæ posteà emergunt , ad notitiam ejus spectantia. Et necessarium est, cautionem ab eo super hoc coheredibus præstari : idem (Pomponius).

De columbis. De apibus.

§. 1. Pomponius ait, *columbas* , quæ emitti solent de columbario , venire in familiæ erciscundæ judicium : cùm nostræ sint tamdiù, quamdiù (3) consuetudinem habeant ad nos revertendi. Quarè si quis eas adprehendisset , furti nobis competit actio. Idem et in *apibus* dicitur : quià in patrimonio nostro computantur.

De pecore à bestiâ erepto.

§. 2. Sed et si quid è pecoribus nostris *à bestiâ eruptum* sit , venire in familiæ erciscundæ judicium putat, si feram evaserit : nàm magìs esse , ut non desinat nostrum esse , inquit , quod (4) à

---

(1) V. l. 5. in verb. ipsæ exhibeantur. supr. h. t.
(2) V. l. 1. infr. de fide instrum.

8. ULPIEN, *liv.* 19. *sur l'édit.*

Des registres de compte légués par préciput à l'héritier ou à l'esclave chargé des affaires.

Pomponius écrit que si quelqu'un a légué à un de ses héritiers ses livres de comptes, à l'effet de les garder, on ne doit pas les lui donner, que ses cohéritiers n'en aient tiré des copies. Car, dit-il, si on avait légué un esclave qui fût chargé des affaires de son maître, on ne devrait pas le livrer au légataire, avant que cet esclave n'eût rendu ses comptes. Nous examinerons si le dépositaire des livres de compte, ou le légataire de l'esclave est tenu de donner caution de représenter l'un les livres de comptes, l'autre l'esclave chargé des affaires, toutes les fois qu'on l'exigera? Car souvent il arrive que le livre de compte original (1) soit nécessaire au demandeur pour préparer (2) les bâses d'une action qu'il a à former, et se procurer les connaissances dont il a besoin. Il y a donc une nécessité de fournir cette caution aux cohéritiers. C'est aussi l'avis de Pomponius.

Des pigeons. Des abeilles.

§. 1. Pomponius dit que les *pigeons* qui ont coutume de sortir d'un colombier, entrent dans le partage des effets de la succession, parce que tant qu'ils conservent l'habitude d'y revenir, ils sont censés nous appartenir (3). C'est pourquoi nous avons pour nous l'action du vol contre celui qui s'en empare. Il en est de même des abeilles, qui sont toujours réputées faire partie de nos biens.

D'une bête de troupeau enlevée par un animal féroce.

§. 2. Mais si une bête de troupeau *vient à être enlevée par un animal féroce*, et qu'elle s'échappe, il pense qu'elle doit entrer dans le partage des biens de la succession; car un animal à nous appartenant, qu'un loup (4),

---

(3) L. 5. §. 5. vers. in his antem. infr. de adquir. rer. domin. §. 15. Inst. de rer. divis.

(4) L. 44. infr. de adquir. rer. domin.

lupo eripitur, vel aliâ bestiâ, tamdiù , quamdiù ab eo fuerit consumptum.

9. PAULUS , *lib.* 23. *ad edictum.*

De rebus usû captis ab heredibus.

Veniunt in hoc judicium res , quas heredes usuceperunt, cùm defuncto traditæ essent. Hæ quoquè res, quæ heredibus traditæ sunt , cùm defunctus emisset.

10. ULPIANUS , *lib.* 19. *ad edictum.*

De prædiis nostris, vel vectigalibus , vel superficiariis , de rebus bonâ fide possessis.

Itèm *prædia*, quæ nostri patrimonii sunt : sed et vectigalia, vel superficiaria. Nec minùs hæ quoquè res, quas *alienas* defunctus bonâ fide possedit.

11. PAULUS , *lib.* 23. *ad edictum.*

De partû.

Partum quoquè editum (et) post aditam hereditatem.

12. ULPIANUS , *lib.* 19. *ad edictum.*

Et post litem contestatam , Sabinus scribit in familiæ erciscundæ judicium venire, et adjudicari posse.

De rebus datis servo hereditario.

§. 1. Idem erit, et si servis hereditariis ab extraneo aliquid datum sit.

ou toute autre bête féroce nous enlève, n'est censé ne plus nous appartenir, que lorsqu'il a été dévoré.

9. PAUL, *liv*. 23. *sur l'édit.*

Des choses prescrites par les héritiers.

Les choses qui ont été livrées au défunt, et que ses héritiers ont prescrites, entrent dans l'action en partage, ainsi que celles que le défunt a achetées, et qui ont été livrées à ses héritiers.

10. ULPIEN, *liv*. 19. *sur l'édit*

Des fonds qui sont nôtres, ou que nous tenons à bail emphytéotique, ou sur lesquels nous n'avons que la superficie; des choses possédées de bonne foi.

Les fonds de terre qui ont appartenu au défunt, même ceux qu'il tenait à bail emphytéotique, et ceux sur lesquels il n'avait que le droit de superficie; les choses mêmes qui appartiennent à autrui, mais que le défunt possédait de bonne foi, entrent également dans l'action en partage.

11. PAUL, *liv* 23. *sur l'édit.*

De l'accouchement.

L'enfant né d'un esclave, même après que la succession a été acceptée.

12. ULPIEN, *liv*. 19. *sur l'édit.*

Et celui même né depuis que la demande en partage a été formée, font, suivant Sabinus, partie de cette action, et peuvent être adjugés à l'un des héritiers.

Des choses données à l'héritier de la succession.

§. 1. Il en sera de même s'il a été donné quelque chose par un étranger aux esclaves dépendans de la succession.

De re sub conditione legatâ. De statû libero.

§. 2. *Res, quæ sub conditione legata est,* interìm heredum est (1) : et ideò venit in familiæ erciscundæ judicium, et adjudicari potest : cum suâ scilicèt causâ, ut existente conditione eximatur ab eo, cui adjudicata est, aut deficiente conditione ad eos revertatur, à quibus relicta est. Idem et in statûlibero (2) dicitur : qui interim (3) est heredum, existente autèm conditione ad libertatem perveniat.

13. Papinianus, *lib. 7. quæstionum.*

De alienationibus post judicium acceptum.

Alienationes enìm post (4) judicium acceptum interdiclæ sunt, duntaxàt voluntariæ : non quæ vetustiorem causam, et originem juris habent necessariam.

14. Ulpianus, *lib. 19. ad edictum.*

De re usû cæptâ.

Sed et si usucapio fuerit cœpta ab eo, qui heres non erat antè litem contestatam, et posteà impleta fuerit, rem de judicio subducit.

De usufructû.

§. 1. Ususfructus (5) an in judicium deducatur, quæritur : utputà si, deducto usufructû, fundus fuit (ab) heredibus legatus.

---

(1) L. 66. supr. de rei vindic. l. 1. §. 4. infr. de SC. Silan.
(2) V. l. 1. in pr. infr. de statuliber.

De la chose léguée conditionnellement. De l'esclave qui attend sa liberté.

§. 2. *Une chose léguée sous condition*, appartient aux héritiers (1), tant qu'elle n'est pas remplie. C'est pourquoi elle entre dans l'action en partage, et elle peut être adjugée à l'un des héritiers. Mais elle ne lui est adjugée qu'avec sa cause, c'est-à-dire, que la condition arrivant, elle passe des mains de celui à qui elle a été adjugée, en celles du légataire, et que dans le cas de non événement de la condition, elle revient à ceux à qui elle a été léguée. Il en est de même d'un esclave (2) dont la liberté dépend d'une condition, et qui, jusqu'à l'événement d'icelle, appartient aux héritiers (3), mais qui, la condition une fois arrivée, acquiert sa liberté.

13. PAPINIEN, *liv. 7. des questions.*

Des aliénations faites après que l'instance en partage est commencée.

Il n'y a que les aliénations volontaires qui sont interdites (4) après que l'instance en partage est commencée, et non pas celles qui ont une cause plus ancienne, et qui se font nécessairement de droit.

14. ULPIEN, *liv. 19. sur l'édit.*

De la chose prescrite.

Mais si avant l'instance de partage quelqu'un qui n'était pas héritier, a commencé à prescrire un effet de la succession, et que le tems de la prescription soit devenu complet, cet effet ne sera plus compris dans le jugement qui interviendra sur le partage.

De l'usufruit.

§. 1. On demande si un usufruit peut entrer dans cette action de partage (5)? comme si, par exemple, le fonds avait été légué, déduction faite de l'usufruit.

---

(3) L. 45. §. ult. infr. de fideicom. libert.
(4) L. 1. C. commun. divid.
(5) Adde l. 15. l. 16. infr. h. t.

15. PAULUS, *lib. 23. ad edictum.*

Vel si servo hereditario ususfructus legatus sit, nec enim à personis discedere sinè interitâ suì potest ?

16, ULPIANUS, *lib. 19. ad edictum.*

Et puto officio judicis contineri : ut, si volent heredes à communione ususfructûs discedere, morem eis gerat cautionibus interpositis (1).

Si alii fundus, alii ususfructus adjudicetur.

§. 1. Julianus ait, si alii fundum (2), alii usumfructum fundi judex adjudicaverit, non communicari usumfructum.

De tempore adjudicationis usufructûs adjecto.

§. 2. Ususfructus et (3) ex certo tempore et usquè ad certum tempus, et alternis(4) annis adjudicari potest.

De eo quod amnis fundo illuit.

§. 3. Id quod amnis fundo post litem contestatam illuit, æquè venit in hoc judicium.

De dolo et culpâ coheredis.

§. 4. Sed et si dolo, vel culpâ quid in usumfructum ab uno ex heredibus factum sit, hoc quoquè in judicium venire, Pomponius ait. Nàm (et) omnia, quæ quis in héreditate dolo aut culpâ

---

(1) L. 1ᵃ. §. 5. supr. de usufr.
(2) L. 6. §. 10. infr. tit. prox.

15. PAUL, *liv.* 23. *sur l'édit.*

Ou si l'usufruit a été légué à un esclave de la succession, car l'usufruit ne peut passer d'une personne à une autre sans s'éteindre?

16. ULPIEN, *lib.* 19. *sur l'édit.*

Je pense qu'il est du devoir du juge de suivre les intentions des héritiers, s'ils veulent que l'usufruit ne soit pas commun entr'eux ; et il leur fera donner caution réciproque, relativement au mode dont l'usufruit sera exercé (1).

Si le fonds est assigné à l'un, et l'usufruit à l'autre.

§. 1. Julien dit que si le juge a adjugé à l'un le fonds(2), et à l'autre l'usufruit, cet usufruit n'est pas commun.

Du tems fixé lors de l'assignation de l'usufruit.

§. 2. L'usufruit peut être adjugé à plusieurs copartageans pour en jouir à partir d'un certain tems (3), ou pour un certain tems, ou pour en jouir par eux alternativement d'année en année (4).

De l'augmentation que le fonds apporte au fonds.

§. 3. L'augmentation qui provient d'un fleuve voisin du fonds, après que l'instance en partage a été commencée, entre dans l'action de partage.

De la mauvaise foi, et de la faute du cohéritier.

§. 4. Pomponius dit que si l'un des héritiers par son dol ou par sa faute avait fait quelque chose qui eut détérioré l'usufruit, il devrait en tenir compte dans le jugement de partage. Car tout le dommage et le tort que quelqu'un

---

(3) L. 4. in fin. supr. de usufr. l. un. §. pen. supr. quando dies ususfr.
(4) L. 13. infr. de usu et usufr. legat.

fecerit, in judicium familiæ erciscundæ veniunt :
sic tamèn, si quasi heres fecerit. Et ideò, si
vivo testatore unus ex heredibus pecuniam sus-
tulerit, in familiæ erciscundæ judicium ea non(1)
venit : quià tunc nondùm heres erat : ubì autèm
quasi heres fecit, etsi aliam præterà quis actionem
habeat, tamèn teneri eum familiæ erciscundæ
judicio, Julianus scribit.

De rationibus deletis a coherede.

§. 5. Deniquè ait, si unus ex heredibus rationes hereditarias deleverit, (vel interleverit,)
teneri quidèm lege Aquiliâ(2), quasi corruperit :
non minùs autèm etiàm familiæ erciscundæ judicio.

*Si servus hereditarius rem propriam heredum unius
subripuerit.*

§. 6. Itèm si servus hereditarius propriam rem
heredum uniùs subripuerit, Ofilius ait, esse
familiæ erciscundæ actionem, et communi dividundo, furtiquè actionem (3) cessare, quare
agentem familiæ erciscundæ judicio consecuturum, ut aut ei servus adjudicetur, aut litis
æstimatio in simplum offeratur.

17. Gaius, *lib. 7. ad edictum provinciale.*

De damno dato à coherede.

Damno commisso ab uno herede, conveniens
est dicere, simpli habendam æstimationem in
familiæ erciscundæ judicio.

---

(1) Immò vide l. 25. §. 19. infr. h. t.

a causé par son dol ou par sa faute à la succession, entre dans l'action en partage, pourvu cependant qu'il soit héritier. C'est pourquoi si du vivant du testateur, l'un des héritiers a distrait une somme d'argent, elle n'entrera pas dans la masse des objets à partager (1), parce qu'alors il n'était pas encore héritier ; mais dès qu'un effet de la succession a été détérioré par celui qui le possédait à titre d'héritier, encore qu'il y eût contre lui quelqu'autre action, il sera cependant tenu, suivant Julien, de tenir compte de la détérioration lors du partage.

Des papiers de la succession altérés par l'un des cohéritirs.

§. 5. Enfin, dit-il, si un héritier a effacé ou altéré quelques papiers de la succession, il est tenu de l'action de la loi Aquilia, comme ayant corrompu la chose d'autrui (2), il n'en est pas moins, malgré tout, tenu de rendre compte de cette corruption dans l'action en partage.

Si l'esclave de la succession vole la propre chose de l'un des héritiers.

§. 6. Ofilius dit de même que si l'esclave de la succession a volé à l'un des héritiers une chose qui lui appartenait, l'héritier volé ne peut pas intenter l'action du vol (3), mais qu'il peut recourir à l'action en partage, ou en division d'une chose commune pour se faire indemniser du tort qu'il a éprouvé de la part de l'esclave. C'est pourquoi par la demande en partage, il obtiendra du juge, ou que l'esclave lui soit adjugé pour lui tenir lieu de réparation, ou on lui paiera l'estimation simple de la chose qui lui aura été volée.

17. GAJUS, *liv. 7. sur l'édit provincial.*

Du dommage causé par un cohéritier.

Il est à-propos de dire que si un des héritiers occasionne quelque tort à la succession, la réparation de ce tort sera pure et simple, lors du partage.

---

(2) L. 42. supr. ad leg. Aquil.
(3) L. 4. supr. de noxal. act.

18. ULPIANUS , *lib.* 19. *ad edictum.*

*Si optetur servus qui tabulas hereditarias corrupisse
dicetur.*

His consequentèr Julianus ait: si ex pluribus
heredibus uni servus sit generalitèr per optionem
legatus, et heredes Stychum tabulas hereditarias
interlevisse dicant , vel corrupisse , et proptèr
hoc renunciaverint, *nè optaretur servus ,* deindè
optatus vindicetur: poterunt , si eis vindicetur ,
doli mali exceptione uti , et de servo quæstionem
habere.

*De quæstione, de morte testatoris, vel uxoris, vel liberorum
ejus.*

§. 1. Sed , an in familiæ erciscundæ judicium
de morte testatoris , vel de morte uxoris libero-
rumquè suorum habebunt quæstionem heredes ,
quæritur? et rectissimè Pomponius ait , hæc ad
divisionem rerum hereditararium non pertinere.

De his quæ testator jussit.

§. 2. Idem quærit , si quis testamento caverit ,
ut (1) *servus exportandus veneat ,* officio familiæ erciscundæ judicis contineri , ut voluntas
defuncti non intercidat. Sed et , cùm *monumentum* jussit testator *fieri ,* familiæ erciscundæ agent,
ut fiat. Idem tamen tentat , quia heredum interest , quos jus monumenti sequitur , præscriptis
verbis posse eos experiri , ut monumentum fiat.

-----

(1) L. 5. C. h. t.

18. ULPIEN, *liv.* 19. *sur l'édit.*

Si l'on choisit l'esclave qui est accusé d'avoir altéré le testament.

D'après ce qui vient d'être exposé, Julien dit que si un esclave a été légué à l'un des héritiers en général, à son choix, que les autres héritiers prétendent que Stychus a altéré, ou corrompu le testament, et que pour cela ils l'aient sommé de s'abstenir du droit *qu'il avait de choisir*, et qu'ensuite le légataire, malgré cette sommation, le choisisse, et en demande la délivrance, ils pourront lui opposer une exception tirée de sa mauvaise foi, et faire interroger l'esclave.

De l'information qui a pour objet la cause de la mort du testateur, ou de sa femme et de ses enfans.

§. 1. Mais on demande si par l'action en partage d'hérédité, les héritiers peuvent demander que l'on informe sur la cause de la mort du testateur, de son épouse, et de ses enfans? Pomponius répond avec très-grande raison, que ces choses sont étrangères à l'action en partage d'hérédité.

Des choses que le testateur a ordonné.

§. 2. Le même jurisconsulte demande, si dans le cas où un testateur aurait ordonné qu'un esclave *serait vendu pour être transporté au loin* (1), le juge qui connaît de la demande en partage d'hérédité, peut ordonner l'exécution des volontés du testateur. Il pense qu'il le peut ; de même que si un testateur avait ordonné qu'on lui élevât un monument, les cohéritiers pourront demander par l'action en partage d'hérédité, que ce monument soit élevé. Il estime cependant, qu'au moyen de l'intérêt que les héritiers ont à ce que le monument soit élevé, droit qui les suit par-tout, ils peuvent recourir à une autre action, pour exiger l'élévation du monument.

De usuris sumptûum à coherede factorum.

§. 3. Sumptûum (1) , quos unus ex heredibus bonâ fide fecerit, usuras quoque consequi potest à coherede, ex die moræ, secundùm rescriptum imperatorum Severi et Antonini.

De eo quod creditoribus ,

§. 4. Celsus etiàm illud elegantèr adjicit, coheredem, et si non solvit, habere familiæ erciscundæ judicium, ut (2) cogatur coheres solvere : cùm aliàs non sit liberaturus rem creditor, nisi in solidum ei satisfiat.

§. 5. Si filius familiâs patri heres pro parte extitisset, et à credioribus peculiaribus conveniretur, (cùm) paratus sit solvere id omne, quod debetur : per doli mali exceptionem consequetur à creditoribus mandari sibi actiones (3) ; sed etiàm familiæ erciscundæ judicium cum coheredibus habet (4).

Aut legatariis.

§. 6. Cùm unus ex heredibus legatum exsolvit ei , qui missus fuerat in possessionem legatorum servandorum causâ : putat Papinianus, et verum est, familiæ erciscundæ judicium ei competere adversus coheredes : quià non aliàs discederet legatarius (à) possessione , quam vice pignoris erat consecutus quàm si totum (ei) legatum fuisset exsolutum.

De debito soluto ne pignus veniat.

§. 7. Sed et si quis Titio debitum solverit,

----

(1) V. l. 18. in fin. C. eod.
(2) L. 20. §. 5. l. 44. §. 7. infr. eod.

De l'intérêt des dépenses faites par un cohéritier.

§. 3. D'après un rescrit des empereurs Sévère et Antonin, l'héritier qui a fait des dépenses (1) de bonne foi, peut les répéter de son cohéritier, avec les intérêts, du jour de la demande.

De ce qui est à payer aux créanciers,

§. 4. Celse ajoute aussi, et avec raison, qu'un héritier peut demander par l'action en partage, que son cohéritier soit tenu de payer (2), quoiqu'il ne l'ait lui-même pas fait, un créancier qui retient un effet de la succession à titre de nantissement, parce qu'autrement le créancier ne le rendrait qu'autant qu'il serait payé en entier.

§. 5. Si un fils de famille était héritier de son père en partie, et qu'il fût actionné par les créanciers avec lesquels il aurait contracté des affaires concernant son pécule, s'il est disposé à leur payer tout ce qu'ils ont droit d'exiger, il pourra leur opposer une exception tirée de leur mauvaise foi, et les forcer à lui transporter leurs actions (3). Il pourra aussi former l'action en partage contre ses cohéritiers (4)

Ou aux légataires.

§. 6. Lorsqu'un des héritiers a payé un legs à celui qui avait été envoyé en possession pour la conservation de son legs, Papinien pense, et avec raison, qu'il peut former sa demande en partage contre ses cohéritiers, parce que le légataire ne se serait démuni de l'effet qui lui tenait lieu de gage, qu'autant qu'il aurait été payé de son legs en totalité.

Du paiement de la dette pour empêcher la vente du gage.

§. 7. Si un héritier a payé à Titius ce qui lui était dû.

---

(3) V. l. 93. §. 10. infr. de solution.
(4) L. 58. in pr. vers. idque maxime. infr. de condict. indeb.

ne pignus veniret : Neratius scribit, familiæ erciscundæ judicio eum posse experiri.

19. Gajus, *lib. 7. ad edictum provinciale.*

De eo quod coheres percepit, aut stipulatus est.

Itèm ex diverso similitèr prospicere judex debet, ut quod unus ex heredibus ex re hereditariâ percepit (1) stipulatusvè est, non ad ejus solius lucrum pertineat. Quæ ità scilicèt consequetur judex, si aut reputationes inter eos fecerit, aut (si) curaverit cautiones interponi, quibus inter eos communicentur commoda et incommoda (2).

20. Ulpianus, *lib. 19. ad edictum.*

De dotis collatione.

Si filia nupta, quæ dotem conferre debuit (3), per errorem coheredum ità cavit, *ut , quod à marito recuperasset, pro partibus hereditariis solveret :* nihilominùs arbitrum familiæ erciscundæ sic, arbiraturum Papinianus scribit, ut etiàm si constante matrimonio ipsa diem suum obierit, conferatur dos. Nàm imperitia (inquit) coheredum jusisdictionis formam mutare non potuit.

De filio familiâs obligato.

§. 1. Si filius familiâs jussû patris obligatus sit, debebit hoc debitum præcipere. Sed et si in rem patris vertit, idem placet; et si (4) de peculio, peculium præcipiet : et ità imperator noster rescripsit.

---

(1) §. 4. vers. eo quoque. Inst. de offic. judic.
(2) L. 47. in pr. infr. h. t.

pour empêcher que l'effet qu'il avait en nantissement, ne fût vendu. Nératius écrit qu'il peut former la demande en partage d'hérédité contre ses cohéritiers.

19. Gajus, *liv.* 7. *sur l'édit provincial.*

De ce que le cohéritier a reçu ou stipulé.

Par la raison contraire le juge doit veiller à ce que l'un des héritiers ne profite pas seul de ce qu'il aura retiré d'un effet de la succession (1), ou de l'obligation qu'il aura acquise à cette occasion, et il en viendra à bout, en faisant entre les héritiers une compensation, ou en les obligeant à se donner mutuellement caution de se tenir réciproquement compte des pertes comme des bénéfices qu'ils auront faits (2).

20. Ulpien, *liv.* 19. *sur l'édit.*

Du rapport de la dot.

Si la fille du défunt, qui était mariée (3) , et qui par conséquent a dû rapporter la dot qu'elle a reçue , *s'est obligée sous caution à payer a chaque héritier, au prorata de sa portion, ce qu'elle recouvrerait de son mari*, et que ses cohéritiers induits en erreur par cette caution, n'aient rien exigé de plus, Papinien écrit que le juge qui connaîtra de la demande en partage d'hérédité, n'en doit pas moins ordonner que la dot sera rapportée, quand même la femme viendrait à mourir avant son mari ; car l'ignorance, dit - il, où ont été les héritiers ne peut pas changer les régles établies dans les partages, en matières de dot.

Du fils de famille obligé.

§. 1. Si un fils de famille s'est obligé par l'ordre de son père, il doit prélever de quoi payer cette dette. La même chose a été décidée, dans le cas où s'étant obligé de lui-même, son obligation a tourné au profit de son père. Et s'il a engagé son pécule, il le prélèvera (4). C'est ce que notre empereur a déclaré dans un rescrit.

---

(3) V. Nov. 18. c. 6.
(4) V. l. 13. C. h. t.

De dote præcipiendâ.

§. 2. Hoc ampliùs, filius familiâs heres institus dotem (1) uxoris suæ præcipiet: nec immeritò, quià ipse (2) onera matrimonii sustinet. Integram igitur dotem præcipiet, et cavebit (3), *defensum iri coheredes, qui ex stipulatû possunt conveniri.* Idem, (et) si alius dotem dedit, et stipulatus est. Nec solùm uxoris suæ dotem, sed (4) etiàm filii sui uxoris: quasi hoc quoquè matrimonii onus ad ipsum spectet: quià filii onera et nurus ipse adgnoscere necesse habet. Præcipere autèm non solùm patri datam dotem filium oportere, verùm etiàm ipsi filio, Marcellus scribit: sed filio datam tamdiù, quamdiù peculium patitur, vel in rem patris versum sit.

De divisione factâ à patre.

§. 3. Si pater inter filios, sinè scripturâ, bona divisit (5), et onera æris alieni pro modò possessionum distribuit; non videri simplicem donationem, sed potiùs supremi judicii divisionem, Papinianus ait. Planè inquit, si creditores eos pro portionibus hereditariis conveniant, et unus placita detrectet (6), posse cum eo (7) præscriptis verbis agi, quasi certâ lege permutationem fecerint: scilicèt si omnes res divisæ sint.

---

(1) L. 46. l. 5t. in pr. infr. eod. L. 63. §. ult. infr. pro socio. l. 85. infr. ad leg. Falcid. l. 2. C. h. t. l. un. §. 10. C. de rei uxor. act.

(2) V. d. l. 63. in fin. infr. pro socio.

(3) L. 25. §. 13. infr. h. t.

(4) L. un. §. 10. C. de rei uxor. act.

(5) Adde l. 55. l. 29. §. fin. infr. l. ult. C. h. t.

Du prélèvement de la dot.

§. 2. Il y a plus : le fils de famille institué héritier en partie par son père, prélèvera la dot de sa femme (1) que celui-ci a reçu, et ce qui n'est pas sans raison, parce que c'est lui qui supporte maintenant les charges du mariage (2). Il prélèvera donc la dot en entier, et il donnera caution (3) *d'indemniser ses cohéritiers, s'ils venaient à être actionnés en vertu de l'obligation que le défunt avait contractée de rendre la dot.* Il en est de même si la dot a été donnée par un autre, et que celui-ci ait stipulé que la dot lui reviendrait. Non-seulement il prélèvera la dot de sa femme, mais encore celle de la femme de son fils (4), en ce que les charges du mariage le regardent particulièrement, et qu'il ne peut se soustraire à l'obligation que lui impose la mort de son père, de se charger de tout ce qui est relatif à son fils et à sa bru. Marcellus écrit qu'il faut que le fils prélève non-seulement la dot donnée à son père pour lui, mais encore celle qu'il aura reçue lui-même, supposé toutes fois que cette dot fit partie de son pécule, et qu'elle eût tourné au profit du père.

Du partage fait par le père.

§. 3. Papinien dit que si un père a partagé lui-même ses biens entre ses enfans (5), sans que ces partages aient été écrits, et qu'il les ait chargés de payer ses dettes, chacun dans la proportion du bien qu'il leur a partagé, ce partage ne doit pas être assimilé à une simple donation, mais qu'il doit être regardé comme une disposition de sa dernière volonté. Assurément, ajoute-t-il, si les créanciers pour obtenir le paiement de ce qui leur est dû, actionnent chacun d'eux dans la proportion de ce qu'il a reçu, et que l'un d'eux se refuse à l'arrangement convenu (6), on pourra le poursuivre en formant contre lui une action générale (7), comme si tous les cohéritiers avaient fait un échange entr'eux, sous certaines conditions, pourvu toutes fois que tout ce qui composait la succession, ait été partagé.

______

(6) L. 18. §. 4. supr. eod.
(7) V. l. 69. §. 2. infr. de legat. 7.

Si semèl hoc judicio actum sit.

§. 4. Familiæ erciscundæ judicium ampliùs quàm semèl agi non potest : nisi causâ cognitâ. Quòd si quædam res indivisæ (1) relictæ sunt, communi dividundo de his agi potest.

De onere uni ex heredibus injuncto.

§. 5. Papinianus ait : si uni ex beredibus onus æris alieni injungitur citrà speciem legati, officio judicis familiæ erciscundæ cognoscentis suscipere eum id oportere : sed non ultrà dodrantem portionis suæ, ut quadrantem illibatum habeat, indemnes igitur coheredes suos præstare cavebit.

De reliquatione filii familiâs.

§. 6. Idem scribit, (et) si filius in muneribus publicis, in quibus pater ei consentit, reliquatus est, et pro parte heres scriptus est, hoc quoquè debere præcipere (2), quià et hoc patris æs alienum fuit (3) sed si qua munera post mortem patris suscepit, ab his heredes patris soluti sunt (4).

De impensis à filio familiâs factis in honorem suscipiendum.

§. 7. Neratius autèm respondit, eum, qui plures filios haberet, unum ex filiis, *constituendi designandiquè certaminis munus*, suscepturum professum esse : et priùs, quàm honore fungeretur, mortuum esse, omnibus filiis heredibus institutis :

---

(1) V. l. 1. C. h. t.
(2) V. l. 1. §. 10. infr. de collation.

Si on a déjà une fois intenté cette action.

§. 4. La demande en partage d'hérédité ne peut être formée qu'une seule fois, à moins que ce ne soit en connaissance de cause. Mais si après le partage (1) fait et consommé, il reste encore quelque chose à partager, alors il y a lieu à l'action en partage d'une chose commune.

De l'obligation imposée par le testateur à l'un des héritiers.

§. 5. Papinien dit que si quelqu'un charge un de ses héritiers de payer ses dettes, sans une espèce de legs, le juge qui connaît du partage de l'hérédité, doit le condamner à s'en charger; mais ces dettes ne doivent pas excéder les trois quarts de sa portion, et il doit en avoir un quart franc; il donnera donc caution à ses cohéritiers de les rendre indemnes.

Des dettes que le fils de famille a contractées.

§. 6. Le même jurisconsulte écrit, que si un fils de famille a contracté quelques dettes à l'occasion de dépenses faites dans des charges publiques qu'il a exercées du consentement de son père, et qu'il ait été institué héritier en partie, il a le droit de prélever le montant de ces dettes (2), parce que c'était le père lui-même qui les devait (3). Mais s'il a exercé ces charges après la mort de son père, ses cohéritiers ne seront pas tenus de payer les dettes qu'il aura contractées à leur occasion (4).

Des dépenses faites par le fils de famille pour parvenir à une charge publique.

§. 7. Nératius a répondu qu'un père qui avait plusieurs enfans, avait déclaré que l'un d'eux prendrait la charge de l'officier dont *les fonctions consistaient à indiquer le jour et le lieu des combats publics*, et que le père étant décédé avant que le fils qu'il avait désigné, en fût revêtu, après toutes fois

---

(3) L. 2. infr. ad municipal.
(4) L. 21. §. 2. infr. d. t.

et *quæsitum* esse, an is filius, quod in eam rem impendisset, familiæ erciscundæ consequatur? (eiquè) *respondisse*, nullâ actione idem consequi posse. Quod meritò displicet. Debet itàquè hoc in familiæ erciscundæ judicium venire.

De onere dotis solvendæ uni ex heredibus injuncto.

§. 8. Itèm Papinianus scripsit, si maritus alterum ex heredibus onus dotis solvendæ, quæ in stipulationem venit, suscipere jussit, et mulier adversùs utrumquè dirigat dotis petitionem : coheredem esse defendendum (1) ab eo, qui suscipere onus jussus est. Sed legata, quæ ab utroquè pro dote datâ, electâ dote retinentur, in compendio coheredis (esse), qui debito levatur, non oportet : videlicèt ut quo heres, qui onus æris alieni suscepit, officio judicis legatum consequatur. Et verum est hoc, nisì aliud testator edixit.

De eo quod statuliber uni ex heredibus dedit.

§. 9. Idem scribit : quod uni ex coheredibus statuliber conditionis implendæ nomine dedit de peculio (2), in hoc judicium non venire, nec communicari debere.

21. PAULUS, *lib. 23. ad edictum.*

Idem et in communi dividundo.

---

(1) L. 52. infr. de legat. 2. l. 7. §. 3. infr. de liberat. legat.

avoir institué tous ses enfans pour ses héritiers, on avait demandé si ce fils pouvait, en formant son action en partage d'hérédité, exiger qu'on lui tînt compte des dépenses qu'il avait faites pour être revêtu de cette charge ; et qu'il avait décidé que le fils n'avait aucune action pour s'en faire tenir compte. Mais cette décision n'est pas juste, et ces dépenses doivent faire partie de l'action en partage d'hérédité.

De l'obligation imposée à l'un des héritiers de rendre la dot.

§. 8. De même Papinien écrit que si un testateur marié avait chargé l'un de ses héritiers de rendre à sa femme sa dot, conformément à la stipulation qu'il avait souscrite, et que la femme formât son action dotale contre les deux héritiers, celui qui s'est chargé de rendre la dot, doit défendre son cohéritier contre cette demande (1). Mais si à la place de la dot, il avait été fait à la femme un legs, et que celle-ci préférât sa dot ; l'héritier qui a été déchargé de la dot, ne doit pas profiter du legs ; et le juge qui connaît de la demande en partage d'hérédité, doit l'adjuger à celui qui paie la dot, puisqu'il acquitte la dette d'un autre, et cela est vrai, à moins que le testateur n'ait fait des dispositions contraires.

De ce que l'esclave qui attend sa liberté a donné à l'un des héritiers.

§. 9. Le même jurisconsulte écrit que si un esclave affranchi sous la condition de donner à l'un des héritiers du testateur une certaine somme provenant de son pécule, l'a donnée afin de remplir la condition (2), cette somme n'entrait pas dans l'action de partage, et que l'héritier qui l'a reçue n'est pas tenu de la partager avec ses cohéritiers.

21. PAUL, *liv.* 23. *sur l'édit.*

Il en est de même dans l'action de partage d'une chose commune.

---

(2) L. 3. §. ult. infr. de condict. caus. dat. l. 3. §. 1. infr. de statulib.

22. ULPIANUS, *lib.* 19. *ad edictum.*

De thesauro effosso.

Itèm Labeo scribit, si unus heredum thesaurum (1) relictum testatore effodit, familiæ erciscundæ judicio eum teneri, etsi cum extraneo conscio partitus sit.

De adjudicatione.

§. 1. Familiæ erciscundæ judex (ità) potest pluribus eandem rem adjudicare, si aut (2) pluribus fuerit unius rei præceptio relicta, (ubi etiàm necessitatem facere Pomponius scribit, ut pluribus adjudicetur) ; vel si certam partem unicuique coheredum adsignet ; sed potest etiàm, licitatione admissâ uni rem adjudicare.

§. 2. Sed et regionibus divisum fundum posse adjudicare secundùm divisionem, nemo dubitaverit.

De servitutibus imponendis.

§. 3. Sed etiàm, cùm adjudicat, poterit imponere aliquam servitutem (3), ut alium alii servum faciat ex iis, quos adjudicat : sed si purè alii adjudicaverit fundum, alium adjudicando, ampliùs servitutem imponere non poterit.

De rebus et præstationibus.

§. 4. Familiæ erciscundæ judicium ex duobus

---

(1) L. 15. infr. ad exhib. l. 31. §. 1. infr. de adquir. rer. domin.
(2) V. l. 5. supr. h. t.

22. Ulpien, *liv.* 19 *sur l'édit.*

D'un trésor trouvé.

De même Labéon écrit que si un des héritiers a trouvé un trésor (1) laissé par le testateur, ce trésor doit entrer dans l'action de partage, l'eut-il même partagé avec celui qui l'aurait découvert.

De l'adjudication.

§. 1. Le juge qui connaît des matières de partage, peut adjuger la même chose à plusieurs héritiers, supposé, par exemple, que le testateur ait laissé par préciput la même chose (2) à plusieurs, (car suivant ce que Pomponius écrit, il ne peut faire autrement,) ou qu'il ait assigné à chacun des héritiers une portion déterminée. Mais il peut aussi adjuger la chose à un seul qui en donnera le plus haut prix.

§. 2. Personne ne doute qu'il ne puisse adjuger le fonds divisé par cantons, suivant la division qui en est faite.

Des servitudes qui sont à imposer.

§. 3. Il peut même en adjugeant, grever de quelques servitudes, la portion de l'un au profit de l'autre (3). Mais s'il a adjugé un fonds à un autre purement et simplement, il ne peut plus, en en adjugeant ensuite un autre, grever ce dernier au profit de celui qu'il a d'abord adjugé.

Des choses et des comptes à rendre.

§. 4. L'action en partage d'hérédité se compose de deux choses, savoir des objets qui sont à partager, et des

---

(3) L. 7. §. 1. l. 18. infr. tit. prox.

constat , id est , rebus, atquè præstationibus (1) , quæ sunt personales actiones.

De re quæ est apud hostes.

§, 5. Papinianus de re , quæ apud hostes est, Marcellum reprehendit , quòd non putat præstationes ejus rei venire in familiæ erciscundæ judicium , quæ apud hostes est. Quid enim impedimentum est, rei præstationem venire , cùm et ipsa veniat.

23 Paulus , *lib.* 23. *ad edictum.*

Proptèr spem postliminii ? scilicèt cum cautione: quià possunt non reverti. Nisì si tantùm æstimatus sit dubius eventus.

24. Ulpianus , *lib.* 19. *ad edictum.*

De re extinctâ.

Sed et ejus rei , quæ in rebus humanis (2) esse desiit , veniunt præstationes : et ego Papiniano consentio.

De successoribus.

§. 1. Familiæ erciscundæ judicium , et inter bonorum possessores (3) , et inter eum , cui (4) restituta est hereditas ex Trebelliano senatus-consulto , et cæteros honorarios successores , locum habet.

---

(1) L. 4. §. 5. infr. tit. prox.
(2) L. 31. infr. h. t. l. 11. infr. tit. prox.

comptes que se doivent réciproquement les héritiers (1). Ce qui opère des actions personnelles.

De la chose qui se trouve chez l'ennemi.

§. 5. Papinien est d'un avis opposé à celui de Marcellus, qui pensait que les héritiers ne devaient pas, dans l'action en partage d'hérédité, se tenir compte réciproquement des dépenses qu'ils auraient faites pour un effet qui se trouverait chez l'ennemi. En effet quel empêchement y aurait-il à ce que le compte fît partie de cette action, puisque la chose elle-même en fait partie.

23. PAUL, *liv.* 23. *sur l'édit.*

A cause de l'espérance que l'on a qu'elle rentrera un jour, et qu'elle cessera d'être en la puissance des ennemis. Mais il faudra alors qu'il soit donné caution relativement à ces dépenses, parce qu'il peut se faire que jamais elle ne soit recouvrée, à moins que l'on n'ait estimé cet événement douteux.

24. ULPIEN, *liv.* 19. *sur l'édit.*

De la chose éteinte qui a cessé d'exister.

Les comptes même qui ont rapport à la chose qui n'existe plus, entrent dans l'action en partage d'hérédité (2), et en cela, je partage l'avis de Papinien.

Des successeurs.

§. 1. L'action en partage d'hérédité, a lieu entre les possesseurs des biens (3); celui à qui (4) l'hérédité a été restituée en vertu du senatusconsulte Trebellien, et les autres successeurs suivant le droit Prétorien.

---

(3) V. l. 2. infr. de bonor. possess.
(4) L. 40. infr. h. t.

25. Paulus, *lib.* 23. *ad edictum.*

De eo qui apud hostes decedit.

Heredes ejus, qui apud hostes decessit, hoc judicium experiri possunt.

De divisione factâ à milite. De nominibus.

§. 1. Si miles alium castrensium, alium cæterorum bonorum heredem fecerit, non est locus familiæ erciscundæ judicio: divisum est (1) enim per constitutiones inter eos patrimonium. Quemadmodùm cessat familiæ erciscundæ judicium, cùm nihil in corporibus, sed omnia in (2) nominibus sunt,

De possessione.

§. 2. Quantùm verò ad accipiendum familiæ erciscundæ judicium, nihil interest (3), possideat quis hereditatem, necnè.

De pluribus hereditatibus.

§. 3. De pluribus hereditatibus, quæ inter eosdem ex diversis causis communes sint, unum (4) familiæ erciscundæ judicium sumi potest.

§. 4. Si inter me et te Titiana hereditas communis sit, inter me autèm, et te et Titium Sejana, posse unum judicium accipi inter tres, Pomponius scribit.

§. 5. Itèm, si plures hereditates inter nos communes sunt, possumus de unâ familiæ erciscundæ judicium experiri.

-----

(1) V. l. 16. §. 6. in fin. infr. ad SC. Trebell.
(2) L. 2. §. fin. l. 4. in pr. l. 51. in fin. infr. l. 6. C. h. t.

25. PAUL, *liv.* 23. *sur l'édit.*

De celui qui meurt chez l'ennemi.

Les héritiers de celui qui est mort chez l'ennemi peuvent intenter l'action en partage d'hérédité.

Du partage fait par un soldat. Des obligations.

§. 1. Si un soldat a institué un héritier pour ses biens acquis à l'armée, et un second pour ses autres biens, il n'y a pas lieu à l'action en partage d'hérédité ; car ces deux patrimoines, d'après les constitutions des princes, sont distinctes et séparées (1). De même qu'elle ne peut exister lorsqu'il n'y a dans la succession (2) que des dettes actives ou passives, et non pas d'autres effets corporels.

De la possession.

§. 2. Quant à l'action en partage d'hérédité, il importe peu (3) pour avoir droit à en former la demande, que l'on possède la succession, ou que l'on ne la possède pas.

De plusieurs successions.

§. 3. S'il était survenu aux mêmes personnes, à différens titres, plusieurs successions en commun, et qu'elles voulussent les partager entr'elles, une seule et même action suffirait (4).

§. 4. Pomponius dit que si la succession de Titius était commune entre vous et moi, et que celle de Séjus le fût entre moi, vous et un tiers, nous pourrons par un seul et même jugement partager ensemble les deux successions.

§. 5. De même si nous avons plusieurs successions en commun, nous pouvons ne demander le partage que d'une seule.

---

(3) L. 1. §. 1. supr. eod. l. pen. infr. tit. prox.
(4) L. 52. §. 14. infr. pro socio.

Si pars rei veniat in hoc judicium.

§. 6. Si testator rem communem cum extraneo habebat, sivè rei suæ partem alicui legavit, aut heres, antè judicium familiæ erciscundæ acceptum, partem suam alienavit, ad officium judicis pertinet, ut eam partem, quæ testatoris fuit, alicui jubeat tradi.

De eo quod coheres possidet titulo singulari.

§. 7. Quod pro emptore, vel pro donato (putà) coheres possidet, in familiæ erciscundæ judicium venire, negat Pomponius.

De fundo cujus partem pro emptore, partem pro herede
coheres possidet.

§. 8. Idem scribit : cùm ego et tu heredes Titio extitissemus, si tu partem fundi, quem totum hereditarium dicebas, à Sempronio petieris, et victus fueris, mox eandem partem à Sempronio emero, et traditus mihi fuerit, agente te familiæ erciscundæ judicio, non veniet non solùm hoc, quod pro herede possidetur, sed nec id, quod pro emptore. Cùm enim per judicem priorem apparuit, totam non esse hereditatis, quemadmodùm in familiæ erciscundæ judicium veniat ?

De stipulatione individuâ.

§. 9. An ea stipulatio, quâ singuli (1) heredes in solidum habent actionem, veniat in hoc judicium, dubitatur : veluti si is, qui viam, iter, actum stipulatus erat, decesserit (2) : quià talis

----

(1) L. 2. §. 2. infr. de verb. oblig.

Si une partie de la chose fait partie de cette action.

§. 6. Si un testateur avait une chose en commun avec un étranger, ou s'il avait légué à quelqu'un une portion d'une chose qui lui appartenait, ou que l'héritier, avant l'instance en partage, ait aliéné sa part, il est du devoir du juge d'ordonner que la portion qui a appartenu au testateur, soit adjugée à un des héritiers.

De ce que le cohéritier possède à titre singulier.

§. 7. Pomponius prétend que si un des cohéritiers possède à titre d'achat ou de donation un effet qui ait appartenu avant au défunt, cet effet ne peut pas entrer dans l'action en partage d'hérédité.

D'un fonds que le cohéritier possède en partie comme acquéreur, en partie comme héritier.

§. 8. Le même jurisconsulte écrit ce qui suit : Vous et moi sommes héritiers de Titius, si vous formez contre Sempronius une action à l'effet de le faire condamner à délaisser un fonds que vous prétendez dépendre de la succession de Titius, et que vous soyez débouté de votre demande ; qu'ensuite j'achète de Sempronius ce même fonds dont il m'a fait la tradition, je ne serai pas obligé, lorsque vous formerez l'action en partage de la succession, de partager avec vous ni ce que je possède à titre d'héritier, ni ce que je possède à titre d'achat. Car puisque le premier juge a décidé que le fonds ne faisait pas partie de la succession, comment peut-il faire l'objet de la demande en partage ?

De la stipulation individuelle.

§. 9. Mais on doute si une stipulation faite au profit du défunt, et qui accorderait à chaque héritier (1) une action solidaire, pour en assurer l'effet, doit être partagée entre les héritiers ? comme si, par exemple, le défunt avait stipulé un droit de chemin, de sentier, et de passage pour ses bestiaux (2) parce qu'une telle stipulation d'après la loi

---

(2) L. 17. supr. de servit.

stipulatio per legem duodecim Tabularum non dividitur (1), quià nec potest? Sed verius est, non venire eam in judicium, sed omnibus in solidum competere actionem : et, si non præstetur via, pro parte hereditariâ condemnationem fieri oportet.

§. 10. Contrà, si promissor viæ decesserit pluribus (2) heredibus institutis, nec dividitur obligatio, nec dubium (est), quin duret : quoniàm viam promittere et is potest, qui fundum non habet (3). Igitur, quià singuli in solidum tenentur, officio judicis cautiones interponi debere, ut si quis ex his conventus litis æstimationem præstiterit, id pro parte à cæteris consequatur (4).

De viâ legatâ.

§. 11. Idem dicendum est, et si testator viam legaverit.

De stipulatione, nequè per se, nequè per heredem suum fieri.

§. 12. In illâ quoquè stipulatione prospiciendum est coheredibus, si testator promiserat, *nequè per se, nequè per heredem suum fieri, quo minùs ire agere possit* : quoniàm, uno prohibente in solidum committitur stipulatio (5); ne unius factum cæteris damnosum sit.

---

(1) D. l. 2. §. 1. infr. de verb. oblig.
(2) D. l. 17. supr. de servitutib. d. l. 2. §. 2. infr. de verb. oblig.
(3) L. 45. §. 1. infr. de evict.

des

des douze Tables, n'est pas divisible (1) et ne peut l'être. Il est donc plus vrai de dire qu'une pareille stipulation ne peut entrer dans la demande en partage, et que tous les héritiers ont solidairement action contre celui qui doit cette servitude; s'il s'oppose à la jouissance de cette servitude, il devra être condamné envers eux proportionnellement au droit que chacun a dans la succession.

§. 10. Au contraire si celui qui a promis la servitude du chemin meurt, ayant institué plusieurs héritiers (2), l'obligation n'est pas divisible entr'eux, mais il n'y a pas de doute qu'elle ne subsiste toujours; parce que pour promettre un droit de chemin, il n'est pas nécessaire que celui qui fait cette promesse, possède le fonds sur lequel la servitude est imposée (3). Par conséquent, au moyen de ce que tous sont obligés solidairement, le juge devra ordonner que réciproquement ils se donneront caution, afin que si l'un d'eux était actionné seul pour fournir la servitude, il put se faire indemniser par les autres (4).

D'une servitude de chemin léguée.

§. 11. Il faut dire la même chose dans le cas où un testateur aurait légué une servitude de chemin.

De la stipulation par laquelle le testateur s'est obligé, soit lui-même, soit son héritier.

§. 12. Il faut, en ce qui est relatif à cette stipulation, que les héritiers prennent des sûretés les uns à l'égard des autres, dans le cas où le testateur se serait engagé sous une peine, *à ne troubler ni par lui ni par ses héritiers celui à qui le droit de chemin aurait été concédé*, parce que dans le cas où l'un d'eux s'opposerait à la jouissance de la servitude, la peine portée par la stipulation (5) serait exigible en entier, et qu'alors le fait d'un seul serait préjudiciable aux autres.

---

(4) L. 2. §. 2. vers. sed quo casu. infr. de verb. oblig.
(5) V. l. 4. §. 2. infr. h. t. l. 11. §. 25. infr. de legat. 3. l. 5. in fin. l. 85. §. 5. infr. de verb. oblig.

De pecuniâ promissâ à testatore sub pœnâ.

§. 13. Idem juris est in pecuniâ (promissâ) à testatore, si sub pœnâ promissa sit. Nàm licèt hæc obligatio dividatur per legem duodecim Tabularum, tamèn, quiâ nihilum prodest ad pænam evitandam, partem suam solvere (1) : sivè nondùm soluta est pecunia, nec dies venit, prospiciendum est per cautionem, ut de indemnitate caveat, per quem factum fuerit, ne omnis pecunia solveretur; aut ut caveat, *se ei, qui solidum solverit, partem præstaturum* : sivè etiàm solvit unus universam pecuniam, quam defunctus promittit, ne pœna committeretur, familiæ erciscundæ judicio à coheredibus partes recipere poterit (2).

De pignore luendo.

§. 14. Idem observatur in pignoribus solvendis : nàm nisì (3) universum, quod debetur, offerretur, jure pignus creditor vendere potest.

De his quæ pro parte expediri non possunt.

§. 15. Si unus ex coheredibus noxali judicio servum hereditarium defenderit, et litis æstimationem obtulerit, cùm hoc expediret, id pro parte hoc judicio consequatur. Idem est et si unus legatorum nomine caverit, ne in possessionem mitterentur : et omninò quæ pro parte expediri non possunt, si unus cogente necessitate fecerit, familiæ erciscundæ judicio locus est.

---

(1) L. 5. §. pen. in fin. infr. d. t.
(2) L. 4. fin. infr. h. t.

De l'argent promis par le testateur sous une peine.

§. 13. Il en est de même de l'argent qu'un testateur aurait promis de payer sous une certaine peine. Car quoique d'après la loi des douze Tables, cette obligation soit divisible, cependant comme il ne sert à rien pour se soustraire à la peine, de payer sa portion (1), soit que la somme ne soit pas encore payée, ou que le jour où elle est exigible ne soit pas arrivé, les héritiers doivent se donner caution réciproquement, que celui qui sera la cause de ce que la somme n'aura pas été payée en entier, les indemnisera de tout ce qui pourrait résulter contr'eux de ce non paiement, ou promettre que si l'un des héritiers *venait à payer en entier la somme, chacun lui rembourserait sa part et portion;* ou si un seul a payé la somme totale que le défunt a promise, et ce, pour éviter la peine à laquelle il s'était soumis, il pourra, lors du jugement de partage, répéter de ses cohéritiers leurs parts et portions (2).

Du gage qu'il faut libérer.

§. 14. On doit observer la même chose à l'égard des gages donnés au créancier pour sûreté de sa dette, et qu'un héritier aurait retiré; car un gage ne peut être retiré des mains du créancier (3), qu'autant qu'on lui offre la totalité de sa créance.

Des choses qui ne peuvent être faites en partie.

§. 15. Si un des cohéritiers a défendu un esclave de la succession, au nom duquel on avait intenté une action noxale, et qu'il ait payé l'estimation du tort causé par cet esclave, parce qu'il était plus avantageux à la succession de la payer, que de l'abandonner pour tenir lieu de réparation, il se fera tenir compte par ses cohéritiers de ce qu'il aura payé. Il en est de même si l'un des cohéritiers a donné caution aux légataires pour sûreté des legs, et pour empêcher qu'ils ne soient envoyés en possession. En un mot on doit tenir compte, dans l'action de partage, à l'héritier, de tout ce que la nécessité l'a contraint de faire pour une chose de la succession qui ne pouvait pas se diviser, et par conséquent se partager.

---

(3) L. 6. C. de distract. pignor.

De dolo, culpâ, et negligentiâ.

§. 16. Non tantùm dolum (1), sed et culpam in re hereditariâ præstare debet coheres; quoniàm cum coherede non contrahimus, sed incidimus in eum. Non tamèn diligentiam præstare debet, qualem diligens pater familiâs; quoniàm hic proptèr suam partem causam habuit gerendi : et ideò negotiorum gestorum ei actio non competit (2). Talem igitùr diligentiam præstare debet, qualem in suis rebus. Eadem sunt, si duobus res legata sit : nàm et hos conjunxit ad societatem (3) non consensus, sed res.

De electione impeditâ.

§. 17. Si incerto homine legato, et posteà defuncto legatario, aliquis ex heredibus legatarii non consentiendo impedierit legatum (4), is, qui impedit, hoc judicio cæteris, quanti intersit eorum, damnabitur. Idem est, si è contrario unus ex heredibus, à quibus generalitèr homo legatus est, *quem ipsi elegerint* (5), noluerit consentire, ut præstetur, quem solvi omnibus expediebat, et ideò conventi à legatario judicio, pluris damnati fuerint.

De servitutibus amissis culpâ coheredis.

§. 18. Itèm culpæ nomine tenetur, qui, cùm antè alios ipse adisset hereditatem, servitutes

---

(1) L. 16. §. 4. supr. h. t.
(2) Immò vide l. 10. supr. de negotiis gest.
(3) V. §. 3. Inst. de oblig. quæ quasi ex contract.

Du dol, de la faute et de la négligence.

§. 16. Le cohéritier possesseur d'un effet de la succession, doit tenir compte à ses cohéritiers, non-seulement de tout ce qui peut arriver par son dol (1), mais encore par sa faute, parce que c'est par l'évènement que nous possédons en commun, et non pas par une convention expresse. Il n'est cependant pas tenu de la même diligence dont serait tenu un père de famille, parce qu'il était autorisé, au moyen de la portion qu'il avait dans la chose, à l'administrer. C'est pourquoi il n'a pas l'action de la gestion des affaires d'autrui (2). Il n'est donc tenu que du même soin qu'il apporterait dans ses propres affaires. La même chose a lieu à l'égard de deux légataires à qui une même chose a été léguée; car ce n'est pas leur consentement qui établit entr'eux une société, mais la chose elle-même (3).

Du choix auquel on s'oppose.

§. 17. Dans l'hypothèse ou un esclave a été légué indéterminément, si après la mort du légataire, l'un des héritiers de ce même légataire, rend le legs nul, parce qu'il ne veut pas être d'accord avec les autres sur le choix de l'esclave (4) celui qui aura été cause de ce que le legs sera devenu nul, sera obligé d'en tenir compte à ses cohéritiers dans l'instance de partage. Il en est de même par la raison contraire, dans le cas où un des héritiers chargé de donner aux légataires un esclave *à leur choix* (5), n'aura pas voulu consentir à leur délivrer celui qu'il importait à tous d'avoir, et qui à cause de ce refus, aura été actionné par l'un des légataires, et condamné à lui payer une somme plus considérable que la valeur de l'esclave.

Des servitudes perdues par la faute des cohéritiers.

§. 18. L'héritier qui ayant accepté la succession, avant ses autres cohéritiers, aura par sa négligence laissé perdre, par

---

(4) Vide tamèn l. 3. in pr. C. commun. de legat.
(5) V. §. 22. Iust. de legat.

prædiis hereditariis debitas passus est non utendo amitti (1).

De filio condemnato patris nomine.

§. 19. Si filius, cùm patrem defenderet, condemnatus solverit (2), vel vivo eo, vel post mortem : potest æquiùs dici, habere petitionem à coherede in familiæ erciscundæ judicio.

Nè quid indivisum relinquatur.

§. 20. Judex familiæ erciscundæ nihil debet indivisum relinquere.

De cautione his quibus adjudicatur præstandâ.

§. 21. Itèm curare debet (3), ut *de evictione* caveatur his, quibus adjudicat.

De pecuniâ prælegatâ, quæ in hereditate non est inventa.

§. 22. Si pecunia, quæ domi relicta non est, per præceptionem relicta sit, utrùm universa à coheredibus præstanda sit, an pro parte hereditariâ : quemadmodùm si pecunia in hereditate relicta esset, dubitatur? et magis dicendum est, ut id præstandum sit, quod præstaretur, si pecunia esset inventa (4).

26. Gajus, *lib.* 7. *ad edictum provinciale.*

Officio (autèm) judicis convenit, jubere rem hereditariam venire unam, pluresvè : pecuniam-

____

(1) Excip. l. 16. in fin. infr. de fundo dotali.
(2) V. l. 18. in fin. C. h. t.

le non-usage, des servitudes dues à la succession, sera tenu de les indemniser du tort que sa négligence leur aura causé sous ce rapport (1).

Du fils condamné au nom de son père.

§. 19. Si un fils en défendant son père, ou de son vivant, ou après sa mort, a été condamné, et a payé (2), l'équité demande que dans l'instance de partage, ses cohéritiers lui tiennent compte de ce qu'il aura payé.

De peur que rien ne reste indivis.

§. 20. Le juge qui connaît de la demande en partage, ne doit rien laisser qui soit à partager.

De la caution que doivent fournir ceux à qui un effet de la succession est adjugé.

§. 21. Il doit de même veiller à ce que les cohéritiers promettent de garantir de toute éviction celui d'entr'eux à qui un effet de la succession aura été adjugé (3).

De l'argent légué par préciput, qui n'a pas été trouvé dans la succession.

§. 22. Si un testateur avait légué par préciput à un de ses héritiers une somme qui ne se serait pas trouvée chez lui, les autres héritiers sont-ils obligés de lui fournir cette somme entière, ou proportionnellement à ce qu'ils amandent dans la succession, de même que si cette somme s'était trouvée dans la succession. C'est une question sur laquelle il peut y avoir quelque doute, et il y a plus lieu de penser qu'ils ne sont tenus que de lui fournir ce qu'il eût été en droit de demander, si cette somme se fût trouvée dans la succession(4).

26. GAJUS, *liv.* 7. *sur l'édit provincial.*

Le juge doit ordonner que l'on vendra un ou plusieurs

---

que ex pretio (1) redactam ei numerari, cui legata
sit.

27. Paulus, *lib.* 23. *ad edictum*,

De condemnationibus, absolutionibus, in omnium personâ
faciendis.

In hoc judicio condemnationes et absolutiones
in omnium personâ faciendæ sunt. Et ideò si in
alicujus personâ omissa sit damnatio, in cæterorum quoquè personâ quod fecit judex, non valebit : quià non (2) potest (ex) uno judicio res
judicata in partem valere, in partem non valere.

28. Gajus, *lib.* 7. *ad edictum provinciale.*

Rem pignori creditori datam, si per præceptionem legaverit testator : officio judicis continetur, ut ex communi pecuniâ luatur (3), eamquè
ferat is, cui eo modo fuerat legata.

29. Paulus, *lib.* 23. *ad Sabinum.*

De re quam defunctus pignori acceperat.

Si pignori res data defuncto sit, dicendum est,
in familiæ erciscundæ judicium venire. Sed is,
cui adjudicabitur, in familiæ erciscundæ judicio
pro parte coheredi erit damnandus: nec cavere
debet coheredi, indemnem eum fore adversùs
eum, qui pignori dederit : quià pro eo erit, ac
si hypothecariâ, vel Servianâ actione petita litis

____

(1) L. 12. in pr. infr. de legat. 2.
(2) Immò vide l. 41. in fin. infr. h. t. L. 25. supr. de recept. qui arbitr.

effets de la succession, pour le prix qui en proviendra, être donné à celui à qui le testateur a légué une somme quelconque.

27. PAUL, *liv*. 23. *sur l'édit*.

Des condamnations, des décharges qui doivent avoir lieu à l'égard de tous.

Dans l'action relative aux partages, le juge doit condamner et décharger les parties intéressées, suivant que le cas l'exigera. C'est pourquoi s'il a fait quelqu'omission à l'égard de l'une d'elles sous le rapport d'une condamnation, ce qu'il aura fait à l'égard des autres ne vaudra pas; la raison est fondée sur ce qu'un jugement rendu sur une chose, ne peut avoir son exécution en partie, et en partie ne pas l'avoir; c'est-à-dire, qu'un jugement doit être exécuté dans tout son contenu.

28. GAJUS *lib*. 7. *sur l'édit provincial*.

Si un testateur a légué par préciput une chose qu'il a donnée en gage à son créancier, le juge doit ordonner que la chose sera dégagée avec l'argent de la succession (3), et qu'elle sera ainsi transmise à celui à qui elle a été léguée.

29. PAUL, *liv*. 23. *sur Sabinus*.

De la chose que le défunt avait reçu à titre de gage.

On doit dire que si une chose a été donnée en gage au défunt, elle entre dans le partage; mais celui à qui elle a été adjugée, devra être condamné à payer à son cohéritier une somme pour sa part, et il ne doit pas lui donner caution de le rendre indemne à l'égard de celui qui a donné le gage, parce qu'alors il en est de lui comme de celui contre qui on formerait l'action hypothécaire, ou Servienne, et qui préférerait payer l'estimation du gage, à rendre le gage en nature; et en effet, celui qui offre de payer cette condam-

---

(3) L. 53. infr. h. t. l. 57. infr. de legat.

æstimatio oblata sit, ut et is, qui obtulerit, adversùs dominum vindicantem exceptione tuendus
sit. Contrà quoquè, si is heres, cui pignus adju-
dicatum est, velit totum reddere, licèt debitor
nolit, audiendus est. Non idem dici potest, si
alteram partem creditor emerit : adjudicatio enìm
necessaria est, emptio voluntaria : nisì si obji-
ciatur creditori, quòd animosè licitus est. Sed
hujus rei ratio habebitur : quià quod creditor
egit, pro eo habendum est, ac si debitor per
procuratorem egisset : et ejus, quod proptèr necessitatem impendit, etiàm ultrò est actio creditori.

3o. MODESTINUS, *lib.* 6. *responsorum.*

De loco religioso.

Fundus mihi communis est, (et) pupillæ coheredi : in eo fundo reliquiæ sunt conditæ, quibus
religio ab utrisquè partibus debebatur : nàm
parentes quoquè ejusdem pupillæ ibì sepulti sunt :
sed tutores distrahere fundum volunt : ego non
consentio, sed portionem meam possidere malo,
cùm universitatem emere non possim, et velim
pro meo arbitrio exsequi jus religionis. Quæro, an
rectè arbitrum communi dividundo ad hunc
fundum partiendum petam : an etiàm is arbiter,
qui familiæ erciscundæ datur, iisdem partibus
fungi possit, ut hanc possessionem, exemptis
cæteris corporibus hereditariis, pro jure cuiquè
nobis partiatur ? Herennius Modestinus respondit :
nihil proponi, cur familiæ erciscundæ judicio
addictus arbiter officium suum etiàm in ejus
fundi, de quo agitur, divisione interponere non
possit : sed religiosa loca in judicium non deduci,
eorumquè jus singulis heredibus in solidum competere.

nation, peut recourir à une exception contre le maître qui revendiquerait le gage. Par la raison contraire, si l'héritier à qui le gage a été adjugé, était actionné par le maître du gage, il devra aussi être écouté, si le débiteur à qui le gage appartient, veut le revendiquer sans payer la totalité de la dette. On ne pourrait dire la même chose, si le gage avait été vendu sur licitation à la requête du créancier, entre les héritiers, et que l'un d'eux qui aurait eu le gage, en eût acheté une partie ; car l'adjudication est une vente forcée, au lieu que la vente est volontaire, à moins que le débiteur n'objecte que le créancier a été de mauvaise foi, et guidé par un esprit d'animosité, lorsqu'il a demandé la licitation ; mais on prendrait alors l'objection du débiteur en considération, par la raison que ce que le créancier a fait en ce cas, est censé avoir été fait par lui comme fondé de pouvoir du débiteur, et il peut répéter du débiteur tout ce qu'il a dépensé pour se faire transporter le gage.

30. MODESTINUS, *liv. 6. des réponses.*

D'un lieu religieux.

Un fonds de terre est commun entre moi et une pupille ma cohéritière ; ce fonds renferme une sépulture que le respect religieux nous engage réciproquement à conserver ; car les parens de cette pupille y sont également inhumés. Mais les tuteurs veulent vendre ce fonds ; je m'y oppose, et ne pouvant acquérir l'autre portion, je préfère garder la mienne, dans l'intention de pouvoir jouir de mon droit de sépulture. Je demande si je puis régulièrement intenter l'action en partage d'une chose commune, ou si celui qui connaît des partages d'hérédité, peut ordonner la division de ce fonds entre nous par égale portion, sans partager les autres corps héréditaires. Herennius Modestinus a répondu que rien ne s'opposait à ce que le juge qui connaît des partages de succession, divisât ce fonds entre nous ; mais que les lieux consacrés à la sépulture, n'étaient pas susceptibles d'entrer dans ces sortes de partage, et que chaque héritier devait jouir en entier du droit de sépulture qui lui appartenait.

31. PAPINIANUS, *lib.* 7. *quæstionum.*

De luitione, et morte servi.

Si servus pignori obligatus luatur ab uno ex heredibus, quamvìs posteà decedat (1), officium tamèn arbitri durat : sufficit enìm communionis causa, quæ præcessit, quæquè hodiè duraret, si res non intercidisset.

32. IDEM, *lib.* 2. *responsorum.*

De divisione factâ à defunctò.

Quæ pater inter filios non divisit, post datas actiones vice divisionis, ad singulos pro hereditariâ (2) portione pertinent : modò si cætera, quæ non divisit, in unum generalitèr (3) non contulit, vel res datas non sequuntur.

33. IDEM, *lib.* 7. *responsorum.*

Quod uni ex heredibus obvenit ex divisione, si est obligatum, pro omnibus est luendum.

Si pater familiâs, singulis heredibus fundos legando divisionis arbitrio fungi voluit : non alitèr partem suam coheres præstare cogetur, quàm si vice mutuâ (4) partem nexû pignoris liberam consequatur.

34. IDEM, *lib.* 8. *responsorum.*

De servis æstimatis, et mortuis.

Servos inter coheredes tempore divisionis æsti-

---

(1) L. 9. in pr. infr. commun. divid.
(2) V. l. 11. l. 21. C. h. t.

31. PAPINIEN, *liv. 7. des questions.*

De l'esclave dégagé, et mort.

Si un esclave donné en gage est retiré par un des héritiers, quoiqu'il soit mort depuis (1), le droit que le juge a de prononcer sur le partage, n'en existe pas moins. Car il suffit qu'il ait existé avant une communauté entre les parties, communauté qui durerait encore si la chose existait.

32. LE MÊME, *liv. 2. des réponses.*

Du partage fait par le défunt.

Les choses que le père n'a pas partagées entre ses enfans, leur appartiennent au *prorata* de leurs portions héréditaires (2), après qu'on leur a accordé des actions pour leur tenir lieu de partage, pourvu que le père n'ait pas fait (3) une masse de ce qu'il n'avait pas partagé, on que les choses qui sont restées indivises, ne soient pas accessoires à celles qu'il a données à ses enfans.

33. LE MÊME, *liv. 7. des réponses.*

Ce qui est échu par le partage à l'un des héritiers, doit être libéré, s'il est engagé.

Si un père de famille en léguant à chacun de ses héritiers des fonds de terre, a eu l'intention qu'ils les partageassent entr'eux, un des cohéritiers n'est pas tenu d'abandonner sa portion, à moins qu'ils ne lui donnent en échange (4) en même tems la portion qui lui est assignée franche de toute hypothèque.

34. LE MÊME, *liv. 8. des réponses.*

Des esclaves dont on a fait l'estimation, et morts.

On a décidé que les esclaves qui ont été estimés entre

---

(3) D. l. 21.
(4) L. 28. supr. h. t.

matos , non emendi, sed dividendi animo pretiis adscriptos videri placuit : quarè suspensâ conditione mortuos, tàm heredi, quàm fideicommissario deperisse.

35 IDEM , *lib.* 12. *responsorum.*

De prædiis dotis causâ, filiæ traditis.

Pomponius Philadelphus, dotis causâ, prædia filiæ, quam habebat in potestate, tradidit; et reditus eorum genero solvi mandavit : an ea præcipua filia retinere possit, cùm omnes filios heredes instituisset, quærebatur ? Justam causam retinendæ possessionis habere filiam, quoniàm pater prædia, de quibus quærebatur, dotis esse voluit, et matrimonium post mortem quoquè patris steterat, respondi : filiam etenim, quæ naturalitèr agros tenuit, specie dotis, cujus capax fuisset, defendi.

36. PAULUS, *lib.* 2. *quæstionum.*

De divisione factâ cum opinato herede.

Cùm putarem te coheredem meum esse, idquè verum non esset, egi tecum familiæ erciscundæ judicio : et à judice invicèm adjudicationes et condemnationes factæ sunt : Quæro, rei veritate cognitâ, utrùm condictio invicèm competat, an vindicatio : et an aliud in eo, qui heres est : aliud in eo, qui heres non sit, dicendum est ? Respondi : qui ex asse heres erat, si, cùm putaret se Titium coheredem habere, acceperit cum eo familiæ erciscundæ judicium, et condemnationibus factis solverit pecuniam, quoniàm ex

les cohéritiers dans le tems du partage, n'ont pas été mis à prix dans l'intention qu'ils leur fussent transmis à titre d'achat, mais simplement pour qu'ils pussent être partagés, par conséquent que ceux qui meurent avant que la condition soit remplie, périssent aux risques et périls tant de l'héritier, que du fideicommissaire.

35. LE MÊME, *liv.* 12. *des réponses.*

Des biens fonds donnés à une fille pour lui tenir lieu de dot.

Pomponius Philadelphus donna en dot à sa fille des fonds de terre, et ordonna que son gendre en toucherait les revenus. On demandait si la fille pouvait retenir particulièrement ces biens, son père ayant institué tous ses enfans héritiers par égales portions? J'ai répondu que la fille avait un juste titre pour conserver les biens que son père lui avait donnés en dot, parce que l'intention du père était que les biens dont était question constituassent sa dot, et que le mariage avait subsisté, même après la mort du père; en effet la fille qui avait possédé naturellement ces biens, et qui était capable de les posséder, pouvait en requérir la conservation, puisqu'ils lui avaient été donnés en dot.

36. PAUL, *liv.* 2. *des questions.*

Du partage fait avec un héritier présumé tel.

Vous croyant mon cohéritier, quoique vous ne le fussiez pas réellement, j'ai formé contre vous l'action en partage d'hérédité, et le juge a réglé par des adjudications et des condamnations respectives nos intérêts; je demande, si la vérité une fois connue, j'ai contre vous une action pour répéter ce que vous possedez mal-à-propos à titre de partage, ou si je puis simplement revendiquer sur vous cette chose, et s'il faut raisonner à l'égard de celui qui est héritier, comme on le ferait vis-à-vis de celui qui ne le serait pas. J'ai répondu que si celui qui était seul et unique héritier, croyant avoir Titius pour cohéritier, a procédé avec lui en justice au partage des biens de la succession, et qu'il lui ait payé par suite des condamnations prononcées

causâ judicati solvit , repetere non potest. Sed tu
videris eo moveri , quòd non est judicium familiæ
erciscundæ, nisi inter coheredes (1) acceptum :
sed, quamvis non sit judicium, tamen sufficit ad
impediendam repetitionem , quòd quis se putat
condemnatum. Quòd si neuter eorum heres fuit ,
sed , quasi heredes essent , acceperint familiæ erciscundæ judicium : de repetitione idem in utrisquè dicendum est, quod diximus in altero. Planè
si sinè judice diviserint res , etiàm condictionem
earum rerum , quæ ei cesserunt, quem coheredem
esse putavit , qui fuit heres , competere dici potest : non enìm transactum inter eos intelligitur,
cum ille coheredem esse putaverit (2).

37. SCÆVOLA , *lib.* 12. *quæstionum.*

De effectû hujus actionis.

Qui familiæ erciscundæ judicio agit , (non)
confitetur adversarium sibi esse coheredem.

38. PAULUS , *lib.* 3. *responsorum.*

Si quis de divisione quæratur.

Lucius et Titia fratres emancipati à patre , adulti
curatores acceperunt : hi communes pecunias ex
reditibus redactas singulis subministraverunt :
posteà (omne) patrimonium diviserunt , et post
divisionem, Titia soror Lucio fratri suo cœpit
quæstionem movere, quasi ampliùs accepisset ,
quàm ipsa acceperat; cùm Lucius frater ejus non
ampliùs suâ portione , imò minùs , quàm dimidiam consecutus sit : Quæro, an Titiæ competat

---

(1) L. 1. in fin. supr. eod.

par le juge une somme, il ne peut plus la répéter, parce
qu'il ne l'a payé que pour satisfaire au jugement. Mais
peut-être objecterez-vous qu'il ne peut y avoir de partage
des biens d'une succession qu'entre les cohéritiers (1). A
cela je réponds que quoiqu'il n'y ait pas eu de jugement
de partage, cependant il suffit, pour que la répétition n'ait
pas lieu, que l'on croie avoir été condamné. Mais si l'un
ni l'autre n'est héritier, et qu'ils aient procédé entr'eux au
partage, il faut dire à l'égard de la répétition de la somme
payée, ce que nous avons dit dans le cas où un seul serait
héritier. Assurément si ce partage n'avait pas été fait en
justice, on peut dire que l'héritier est fondé à se faire
rendre ce qu'il aurait payé par erreur à celui qu'il croyait
héritier, lorsqu'il ne l'était pas. Car ce partage ne peut pas
être regardé comme une transaction, puisque c'est à tort
qu'il croyait l'autre héritier (2).

37. Scævola, *liv.* 12. *des questions.*

De l'effet de cette action.

Encore que l'on forme contre quelqu'un la demande en
partage d'hérédité, ce n'est pas une raison pour que l'on
soit censé le regarder comme son cohéritier.

38. Paul, *liv.* 3. *des réponses.*

Si quelqu'un se plaint du partage.

Lucius et Titia, frère et sœur émancipés par leur père,
ont eu des curateurs pendant leur minorité; ceux-ci leur
ont fourni à chacun de l'argent qui provenait des revenus
d'une succession qui leur était commune; dans la suite, ils
ont partagé entre eux la succession, et après le partage,
Titia actionna son frère Lucius, sous prétexte qu'il avait
reçu plus qu'elle n'avait touché, pendant qu'au contraire
Lucius n'avait touché que sa portion, et même moins,
puisqu'il n'avait pas réellement perçu la moitié des revenus.
Je demande si Titia peut avoir une action contre son frère.

---

(2) Adde l. 51. l. 52. in pr. supr. de pact.

adversùs fratrem actio ? Paulus respondit, secundùm ea, quæ proponuntur, si Lucius non
ampliùs ex reditû prædiorum communium accepit, quàm pro hereditariâ portione ei competeret, nullam sorori ejus adversùs eum competere
actionem (1). Idem respondit, cùm ex decretis
alimentis à Prætore ampliùs fratrem accepisse
diceretur, quàm sororem : non tamèn ultrà partem
dimidiam.

39. Scævola, *lib.* 1. *responsorum.*

De sumptibus à coherede in litem communem factis.

Ex parte heres institutus, causam de totis bonis,
quam omnes heredes patiebantur (ob inultam mortem), suscepit, et obtinuit : coheres ab eo partem
suam petebat, nec partem sumptûum factorum in
litem præstare volebat : Quæsitum est, an dolī
exceptio noceret? Respondi, si idcircò ampliùs
erogatum esset, quòd ipsius quoquè causa defensa
esset, habendam rationem sumptûum (2) : sed,
et si omiserit doli exceptionem, agere potest de
recipiendâ portione sumptûum.

De divisione factâ à patre, et de dotis collatione.

§. 1. Intestato moriens, codicillis prædia sua
omnia et patrimonium intèr liberos divisit : ità
ut longè ampliùs filio, quàm filiæ relinqueret :
Quæsitum est, an soror fratri dotem conferre deberet? Respondi, secundùm ea, quæ proponerentur, si nihil indivisum reliquisset, rectiùs dici
ex voluntate defuncti collationem dotis cessare.

---

(1) V. l. ult. circa fin. C. deposit.

Paul a répondu que dans l'hypothèse proposée, si Lucius n'a pas reçu sur les revenus au-delà de sa portion héréditaire, la sœur n'avait aucune action à exercer contre son frère (1). Le même jurisconsulte a répondu qu'il en serait de même si le frère avait reçu plus que sa sœur sur les alimens qui lui avaient été assignés par le Préteur, pourvu toutefois que cet excédent ne fût pas de la moitié.

39. Scævola, *liv. 1. des réponses.*

Des frais faits par l'héritier pour un procès commun.

Un héritier institué pour une partie, se chargea de la défense de tous les héritiers auxquels on reprochait de n'avoir pas vengé la mort du défunt, et il gagna sa cause ; son cohéritier lui demandait la portion qui lui revenait, sans vouloir supporter sa part des frais qui avaient été faits pour soutenir le procès. On a demandé si on pouvait recourir dans ce cas à une exception tirée de sa mauvaise-foi ? J'ai répondu que si l'héritier, par la raison qu'il avait pris la défense de son cohéritier, avait fait plus de dépense qu'il n'en aurait fait sans cela, celui-ci devait lui en tenir compte (2). Mais que si il avait omis de recourir à l'exception tirée de la mauvaise-foi, il aurait une action pour répéter de son cohéritier une partie des dépenses qu'il a faites (2).

Du partage fait par le père. Du rapport de la dot.

§. 1. Un père était mort *ab intestat*, et avait partagé à tous ses enfans par un codicille tous ses biens et toutes ses terres ; mais il était résulté de ce partage que son fils avait été plus avantagé que sa fille ; on a demandé si la sœur devait rapporter sa dot à son frère. J'ai répondu que dans l'hypothèse proposée, si le partage avait été totalement fait, et qu'il ne restât plus rien à partager, on pouvait penser avec raison que l'intention du père n'avait pas été que la dot fût rapportée.

____

(1) L. 18. in fin. C. h. t.

§. 2. Servo libertatem dedit, qui erat annorum quindecim, *cùm* (1) *erit annorum trigintà* : eidem ex die mortis suæ quoad viveret, cibariorum nomine, denarios denos ; vestiarii, denarios viginti quinquè præstari se velle significavit : Quæsitum est, an utile esset cibariorum et vestiariorum legatum, cùm Stychus antè libertatis tempus decesserit : et an, si non est utile, heres, qui præstiterat, à coherede repetere possit, apud quem morabatur ? Respondi, non quidèm debita fuisse : sèd si id, quod datum est in alimenta, consumptum sit, repeti non posse.

De debitis à fratre coherede post mortem patris contractis.

§. 3. Filius reipublicæ debita, quæ post mortem patris contraxit, fratri suo pro parte hereditariâ reputare non potest, si non in omnibus socii essent : licèt hereditatem paternam communem haberent, et pater pro altero filio in patriâ magistratû functus decessit.

Si servus prælegatus cum peculio , vivo testatore manumissus decesserit.

§. 4. Duos filios scripsit heredes , et certos homines unicuiquè eorum prælegavit, in quibus uni Stephanum cum peculio : is vivo testatore manumissus decessit (2) : deindè pater : Quæsitum est, an id, quod in peculio habuit Stephanus priùs, quàm manumitteretur, ad utrosquè filios pertineat : an verò ad eum solum, cui cum peculio

---

(1) L. 46, infr. de manum. testam.

Des alimens laissés à un esclave qui attend sa liberté.

§. 2. Un particulier légua à un esclave âgé de quinze ans la liberté, à condition *qu'il n'en jouirait qu'à l'âge de trente ans* (1). Il ajouta de plus qu'à compter du jour de sa mort, on donnerait à l'esclave pendant toute sa vie, dix deniers pour sa nourriture, et vingt-cinq pour son habillement. On a demandé si le legs d'alimens et de vêtemens était valable, dans le cas où l'esclave serait mort avant le tems fixé pour sa liberté; et si dans celui où il ne serait pas valable, l'héritier qui l'aurait payé, pourrait le répéter de *son* cohéritier chez lequel l'esclave avait demeuré. J'ai répondu que le legs n'était pas dû, et que si l'argent donné pour avoir des alimens, avait été dépensé, il n'y avait pas lieu à le redemander.

Des dettes contractées par un frère héritant avec ses autres frères, après la mort du père commun.

§. 3. Le fils ne peut pas se faire tenir compte par son frère, en proportion de la portion héréditaire de celui-ci, des dettes qu'il a contractées envers la république après la mort de son père, s'ils n'étaient pas associés ensemble en tout, quoique la succession paternelle fut commune entre eux, et que le père fut décédé revêtu d'une fonction publique qu'il remplissait pour l'un de ses fils.

Si l'esclave laissé par forme de prélegs, meurt étant affranchi du vivant du testateur.

§. 4. Un père a institué pour héritier ses deux fils, et leur a laissé à chacun par forme de prélegs, un certain nombre d'esclaves, parmi lesquels s'est trouvé un nommé Stéphanus, qu'il a légué à l'un d'eux avec son pécule; cet esclave ayant été affranchi du vivant du testateur, est mort (2); le père est décédé également peu de tems après; on a demandé si les biens qui composaient le pécule de Stéphanus avant qu'il eût été affranchi, appartenaient aux deux enfans du testateur, ou seulement à celui à qui il

____

(2) L. 1. l. 2. infr. de pecul. legat.

prælegatus fuerat ? Respondi, secundùm ea , quæ proponerentur, ad utrosquè.

De divisione factâ à patre et de eo quod frater coheres debet.

§. 5. Pater inter filios divisit bona et eam divisionem testamento confirmavit , et cavit , *ut æs alienum , quod unusquisquè eorum habet , sivè habebit, solus sustineret :* posteà unus ex filiis cùm pecuniam mutuaretur, intervenit pater, ejusquè consensû prædia, quæ filio adsignaverat, pignori data sunt : post mortem patris eadem prædia idem filius possedit, usuras solvit ; quæro, an familiæ erciscundæ judicio, si prædia pignori data distrahat creditor, aliquid ei à coherede præstandum sit ? Respondi, secundùm ea , quæ proponerentur , non esse prestandum.

40. GAJUS, *lib.* 2. *fideicommissorum.*

De herede et fideicommissario.

Si ex asse heres institutus , rogatus (1) sit mihi partem aliquam restituere , veluti dimidiam, utile familiæ erciscundæ judicium rectè inter nos agetur.

41. PAULUS , *lib.* 1. *decretorum.*

De libertorum , et alimentorum eis debitorum divisione.

Quædam mulier ab judice appellaverat (2) , quòd diceret, *eum de dividendâ hereditate inter*

---

(1) V. l. 24. in fin. supr. h. t.

avait été légué avec son pécule ? J'ai répondu que dans l'espèce proposée, ce qui composait le pécule appartenait aux deux frères.

Du partage fait par le père, et de ce que le cohéritier
frère doit.

§. 5. Un père a partagé ses biens entre ses enfans, et a confirmé ce partage par son testament ; il a ordonné par une disposition particulière, *que chacun paierait les dettes qu'il avait contractées, ou qu'il contracterait à l'avenir.* Dans la suite, un de ses fils ayant emprunté de l'argent, le père intervint, et consentit que les biens qu'il avait assigné à son fils, devinssent le gage de l'argent qu'il avait emprunté. Après la mort du père, le fils est resté en possession de ces biens, et a payé les intérêts de son emprunt. Je demande si, dans le cas où le créancier vendrait les biens qu'il a reçu à titre de gage, le fils pourra en demander le partage et répéter quelque chose de son cohéritier ? J'ai répondu que dans cette hypothèse cela ne pouvait être.

40. GAJUS, *liv.* 2. *des fidéicommis.*

De l'héritier et du fidéicommissaire.

Si un héritier institué pour le tout, est chargé (1) de me rendre une partie de l'hérédité, par exemple la moitié, j'aurai contre lui une action utile pour demander le partage.

41. PAUL, *liv.* 1. *des décrets.*

Du partage des alimens dûs aux affranchis.

Une femme avait interjetté appel d'un jugement rendu en matière de partage d'hérédité (2), fondée sur ce que *le juge avait partagé entre elle et son cohéritier non-seu-*

---

(2) L. ult. infr. de jure patronat.

se et coheredem, non tantùm res, sed (et) li-
bertos divisisse, et alimenta ; quœ dari testator
certis libertis jussisset : nullo enìm jure id eum
fecisse : Ex diverso respondebatur. *consensisse*
eos divisioni, et multis annis alimenta secundùm
divisionem præstitisse : Placuit, standum esse
alimentorum præstationi. Sed et illud adjecit,
nullam esse libertorum divisionem.

42. POMPONIUS, *lib. 6. ad Sabinum.*

De eo quod defuncto debetur prælegato.

Si ità legatum fuerit unì ex heredibus (1), *quod*
mihi debet, præcipito : officio judicis familiæ
erciscundæ continetur, ne ab eo coheredes exi-
gant : nàm, et si quod alius deberet, præcipere
unus jussus fuerit, officio judicis actiones ei præstari debebunt pro portione coheredis.

43. ULPIANUS, *lib. 3o. ad Sabinum.*

De arbitro petendo.

Arbitrum (2) familiæ erciscundæ vel unus (3)
petere potest : nàm provocare apud judicem vel
unum heredem posse, palàm est, igitur et præsentibus (4) cæteris et invitis (5) poterit vel unus
arbitrum poscere.

44. PAULUS, *lib. 6. ad Sabìnum.*

De communi dividundo.

Intèr coheredes etiàm communi dividundo agi

---

(1) L. 4. in pr. supr. h. t.
(2) L. 52. §. 2. l. ult. infr. eod.

lement les effets de la succession, mais encore les affranchis, et les alimens que le testateur avait ordonné que l'on
fournît à quelques affranchis, et prétendait qu'il n'avait
pas eu ce droit. On répondait de l'autre part, qu'ils avaient
consenti au partage, puisqu'ils avaient fourni des alimens
pendant plusieurs années d'après les dispositions du jugement de partage. Il a été décidé qu'il fallait s'en tenir
au partage des alimens, mais que quand aux affranchis, on
n'avait pu les partager.

42. Pomponius, *liv. 6. sur Sabinus.*

Du prélèvement de ce qui est dû au défunt.

Si quelqu'un avait fait un legs à l'un de ses héritiers (1),
en ces termes, *qu'un tel héritier prélève sur ma succession
ce qu'il me doit;* il est du devoir du juge devant qui on
procédera au partage, d'exiger caution des héritiers du
testateur, qu'ils ne demanderont rien à leur cohéritier; car
si le testateur avait ordonné qu'il préleverait par préciput
une dette qui lui serait due par un étranger, le juge devrait
ordonner que chaque héritier lui transporterait la portion
d'action qu'il aurait, afin qu'il put se faire payer de cette
dette qui lui aurait été léguée.

43. Ulpien, *liv. 30. sur Sabinus.*

De l'arbitre qui doit être demandé.

Un seul des héritiers peut demander (2) un arbitre devant
qui on procède au partage (3), car il est démontré qu'un
seul héritier a le droit de provoquer judiciairement la demande en partage. Un héritier pourra donc demander un
arbitre, ou ses autres cohéritiers présens (4), ou même malgré
eux (5).

44. Paul, *liv. 6. sur Sabinus.*

Du partage d'une chose commune.

L'action en partage d'une chose commune, peut avoir

---

(3) L. 2. §. pen. supr. eod. 1. 8. in pr. infr. tit. prox.
(4) Adde 1. 13. in fin. pr. supr. de minor.
(5) V. 1. ult. C. commun. divid.

potest, ut res duntaxàt (1), quæ eorum communes sint, et causæ ex his rebus pendentes in judicium veniant : de cæteris verò in integro sit familiæ erciscundæ judicium.

De effectû adjudicationis.

§. 1. Si familiæ erciscundæ vel communi dividundo actum sit , adjudicationes Prætor tuetur, exceptiones aut actiones dando.

De dolo coheredis.

§. 2. Si coheredes, absente uno coherede, rem vendiderunt , et in eâ re dolo malo fecerunt, quò plùs ad eos perveniret : vel familiæ erciscundæ judicio præstabunt ei, qui abfuit, vel hereditatis petitione (2).

De fructibus antè aditam hereditatem à coherede perceptis.

§. 3. Fructus, quos antè aditam hereditatem ex fundo hereditario heres capit , non alitèr familiæ erciscundæ judicio præstare eum Julianus ait, quàm si, cùm sciret hereditarium fundum esse, ceperit.

De actore, et reo, et de jure jurando calumniæ.

§. 4. Qui familiæ erciscundæ , et communi dividundo, et finium regundorum agunt, et actores sunt et rei (3) : (et) ideò jurare debent (4) non calumniæ causâ litem intendere, (et) non calumniæ causâ ad inficias ire.

---

(1) L. 34. in fin. infr. pro socio.
(2) L. 20. in fin. infr. C. h. t.
(3) L. 2. §. 3. supr. eod. l. 11. in fin. supr. de jurisd. l. 13. supr. de judic. l. 10. supr. tit. prox. l. 37. §. 1. infr. de oblig. et act.

lieu entre des cohéritiers, à l'effet de partager seulement (1)
entre eux les choses qu'ils ont en commun, et tout ce qui
en dépend. Quant aux autres effets, ils seront partagés entre
eux en vertu d'un jugement de partage d'hérédité.

De l'effet de l'adjudication.

§. 1. Si l'on a formé l'action de partage d'hérédité, ou
de division de chose commune, le Préteur maintiendra les
adjudications qu'il aura faites, en accordant, si le cas l'exige,
des exceptions ou des actions.

Du dol du cohéritier.

§. 2. Si des cohéritiers ont aliénné, en l'absence de leur
cohéritier, un effet de la succession, et que dans cette vente
ils aient été de mauvaise-foi, afin d'augmenter leur portion
au préjudice de l'absent, celui-ci leur en fera tenir compte,
soit en formant contre eux son action en partage, soit en
recourant à l'action en demande de l'hérédité (2).

Des fruits perçus par un cohéritier avant que la succession fut acceptée.

§. 3. Les fruits provenans des fonds de la succession, et
que l'héritier a perçus avant qu'il l'eût acceptée, ne doivent
être partagés entre les cohéritiers, suivant l'opinion de Julien,
qu'autant qu'il était instruit que ces biens – fonds appartenaient à la succession.

Du demandeur, du défendeur, et du serment qu'on n'agit pas dans l'intention de vexer sa partie adverse.

§. 4. Ceux qui forment l'action en partage de l'hérédité,
ou en division d'une chose commune, ou en bornage de terres,
sont, respectivement à l'égard des uns et des autres demandeurs et défendeurs (3); c'est pourquoi ils doivent affirmer par serment (4), que ce n'est pas dans l'esprit et
l'intention de vexer leurs adversaires qu'ils intentent ces
actions, ni pour leur susciter des chicanes et des contes-
tations déplacées.

---

(4) Nov. 49. c. ult.

Si ob factum uniûs heredis commissa sit stipulatio.

§. 5. Quod ex facto suo unus ex coheredibus ex stipulatione hereditariâ præstat, à coherede non repetet : velutì, si *à se heredequè suo dolum malum abfuturum defunctus spopondit* : vel, *nequè per se, nequè per heredem suum fore, quominùs quis eat, agat.* Imò et si reliqui (1) proptèr factum uniûs teneri cœperint, quasì conditio stipulationis hereditariæ extiterit, habebunt familiæ erciscundæ judicium cum eo, proptèr quem commissa sit stipulatio.

De stipulatione Titium heredemquè ejus ratum habiturum.

§. 6. Si quis stipulatus fuerit (2), *Titium heredemquè ejus ratum habiturum*, et Titius pluribus heredibus relictis decesserit, eum solum teneri, qui non habuit ratum ; et solum ex heredibus stipulatoris acturum, à quo fuerit petitum.

De usufructû uxori legato, donèc ei dos restituatur.

§. 7. Usufructû uxori legato, *donèc ei dos solvatur*, per arbitrum familiæ erciscundæ tàm id, quod coheredis nomine ex dote solutum sit, recuperare (3) (potest) ; quàm, ut (4) coheres solvat, effici posse, Cassius ait : et verum est.

---

(1) V. l. 25. §. 12. supr. h. t.
(2) L. 4. §. 1. infr. de verb. oblig.
(3) V. l. 18. in fin. C. h. t.

Si l'un des héritiers a donné lieu à une condamnation,
pour être contrevenu à une stipulation de la succession.

§. 5. Ce qu'un des héritiers aura payé pour être contrevenu à une stipulation de la succession, au moyen de ce que cette contravention est un fait qui lui est personnel, ne pourra être répété par lui de son cohéritier ; supposez par exemple, *que le défunt se soit engagé à garantir de toute espèce de mauvaise-foi, tant de son propre fait que de celui de ses héritiers*, ou qu'il ait promis *que ni lui, ni ses héritiers ne s'opposeraient à la jouissance d'une servitude*. Bien plus, si les autres héritiers (1) se trouvent obligés par le fait d'un seul d'entre eux, la peine stipulée étant dans ce cas exigible, ils pourront lors de l'instance de partage de l'hérédité, se faire indemniser par celui qui aura donné lieu à la peine stipulée, de ce qu'ils auront été obligés de payer à cause de sa contravention.

De la stipulation portant que Titius et son héritier
ratifieront.

§. 6. Si quelqu'un avait stipulé *que Titius et son héritier ratifieraient une convention qu'il aurait souscrite*, et que Titius mourut laissant plusieurs héritiers, celui-là seul qui ne veut pas exécuter la stipulation, encourt la peine attachée à son inexécution.

De l'usufruit légué à la femme, jusqu'à ce que sa dot lui
soit rendue.

§. 7. Si un mari lègue à sa femme l'usufruit de ses biens, *jusqu'à ce qu'elle soit remplie de sa dot*, le cohéritier peut requérir du juge qui connaît des demandes de partages d'hérédité, que son cohéritier soit tenu de le rembourser de ce qu'il a payé pour lui de la dot (3) ; il peut même d'après Cassius, le forcer à payer sa part et portion de cette dot (4), et cela est vrai.

---

(4) L. 18. §. 4. supr. eod.

De sumptibus à coherede factis.

§. 8. Si duo coheredes damnati sint *statuam ponere*, et, altero cessante, alter eam fecerit, non esse iniquum Julianus ait, familiæ erciscundæ judicium dare, ut pars (1) impendiorum boni viri arbitratû præstetur.

45. POMPONIUS, *liv.* 13. *ad Sabinum.*

Si possessor neget rem esse hereditariam.

Si quid contendis ex hereditate mihi tecùm commune esse, quod ego ex aliâ causâ meum proprium esse dico, id in familiæ erciscundæ judicium non venit,

De dolo admisso à servo heredis.

§. 1. Dolus, quem servus heredis admisit, in judicium familiæ erciscundæ non venit; nisi si domini culpa in hoc erat, quòd non idoneum servum rei communi applicuerit.

46. PAULUS, *lib.* 7. *ad Sabinum.*

De præceptione dotis.

Si maritus sub conditione à patre (heres) institutus sit, interìm uxoris de dote actionem pendere. Planè, si post mortem soceri divortium factum sit, quamvìs pendente conditione institutionis, dicendum est, præceptioni (dotis) locum esse; quià mortuo patre, quædam filios sequuntur, etiàm antèquam fiant heredes : ut matri-

---

(1) D. l. 18. in fin. C. eod.

Des dépenses faites par l'héritier.

§. 8. Si deux cohéritiers ont été chargés d'ériger *une statue*, et que l'un refusant de le faire, elle ait été érigée par les soins de l'autre, Julien dit qu'il n'y a nulle injustice à accorder à celui-ci l'action en partage d'hérédité à l'effet de se faire tenir compte par son cohéritier de la moitié des dépenses qu'il a faites pour l'érection de cette statue (1).

45. POMPONIUS, *liv.* 13. *sur Sabinus.*

Si le possesseur nie que la chose dépende de la succession.

Si vous prétendez qu'un effet quelconque est commun entre vous et moi, sous ce rapport qu'il provient d'une succession à laquelle l'un et l'autre nous avons droit, et que moi je soutienne que cet effet appartient à moi seul à tout autre titre, il n'y aura pas lieu dans ce cas à l'action de partage.

Du dol commis par l'esclave de l'héritier.

§. 1. Le dol commis par un esclave de l'héritier n'entre pas dans l'instance de partage, à moins que l'on ne puisse imputer au maître de cet esclave la faute d'avoir confié le soin d'une chose commune à un esclave peu propre à remplir la fonction à laquelle il l'avait destiné.

46. PAUL, *liv.* 7. *sur Sabinus.*

Du prélèvement de la dot.

Si un fils marié a été institué par son père héritier sous condition, l'action qu'il a pour demander la dot de sa femme que son père a reçu, demeure suspendue jusqu'à ce que la condition soit remplie. Certes, si le divorce arrive après la mort du beau-père, quoique la condition sous laquelle il a été institué ne soit pas encore arrivée, on doit cependant dire qu'il y a lieu au prélèvement de la dot, parce que le père étant mort, il est des choses qui passent à ses enfans, même avant qu'ils soient héritiers; telles sont les charges du mariage, tel est le droit d'avoir des enfans sous

monium, ùt liberi (1), ut tutela (2). Igitur et dotem præcipere debet (3), qui onus matrimonii post mortem patris sustinuit ; et ità Scævolæ quoquè nostro visum est.

47. Pomponius, *liv. 21. ad Sabinum.*

De actionibus intentandis pendente judicio divisorio.

In judicio familiæ erciscundæ, vel communi dividundo, si, dum res in arbitrio sit, de jure prædii controversia sit, placet, omnes eos, intèr quos arbiter sumptus sit, et agere, et opus novum nunciare pro suâ quemquè parte posse ; et cùm adjudicationes ab arbitro fiant, si uni adjudicetur totus fundus, caveri oportet (4), *ut , quæ ex his actionibus recepta fuerint, reddantur ; aut quæ in eas impensæ factæ fuerint , præstentur :* et si, cum res in judicio esset , eo nomine actum non fuerit , eum sequi integram actionem , cui totus fundus adjudicatus (fuerit), aut pro quâ-cunquè parte adjudicatus erit.

§. 1. Itèm quæ res moveri possint , et in ea judicia veniant, si intereà subreptæ sint , furti agere eos , quorum istæ res periculo fuerunt , posse.

48. Paulus, *lib. 12. ad Sabinum.*

De pluribus heredis uniûs litigatoris.

Si familiæ erciscundæ, vel communi dividundo, vel finium regundorum actum sit , et unus ex

---

(1) L. 55. §. 2. infr. de jure dot.
(2) L. 16. §. 1. infr. de tutel.

sa puissance (1), telle est la tutelle (2). Celui qui après la mort de son père a supporté les charges du mariage, doit donc prélever (3) la dot de sa femme sur la succession, et c'est ce que pensait Scævola notre maître.

47. POMPONIUS, *liv.* 21. *sur Sabinus.*

Des actions en partage qui doivent être intentées.

Dans l'action en partage d'hérédité, ou dans celle de partage d'une chose commune, si lorsque l'instance est encore pendante, il s'élève quelque différend sur un droit inhérent à un bien-fonds dépendant de la succession, il est décidé que tous les héritiers qui sont parties dans l'instance, peuvent agir pour réclamer le droit dû au fonds, et que chacun pour sa part peut s'opposer à la continuation de tout ce qui aurait été fait au préjudice de ce droit, et lorsque le juge qui prononce sur la demande en partage, aura fait quelques adjudications, s'il adjuge à un seul la totalité du fonds, les autres copartageans devront lui donner caution (4) *de lui rendre ce qu'ils auront reçu à cause de ces actions, ou de le rembourser de ce qu'il lui en aura coûté pour la conservation du droit contesté*; et si lorsque l'affaire était encore pendante, on n'a pas formé d'action, celui à qui la totalité du fonds aura été adjugée, peut la former en entier, ou s'il ne lui a été adjugé qu'une partie du fonds, il la formera en partie.

§. 1. De même les choses mobiliaires entrent dans l'instance de partage, et si elles viennent à être volées, ceux aux risques et périls de qui elles étaient, peuvent exercer l'action du vol.

48. PAUL, *liv.* 12. *sur Sabinus.*

De plusieurs héritiers d'un seul plaideur.

Si on a déjà formé l'action en partage d'hérédité, ou en division de chose commune, ou en bornage de terres, et qu'une

---

(3) L. 20. §. 2. supr. h. t. l. 63. ic fin. infr. pro socio.
(4) L. 19. in fin. supr. h. t.

litigatoribus decesserit pluribus heredibus relictis non potest in partes judicium scindi; sed aut omnes heredes accipere id debent, aut dare unum procuratorem (1), in quem omnium nomine judicium agatur.

49. ULPIANUS, *lib.* 2. *disputationum.*

An repetitio detur adversùs coheredem.

Qui erat heres ex partè institutus, *testatorem* jussus à Prætore *sepelire*, servum, cui erat testamento data libertas, ideò distraxit, duplamquè promisit, et ex eâ cautione conventus præstitit. Quæsitum est, an familiæ erciscundæ judicio consequatur, quod ex duplæ stipulatione abest? Primò videamus, an hic debuerit duplam cavere. Et mihi videtur non debuisse. Hi enìm demùm ad duplæ cautionem compelluntur, qui sponte suâ distrahunt : cæterùm si officio distrahentis fungitur, non debet adstringi; non magis, quàm si quis ad exsequendam sententiam à Prætore datus distrahat. Nàm et hic in eâ conditione est, ne cogatur implere, quod coguntur hi, qui suo arbitrio distrahunt : nàm *inter officium suscipientis, et voluntatem distrahentis, multùm interest.* Quàproptèr re quidem integrâ stipulationem duplæ interponere non debuit. Sed decernere Prætor debet, esse actori adversùs heredem existentem actionem ex empto, si res distracta fuisset evicta. Si autèm heres erravit, et cavit, et servus perveniat ad libertatem, stipulatio committetur : quæ *si* fuerit commissa, æquum erit, utilem actionem ei adversùs coheredem

______

(1) Immò vide l. 42. §. 6. supr. de procur.

des parties meurt en laissant plusieurs héritiers, l'instance ne peut pas se subdiviser entre eux, mais ou tous les héritiers doivent reprendre l'instance par représentation de celui à qui ils succèdent, ou constituer un fondé de pouvoir (1) contre lequel la demande pourra être formée comme si on agissait contre eux tous.

49. ULPIEN, *liv.* 2. *des disputes.*

Si la répétition a lieu contre le cohéritier.

Un héritier institué en partie, ayant été chargé par le Préteur de faire inhumer le testateur, et de subvenir aux frais que nécessitait cette inhumation, a vendu un esclave de la succession, à qui la liberté avait été donnée par testament, et s'est obligé à payer le double à l'acquéreur s'il était évincé, l'esclave ayant réclamé sa liberté, l'acquéreur attaqua son vendeur, en vertu de la stipulation par laquelle il s'était engagé à payer le double en cas d'éviction, et l'héritier paya. On a demandé si ce dernier pouvait dans l'instance de partage se faire rendre par ses cohéritiers ce qu'il avait perdu par suite de cette stipulation par laquelle il avait promis de payer le double à l'acquéreur, dans le cas où il serait évincé. Il faut d'abord examiner s'il a dû faire cette promesse. Pour moi, je pense qu'il n'a pas dû la faire. Car il n'y a que ceux qui vendent volontairement, qui peuvent être contraints à donner cette caution du double. Mais lorsque l'aliénation est la suite nécessaire d'un devoir dont on est forcé de s'acquitter, on n'est pas plus tenu de donner cette caution, que si on vendait pour exécuter la sentence du Préteur; car l'héritier dont il s'agit ici ne peut être forcé à faire la même promesse que ceux qui aliènent volontairement; et en effet la différence est grande entre *celui qui vend volontairement, et celui qui ne vend que pour s'acquitter d'un devoir qui lui est imposé.* C'est pourquoi il n'a pas dû, la chose étant restée entière, donner caution du double. Mais si l'acquéreur vient à être évincé, le Préteur doit lui donner une action *ex empto* contre l'héritier vendeur. Si cependant cette promesse de l'héritier était la suite de l'erreur dans laquelle il a été, et que l'esclave parvienne à la liberté, la promesse doit être exécutée; et s'il est obligé de la remplir, il est juste de lui accorder une action utile contre son cohéritier, puisqu'il ne peut pas se faire in-

dari , defecto judicio familiæ erciscundæ, ne in damno moretur. Nàm ut familiæ erciscundæ judicio agere quis possit, non tantùm heredem esse oportet, verùm ex eâ causâ agere, (vel conveniri,) quam gessit, quodquè admisit , posteaquàm heres effectus sit. Cæterùm cessat familiæ erciscundæ actio : et ideò si (1) , antequàm quis sciret se heredem esse, in hereditate aliquid gesserit , familiæ erciscundæ judicio non erit locus; quià non animo heredis gessisse videtur. Quarè, qui antè aditam hereditatem quid gessit, veluti si testatorem sepelivit, familiæ erciscundæ judicium non habet. Sed si post aditam hereditatem id fecit, consequentèr dicemus, familiæ erciscundæ judicio consequi eum posse sumptum, quem fecit in funus.

5o. Idem , *lib. 6. opinionum.*

De eo quod pater filio studiorum causâ subministravit.

Quæ pater filio emancipato studiorum causâ peregrè agenti subministravit, si non credendi animo pater misisse fuerit comprobatus , sed pietate debitâ ductus, in rationem portionis, quæ ex defuncti bonis ad eundem filium pertinuit , computari æquitas non patitur.

51. Julianus , *lib. 8. Digestorum.*

De dotis præceptione.

Fundus, qui dotis (2) nomine socero traditus fuerit, cùm socer filium ex aliquâ parte heredem instituerit, per arbitrum familiæ erciscundæ præ-

---

(1) L. 16. §. 4. supr. h. t.

niser en recourant à l'action de partage, et qu'autrement il n'aurait pas de moyen de réparer le tort qu'il aurait éprouvé. Car pour que l'on puisse intenter l'action de partage d'hérédité, il ne suffit pas d'être héritier; mais il faut encore que la cause qui donne lieu à l'action que l'on exerce, ou pour laquelle on est actionné, provienne d'une obligation contractée depuis que l'on s'est porté héritier. Autrement l'action de partage n'a pas lieu. C'est pourquoi si (1) avant que vous sçussiez être héritier, vous avez fait quelque chose dans cette succession, il n'y aura pas lieu à l'action de partage, parce que vous n'êtes pas censé avoir agi à titre d'héritier. Celui donc qui a fait quelque chose avant d'avoir accepté la succession, comme si, par exemple, il a fait inhumer le testateur, ne peut pas faire entrer cette dépense dans l'instance de partage; mais s'il l'a fait après qu'il a eu accepté la succession, nous pouvons dire qu'il peut se faire tenir compte dans l'instance de partage, des frais funéraires qu'il aurait avancés.

5o. LE MÊME, *liv. 2. des opinions.*

De ce que le père a fourni à son fils pour faire ses études.

Les choses que le père a fournies à son fils émancipé, qui faisait ses études loin de la maison paternelle, ne doivent pas être imputées, sans qu'il y ait injustice, sur la portion que le fils a dans les biens de son père, si celui-ci n'a pas fait ces dépenses à titre de prêt, mais par une suite du désir qu'il avait de procurer à son fils les moyens de s'instruire et de s'avancer.

5i. JULIEN, *liv.* 8. *du Digeste.*

Du prélèvement de la dot.

Le fonds qui a été donné au beau-père, pour tenir lieu de la dot de la femme de son fils(2), si le beau-père l'a institué héritier pour une partie, doit être, lors de l'instance de partage, par lui prélevée de la même manière qu'il l'aurait

---

(2) L. 2. C. cod.

cipi ità debet, ut ea causa filii sit, in quâ futura
esset, si dos per præceptionem legata fuisset.
Quarè (1) fructus post litem contestam percepti,
ad eum redigendi sunt, habitâ ratione impensarum : qui verò antè litem contestatam percepti
fuerint, æqualitèr (2) ad omnes heredes perti-
nebunt. Et impensarum ratio haberi debet : quià
nullus casus intervenire potest, qui hoc genus
deductionis impediat (3).

De concursu hujus judicii, et petitionis hereditatis.

§. 1. Si ego à te hereditatem petere vellem,
tu mecum familiæ erciscundæ agere, ex causâ
utriquè nostrûm mos gerendus est. Nàm si ego
totam hereditatem possideo, et te ex parte dimidiâ
heredem esse confiteor, sed a communione discedere volo, impetrare debeo familiæ erciscundæ
judicium (4) : quià alitèr dividi inter nos hereditas
non potest. Item si tu justam causam habes, proptèr quam per hereditatis petitionem potiùs, quàm
familiæ erciscundæ judicium, negotium distrahere
velis, tibi quoquè permittendum erit hereditatem
petere : nàm quædam veniunt in hereditatis petitionem, quæ in familiæ erciscundæ judicio
non deducuntur; veluti si ego debitor hereditarius sim, judicio familiæ erciscundœ non (5)
consequeris id, quod defuncto debui : per hereditatis petitionem consequeris.

52. IDEM, *lib.* 2. *ad Ursejum Ferocem.*

De re quam defunctus cum alio communem habuit.

Mævius, qui nos heredes fecit, rem commu-

____

(1) L. 38. §. 14. infr. de usur.
(2) L. 11. C. h. t.

lui-même prélevée, si elle lui avait été léguée par préciput ;
c'est pourquoi (1) les fruits perçus après l'instance, lui appartiennent, déduction faite des dépenses ; quant à ceux perçus
avant, ils appartiennent, par égales portions, à tous les
héritiers (2) ; et on doit pareillement déduire les dépenses,
parce que jamais dans aucun cas rien ne doit empêcher
cette déduction (3).

Du concours de cette action, et de la demande de l'hérédité.

§. 1. Si je veux former contre vous la demande de l'hérédité, et que vous vouliez former contre moi la demande en
partage, on pourra nous accorder à l'un et à l'autre l'action
que nous voulons exercer. Car si je possède en entier la
succession, et qu'en convenant que vous êtes héritier pour
moitié, je ne veuille pas que la succession reste commune
entre nous, on doit m'accorder l'action pour demander le
partage (4), parce que la succession ne peut être partagée
autrement entre nous. De même si vous avez un motif
valable pour préférer l'action en demande d'hérédité, à
l'action en demande de partage, on devra vous permettre de
former de préférence l'action en demande d'hérédité ; car
il y a des choses qui entrent dans la demande de l'hérédité,
qui ne peuvent entrer dans l'instance de partage, si, par
exemple, je suis débiteur de la succession, vous n'obtiendrez
pas par l'action de partage (5) ce que je devais au défunt,
mais vous l'obtiendrez par la demande de l'hérédité.

52. LE MÊME, *liv.* 1. *sur Ursejus Ferox.*

De la chose que le défunt possédait en commun.

Mævius qui nous a institués héritiers, possédait une

---

(1) L. 7. in pr. infr. solut. matrim.
(4) L. 1. in pr. supr. h. t.
(5) V. l. 6. C. eod.

nem habuit cum Attio : si cum Attio communi
dividundo egissemus , et nobis ea res adjudicata
esset, venturam eam in familiæ erciscundæ judicio, Proculus ait.

De eo quod ex rationibus penès se retinet is quem testator
liberum et heredem esse jusserit.

§. 1. Servus *liber* (1) *et heres esse* jussus , id,
quod ex rationibus, quas patri familias gessisset,
(et) penès se retineret, judicio familiæ erciscundæ,
coheredibus suis præstabit.

De compensatione condemnationis.

§. 2. Arbiter familiæ erciscundæ inter me et
te sumptus, quædam mihi, quædam tibi adjudicare volebat : pro his rebus , alterum alteri
condemnandos esse intelligebat. Quæsitum est,
an possit pensatione ultrò citròquè condemnationis
factâ, eum solum, cujus summa excederet, ejus
duntaxàt summæ, quæ ità excederet, damnare?
Et placuit, posse id arbitrum facere.

De rerum æstimatione.

§. 3. Cum familiæ erciscundæ, vel communi dividundo agitur, universæ res æstimari debent, non
singularum rerum partes.

53. Ulpianus, *lib. 2. responsorum.*

De pecuniâ à filio creditâ.

Pecuniam, quam filius emancipatus ità credi-

---

(1) V. l. 41. in pr. infr. de reb. cred.

chose en commun avec Attius. Si nous eussions formé la demande en division de la chose contre Attius, et qu'elle nous eût été adjugée, Proculus dit qu'elle entrerait dans la demande de partage.

De ce qu'a entre les mains l'esclave à qui le testateur a donné la liberté et qu'il a fait son héritier.

§. 1. Un esclave *institué héritier avec le don de sa liberté* (1), sera tenu, par le jugement de partage, à fournir à ses cohéritiers tous les titres et papiers relatifs aux affaires de son maître qu'il gérait; et qu'il avait entre les mains.

De la compensation de la condamnation.

§. 2. L'arbitre que vous et moi avions pris pour partager une succession à laquelle nous avions respectivement droit, voulait vous adjuger telle chose et à moi telle autre. Il sentait bien qu'il ne pouvait pas se dispenser de nous condamner l'un envers l'autre à un retour de partage, à cause des choses qu'il avait partagées entre nous. On a demandé, si, compensation faite des condamnations particulières qui devaient être prononcées de part et d'autre, il devait seulement condamner celui qui devait payer à l'autre une somme proportionnée à la valeur des effets qui lui avaient été adjugés, et qui excédaient celle des effets adjugés à son copartageant. Il a été décidé que l'arbitre pouvait le faire.

De l'estimation de la chose.

§. 3. Lorsqu'on forme l'action en partage d'hérédité, ou de division des choses communes, on doit estimer la succession entière, et non pas les différentes parties qui la composent.

53. ULPIEN, *liv. 2. des réponses.*

De l'argent prêté au fils.

L'argent qu'un fils émancipé a prêté à quelqu'un à condition qu'il serait rendu à son père, ne doit être regardé

dit, ut patri solveretur, ità demùm in hereditatem patris numerari, si patri adversùs filium ejusdem quantitatis nomine actio competebat.

54. NERATIUS, *lib.* 3. *membranarum.*

De re cujus partem suam coheres alienavit.

Ex hereditate Lucii Titii, quæ mihi et tibi communis erat, fundi partem meam alienavi : deindè familiæ erciscundæ judicium inter nos acceptum est. Nequè ea pars, quæ mea fuit, in judicio veniet, cùm alienatâ de hereditate exierit (1), nequè tua : quià etiàmsi remanet in pristino jure, hereditariaquè est, tamèn alienatione meæ partis exit de communione. Utrùm autèm unus heres partem suam non alienaverit, an plures, nihil interest : si modò aliqua portio alienata ab aliquo ex heredibus, hereditaria esse desiit.

55. ULPIANUS, *lib.* 2. *ad edictum.*

De divisione difficili.

Si familiæ erciscundæ, vel communi dividundo judicium agatur, et divisio tàm difficilis (2) sit, ut penè impossibilis esse videatur, potest (3) judex in unius personam totam condemnationem conferre, et adjudicare omnes res.

56. PAULUS, *lib.* 23. *ad edictum.*

De fructibus.

Non solùm in finium regundorum, sed et familiæ erciscundæ (4) judicio, præteriti quoquè temporis fructus veniunt.

---

(1) Immô vide l. 25. §. 6. supr. h. t.
(2) §. 5. vers. quod si commode. Inst. de offic. judic.

comme un effet de la succession, qu'autant que le père aurait .eu une action contre le fils pour exiger pareille somme, c'est-à-dire, qu'autant que le père eût été redevable d'une pareille somme envers son fils.

54. Neratius, *liv. 3. de ses feuilles.*

De la chose dont un héritier a aliéné une portion.

J'ai aliéné une partie d'un fonds provenant de la succession de Lucius Titius ,qui était commune entre vous et moi; ensuite nous avons procédé juridiquement au partage de cette succession. Ni la portion qui m'a appartenu n'entrera dans le jugement de partage, puisque par l'aliénation que j'en ai faite, elle ne se trouve plus dans la succession (1), ni même la vôtre; car encore qu'elle reste toujours dans son ancienne nature, et qu'elle soit toujours un effet de la succession, cependant la vente que j'ai faite de ma portion, a détruit la communauté qui existait entre vous et moi. Il importe peu qu'il y ait plusieurs héritiers qui n'aient pas aliéné leur portion, ou qu'il n'y en ait qu'un seul; il suffit qu'il y ait une portion, qui ayant été aliénée par un des héritiers, ait cessé de faire partie de la succession.

55. Ulpien , *liv. 2. sur l'édit.*

D'un partage qui présente des difficultés.

Si l'on a formé l'action de partage d'une succession, ou de division d'une chose commune, et que la division de la chose soit si difficile (2), qu'il y ait de l'impossibilité à la diviser, le juge peut (3) adjuger tous les effets à l'un des copartageans, et il le condamnera à payer à l'autre sa part entière en argent.

56. Paul, *liv. 23. sur l'édit.*

Des fruits.

Soit dans les instances en bornage de terres, soit dans celles en partage d'hérédité (4), les fruits perçus avant l'instance, doivent être restitués.

---

(3) L. 22. §. 1. supr. h. t.
(4) L. 44. §. 3. supr. l. 9. l. 17. C. eod.

57. Papiniaus, *lib.* 2. *responsorum.*

Si fratres hoc judicio pendente hereditatem diviserint.

Arbitro quoquè accepto , fratres communem hereditatem consensû dividentes, pietatis officio funguntur : quam revocari non oportet (1), licèt arbiter sententiam jurgio perempto non dixerit, si non intercedat ætatis auxilium (2).

---

(1) Vide tamèn l. 9. l. 10. in pr. supr. qui satisd. cog.
(2) L. 34. in fin. supr. de minor.

57. PAPINIEN, *liv. 2. des réponses.*

*Si les frères ont partagé la succession pendant que l'action
en partage était encore en suspens.*

Des frères qui partagent à l'amiable une succession commune, et qui ont fait choix d'un arbitre pour les regler,
sont regardés avoir agi fraternellement; et le partage ne
doit pas être révoqué (1), l'arbitre n'eût-il pas rendu de
jugement à la suite de leurs conventions, pourvu toutes
fois que l'un des frères ne fût pas mineur (2);

TITULUS TERTIUS.

Communi (1) dividundo.

1. PAULUS, *liv.* 23. *ad edictum.*

Ratio hujus actionis. De rebus non communibus.

Communi dividundo judicium ideò necessarium fuit, quòd *pro socio* actio magìs ad personales invicèm præstationes pertinet, quàm ad communium rerum divisionem (2). Deniquè cessat communi dividundo judicium, si res communis non sit (3).

2. GAJUS, *lib.* 7. *ad edictum provinciale.*

De societate.

Nihil autèm interest, cum societate, an sinè (4) societate res intèr aliquos communis sit, nàm utroquè casû locus est communi dividundo judicio. Cum societate res communis est, (veluti) intèr eos, qui paritèr eamdem rem emerunt (5) : sinè

---

(1) Lib. 3. C. 37. §. 3. Inst. de oblig. quæ quasi ex contract.
(2) V. l. 43. infr. pro socie.
(5) L. 9. C. commun. utriusquè judicii.

TITRE TROIS.

De l'action en division d'une chose commune (1).

1. PAUL, *liv.* 23. *sur l'édit.*

Motif de cette action. Des choses qui ne sont pas communes.

L'ACTION en division d'une chose commune a paru d'autant plus nécessaire, que l'action qui dérive de la société est plus relative aux obligations personnelles en vertu desquelles les associés se sont obligés réciproquement, qu'à la division des choses qui sont possédées en commun (2). Enfin l'action en division d'une chose commune, cesse dès l'instant où il n'y a pas de véritable communauté (3).

2. GAJUS, *liv.* 7. *sur l'édit provincial.*

De la société.

Mais il importe peu que la chose soit commune entre les parties à cause de la société qui existe entr'elles, ou qu'elle le soit, sans qu'il y en ait une (4); car dans l'un et l'autre cas, il y a lieu à l'action en division d'une chose commune. Une chose est commune entre plusieurs personnes par une convention de société, lorsque, par exemple, plusieurs personnes ont acheté la même chose ensemble (5). Elle est

---

(4) §. 3. Inst. de oblig. quæ quasi ex contract.
(5) L. 51. infr. pro socio.

societate communis est, (veluti) intèr eos, quibus eadem res testamento legata est (1).

De actore et reo.

§. 1. In tribus (istis) duplicibus (2) judiciis, familiæ erciscundæ, communi dividundo, finium regundorum, quæritur, quis actor intelligatur: quià par causa omnium videtur? sed magis placuit eum videri actorem, qui ad judicium provocasset (3).

3. Ulpianus, *lib.* 30. *ad Sabinum.*

De re et præstationibus.

In communi dividundo judicio nihil pervenit ultrà (4) divisionem rerum ipsarum, quæ communes sint: et si quid in his damni datum factumve est; sivè quid eo nomine aut abest alicui sociorum (5), aut ad eum pervenit ex re communi.

De pactis.

§. 1. Si quid ipsi sinè dolo malo intèr se pepigerunt, id in primis et familiæ erciscundæ et communi dividundo judex servare debet.

4. Idem, *lib.* 19. *ad edictum.*

De rebus corporalibus nostris. De hereditate.

Per hoc judicium (6) corporalium rerum fit divisio, quarum rerum dominium habemus: non etiàm hereditatis.

---

(1) D. §. 7.
(2) V. l. 10. supr. fin. regund.
(3) L. 13. l. 29. supr. de judic.

commune, abstraction faite de toute société, lorsque, par exemple, une même chose leur a été léguée par testament (1).

Du demandeur et du défendeur.

§. 1. On demande dans ces trois instances (2), savoir celle de partage d'hérédité, celle de division de chose commune, et de celle en bornage de terres, quel est celui que l'on doit regarder comme demandeur, parce que les intérêts de toutes les parties semblent être les mêmes. Mais on a décidé que c'était celui qui avait provoqué l'action, et attaqué juridiquement ses consorts (3).

3. ULPIEN, *liv.* 30. *sur Sabinus.*

De la chose, et de ce qui peut être répété.

On ne peut faire entrer dans l'action en division d'une chose commune, que ce qui compose la chose même (4), les dépenses que l'on a faites pour la conserver, la détérioration qu'elle a subie, la perte que l'un des associés a faite à son occasion (5), ou ce qu'il aura perçu à cause de cette même chose commune.

Des conventions.

§. 1. Si ceux qui possèdent en commun, ont fait entr'eux quelques conventions auxquelles la bonne foi a présidé, elles doivent être prises en considération par le juge, lors de l'instance de partage de l'hérédité ou de division d'une chose commune.

4. LE MÊME, *liv.* 19. *sur l'édit.*

Des choses corporelles dont le domaine nous appartient. De l'hérédité.

Dans ce jugement (6) on partage les choses corporelles dont les parties ont le domaine et la propriété, mais non pas celles qui dépendent d'une succession.

---

(4) L. 3. 1. 4. C. h. t.
(5) V. l. 4. §. 5. l. 14. §. 1. infr. l. 4. in fin. C. eod.
(6) Vide tamen l. 7. §. 7. et 10. l. 19. §. ult. infr. eod.

Tom. 6.

De puteo.

§. 1. De puteo quæritur, an communi dividundo judicio agi possit? Et ait Mela, ità demùm posse, si solum ejus commune sit.

Quale sit hoc judicium. De re omissâ, et hoc judicio iterando.

§. 2. Hoc judicium bonæ fidei est (1). Quaré, si una res indivisa relicta sit, valebit utiquè (et) cœterarum divisio : et poterit iterùm communi dividundo agi de eâ, quæ indivisa mansit.

De re et præstationibus.

§. 3. Sicùt autèm ipsius rei divisio venit in communi dividundo judicio, ità etiàm *præstationes* (2) veniunt : et ideò si quis impensas (3) fecerit, consequatur. Sed si non cum ipso socio agat, sed cum herede socii, Labeo rectè existimat, impensas et fructus à defuncto perceptos venire. Planè, fructus antè (4) percepti, quàm res communis esset, vel sumptus antè facti, in communi dividundo judicium non veniunt.

De damno infecto.

§. 4. Ea proptèr scribit Julianus, si missi in possessionem damni infecti simus, et, antequàm *possidere* juberemur, ego insulam fulsero, sumptum istum communi dividundo judicio consequi me non posse.

---

(1) L. 14. §. 1. infr. eod. §. 28. Inst. de action.
(2) L. 22. §. 4. supr. tit. prox.

D'un puits.

§. 1. On demande si l'on pourrait former l'action en division d'une chose commune pour partager un puits ? Méla a répondu que la chose pouvait se faire, si le sol sur lequel se trouvait le puits était commun.

Quelle est la nature de cette action. De la chose omise, de cette action qui peut être renouvellée.

§. 2. Cette action est de bonne foi (1) ; c'est pourquoi s'il n'est resté qu'une seule chose indivise, le partage des autres sera valable, et on pourra de nouveau former une action pour diviser celle restée indivise.

De la chose, et de ce qui peut être répété.

§. 3. De même que la chose qui est à diviser entre dans l'action en division d'une chose commune, de même tout ce à quoi cette chose a donné lieu, doit également y entrer (2). Par conséquent s'il a été fait des dépenses pour cette chose, celui qui les aura faites pourra les répéter (3). Mais Labéon pense que si l'action n'est pas formée contre l'associé lui-même, mais contre son héritier, on doit estimer les dépenses faites pour cette chose, et les fruits perçus par le défunt. Sans doute que les fruits perçus, ou les dépenses faites avant que la chose fût commune (4), n'entrent pas dans l'action en division de choses communes.

Du dommage que l'on craint.

§. 4. C'est ce qui a engagé Julien à dire, que *si vous et moi étions envoyés en possession* d'une maison dont il y aurait lieu de craindre que la chûte ne nous fût préjudiciable, et qu'avant l'adjudication de cette maison, je l'aie étayée, je ne puis pas répéter cette dépense en formant l'action en division d'une chose commune.

---

(3) V. l. 14. §. 1. infr. h. t.
(4) Adde §. fin. infr. hic, fac. l. 49. in fin. supr. tit. prox.

5. JULIANUS, *lib.* 2. *ad Ursejum Ferocem.*

Sed si res non defenderetur, et ideò jussi sumus
à prætore *eas œdes possidere*, et ex hoc dominium earum nancisceremur, respondit Proculus,
communi dividundo judicio partem ejus impensæ
me servaturum esse.

6. ULPIANUS, *lib.* 19. *ad edictum.*

De errore in personâ socii.

Si quis putans(1) sibi cum Titio fundum communem esse, fructus perceperit, vel sumptum
fecerit, cùm esset cum alio communis, agi poterit
(utili) communi dividundo judicio.

Si quis partem suam alienaverit.

§. 1. Quarè et si fundum Titius alienaverit,
licèt hîc communi dividundo judicio locus non
sit, quià à communione discessum est, utili tamèn
locum futurum : quod datur de præstationibus,
quotièns communis esse desiit.

*De locatione, et culturâ fundi communis. Quid intersit
inter hanc, et negotiorum gestorum actionem.*

§. 2. Sivè autèm locando fundum communem,
sivè colendo, de fundo communi quid socius

---

(1) L. 14. §. 1. vers. diversum, l. 29. in pr. infr. h. t.

5. JULIEN, *liv.* 2. *sur Ursejus Férox.*

Mais si personne ne se présentait pour défendre contre la demande, et qu'à cause de cela le Préteur nous envoyât *en possesion de la maison*, Proculus a dit que nous en acquérions la propriété, et que je conserverai le droit, lors du jugement, de répéter les dépenses que j'aurai faites pour réparer la maison.

6. ULPIEN, *liv.* 19. *sur l'édit.*

De l'erreur dans la personne de l'associé.

Si quelqu'un pensant qu'un fonds lui est commun avec Titius (1), a perçu les fruits que produisait ce fonds, ou a fait des dépenses à son occasion, pendant que ce fonds était commun avec tout autre que Titius, il pourra requérir une action utile à l'effet, lors du partage, de se faire tenir compte des dépenses qu'il aura faites, et de compter lui-même des fruits qu'il aura perçus.

De celui qui a aliéné sa portion.

§. 1. C'est pourquoi si Titius a aliéné ce fonds, quoi-qu'il n'y ait plus lieu à l'action en division d'une chose commune, parce qu'il a cessé d'être commun par l'aliénation qui en a été faite, il y aura cependant lieu à une action utile en division d'une chose commune, à l'égard des obli-gations qui frappent sur les parties intéressées ; car elle a lieu, même lorsque la chose a cessé d'être commune.

De la location et de la culture d'un fonds commun. Quelle différence il y a entre cette action et celle de la gestion des affaires.

§. 2. Si l'associé a retiré quelqu'avantage, soit en cul-tivant le fonds commun, soit en le donnant à loyer, il devra en tenir compte, lors du partage, et s'il a agi au nom de tous, il n'est pas juste qu'il en retire aucun bé-néfice, ni qu'il éprouve aucune perte. Si au contraire il n'a

consecutus sit, communi dividundo judicio tenebitur. Et si quidèm communi nomine id fecit,
nequè lucrum, nequè damnum sentire eum oportet :
si verò non communi nomine, sed ut (1) lucretur
solus, magis esse oportet, ut et damnum ad ipsum
respiciat. Hoc autèm ideò præstat communi dividundo judicio, quià videtur partem suam non
potuisse expeditè locare. Cæterùm, non aliàs communi dividundo judicio locus erit, (ut et Papinianus scribit) nisi id demùm gessit, sinè quo
partem suam rectè administrare non potuit : alioquìn, si potuit, habet negotiorum gestorum (2)
actionem, eâque tenetur.

De impensis.

§. 3. Si quid, post acceptum communi dividundo judicium, fuerit impensum : Nerva rectè
existimat, etiàm hoc venire.

De partû.

§. 4. Sed et partum venire, Sabinus et Atilicinus responderunt.

De accessione, et decessione post judicium acceptum.

§. 5. Sed et accessionem et decessionem hoc
judicium accipere iidem existimaverunt.

De illatione mortui.

§. 6. Si quis in communem locum mortuum
intulerit, an religiosum fecerit, videndum (est)?
Sanè jus quidèm inferendi in sepulcrum unicui-

---

(1) V. l. 5. C. de ædific. privat.

agi que pour lui seul, et dans l'intention de bénéficier seul,
il est juste qu'il n'y ait que lui seul qui supporte la perte
qui en pourra résulter(1). La raison pour laquelle il est tenu
en vertu de la location qu'il a faite, à tenir compte à ses
associés de ce qu'il a perçu, c'est qu'il n'a pas pu louer
sa portion facilement. Au surplus, comme l'écrit Papinien,
il n'y aura lieu à l'action en division d'une chose commune, qu'autant que l'associé n'a pu administrer sa portion,
sans toucher à celle des autres. Autrement s'il a pu le faire
et qu'il ait géré en même tems les affaires des autres, il
a pour lui l'action qui dérive de la gestion des affaires (2),
et il en est tenu à l'égard de ses co-associés.

Des dépenses.

§. 3. S'il a été fait quelque dépense pour une chose
commune, après l'instance formée, Nerva pense avec
raison, que ces dépenses doivent faire partie du jugement.

De l'accouchement.

§. 4. Sabinus et Atilicinus ont répondu que l'enfant né
d'une esclave commune, devait entrer dans l'instance de
partage.

De l'augmentation et de la diminution, *après que l'action a été acceptée.*

§. 5. Les mêmes jurisconsultes ont pensé que cette action
pouvait s'accroître, de même qu'elle était susceptible de
diminution.

De la déposition d'un mort.

§. 6. Si quelqu'un a déposé un mort dans un lieu commun, a-t-il rendu cet endroit religieux, inviolable par ce
dépôt? Nul doute que les associés n'aient respectivement

______

(1) L. 40. supr. de negot. gest.

què in solidum competit; locum autèm purum
alter facere non potest religiosum. Trebatius autèm,
et Labeo, quanquàm putant non esse locum religiosum factum, tamèn putant in factum agendum (1).

De cautione damni infecti.

§. 7. Si damni infecti in solidum pro ædibus
caveris, Labeo ait, communi dividundo judicium
tibi non esse : cùm necesse tibi non fuerit in solidum cavere (2), sed sufficere pro parte tuâ. Quæ
sententia vera est.

De oppigneratione rei communis.

§. 8. Si fundus communis nobis sit, sed pignori
datus à me, venit quidèm in communi dividundo :
sed jus pignoris creditori manebit (3), etiàmsi
adjudicatus fuerit. Nàm et si pars socio tradita
fuisset, integrum maneret. Arbitrum autèm communi dividundo hoc minoris partem æstimare
debere, quod ex pacto vendere eam rem creditor
potest, Julianus ait.

Si socius socio partem suam pignori dederit.

§. 9. Idem (Julianus) scribit, si is, cum quo
servum communem habebam, partem suam mihi
pignori dederit, et communi dividundo agere
cœperit, pigneratitiâ exceptione eum summoveri
debere : sed, si exceptione usus non fuero,
officium judicis erit, ut, cùm debitori totum
hominem adjudicaverit, partis æstimatione eum

---

(1) Adde l. 2. §. 1. in fin. infr. de religios. l. 39. infr. pro socio.
(2) Immo vide l. 13. infr. de damno infect.

le droit d'enterrer un mort dans un sépulcre commun, mais un seul d'entr'eux ne peut rendre un endroit religieux, lorsqu'il ne l'était pas. Trebatius et Labéon pensent que, quoique l'endroit ne soit pas devenu religieux, cependant on a contre l'associé une action expositive du fait.

De la caution à fournir pour sûreté d'un dommage que l'on craint.

§. 7. Si vous avez donné caution de réparer le tort qu'un voisin pourrait souffrir de la chûte d'un édifice commun, Labéon dit que vous n'avez pas à ce sujet l'action en division d'une chose commune, parce que vous ne deviez pas donner caution pour la totalité de l'édifice (2), et que vous deviez vous contenter de la donner pour votre portion. Ce sentiment est vrai.

De l'engagement d'une chose commune.

§. 8. Si nous possédons un fonds en commun, et que je l'aie donné en gage, il entre malgré cela dans l'action en division d'une chose commune; mais le droit que le créancier a sur le fonds, reste dans son entier (3), encore qu'il ait été adjugé en entier. Car si une portion avait été adjugée à l'associé, le gage ne frapperait pas moins sur le fonds en entier. Julien a dit que l'arbitre devait estimer, lors de l'instance en division d'une chose commune, cette portion à un prix au-dessous de sa valeur, en ce que la faculté que le créancier a de la vendre suivant les conventions du gage, l'a dépréciée.

Si l'un des associés a donné sa portion en gage à son co-associé.

§. 9. Le même Julien écrit ce qui suit : Si celui avec qui je possédais un esclave en commun, m'a donné sa portion à titre de gage, et qu'il ait formé l'action en division d'une chose commune, je puis le débouter, en lui opposant l'exception pignoratice. Mais si je ne me suis pas servi de cette exception, il est du devoir du juge, lorsqu'il a adjugé l'esclave en entier au débiteur, de le condamner à me payer

---

(3) V. l. 7, in f.q. infr. quib. mod. pignus.

condemnet : manere enìm integrum jus pignoris. Quòd si adjudicaverit judex mihi : tanti duntaxàt me condemnet, quantò plurìs pignus sit, quàm pecunia credita, et debitorem à me jubeat liberari.

De adjudicatione.

§. 10. Officio judicis etiàm talis adjudicatio fieri potest, ut alteri fundum, alteri usumfructum adjudicet (1).

Collatio familiæ erciscundæ et hujus judicii.

§. 11. Cætera eadem (2) sunt, quæ in familæ erciscundæ judicio tractavimus (3).

De nævè operis nunciatione.

§. 12. Ursejus ait, cùm in communi ædificio vicinus nunciavit, *ne quid operis fieret*, si unus ex sociis ex hâc caúsâ damnatus fuisset, posse eam pœnam à socio pro parte servare. Julianus autèm rectè notat, ità demùm hoc verum esse, si interfuit ædium hoc fieri.

7. IDEM, *lib.* 20. *ad edictum.*

De agro vectigali.

Communi dividundo judicium locum habet et in vectigali agro. Vectigalis ager an regionibus dividi possit, videndum ? Magìs autèm debet judex

---

(1) L. 16. §. 1. supr. tit. prox. l. 6. §. 1. supr. de usufruct.
(2) Excip. l. 4. §. 2. supr. h, t. v. l. 20. §. 4. supr. tit. prox,

ma portion en argent. La raison est que cette adjudication ne détruit pas mon droit sur le gage. Si le juge m'a adjugé l'esclave, je ne puis être condamné à restituer que ce qui excède mon gage ; et il doit me forcer à consentir à la libération du débiteur.

De l'adjudication.

§. 10. Le juge peut faire son adjudication de façon que le fonds soit adjugé à l'un, et l'usufruit à l'autre (1).

Comparaison entre l'action en partage de biens de famille, et cette action.

§. 11. Quant à ce qui concerne les autres choses (2), il faut observer les mêmes règles que dans l'action en partage d'une succession (3).

De la défense de cesser un ouvrage nouvellement commencé.

§. 2. Urséjus a dit que lorsqu'un voisin d'un édifice commun a sommé les co-associés *de n'y rien entreprendre de nouveau*, si l'un des associés, a été condamné à cette occasion, il pourra exiger de son associé la moitié de la somme qu'il a payée en vertu de cette condamnation. Mais Julien fait cette remarque judicieuse, que cela ne serait vrai qu'autant qu'il eût été de l'intérêt de tous que cette condamnation eût lieu.

7. LE MÊME, *liv.* 20. *sur l'édit.*

Du champ tenu à la charge d'une redevance.

On peut former la demande en division d'une chose commune, pour un fonds tenu à bail emphythéotique. Examinons si on peut diviser un champ tenu à bail emphytéotique, en cantons séparés et distingués ? Il est plus dans l'ordre que le juge s'abstienne de faire une telle division.

____

(3) L. 19. in fin. infr. h. t.

abstinere hujusmodi divisione : alioquin præstatio vectigalis confundetur (1).

De adjudicatione et servitute imponendâ.

§. 1. Neratius scribit arbitrum, si regionibus fundum non vectigalem, divisum duobus adjudicaverit, posse, quasi in duobus fundis, servitutem imponere (2).

De eo cui competit Publiciana.

§. 2. Qui in rem Publicianam habent, etiàm communi dividundo judicium possunt exercere.

De eo cui non datur vindicatio.

§. 3. Ex quibusdàm autèm causis vindicatio cessat : si tamèn justa causa est, possidendi, utile communi dividundo competit : utputà si ex causâ indebiti soluti res possideatur.

De prædone. De precariâ vel clandestinâ possessione.

§. 4. Intèr prædones autèm hoc judicium locum non habet. Nec, si precariò possideant, locum habebit : nec, si clàm : quià injusta est possessio ista (3) : precaria verò justa quidèm, sed quæ non pergat ad judicii vigorem (4).

Si is qui provocat, dicatur vi, aut precariò aut clàm possidere.

§. 5. Julianus scribit, si alter possessor provocet, alter dicat eum vi possidere, non debere hoc

---

(1) V.1.3. supr. tit. prox.
(2) L. 27. §. 3. supr. d. t.

Autrement cela donnerait lieu à une confusion relativement à la redevance due pour raison de ce fonds possédé à ce titre (1).

De l'adjudication et de la servitude qui doit être imposée.

§. 1. Nératius écrit que si le juge a adjugé à deux associés un fonds qui n'était pas tenu à titre emphytéotique, après l'avoir divisé en portions séparées, il peut à l'instant de l'adjudication, grever une partie de ce fonds d'une servitude au profit de l'autre, comme si c'était deux fonds séparés (2).

De celui à qui l'action Publicienne appartient.

§. 2. Ceux qui pour conserver la chose qu'ils possèdent, ont le droit de former l'action Publicienne, peuvent de même exercer celle en division d'une chose commune.

De celui à qui on n'accorde pas le droit de revendiquer.

§. 3. Il est certains cas où la revendication n'a pas lieu. Si cependant la possession est juste, il y a lieu alors à l'action utile en division d'une chose commune. Comme si, par exemple, la chose est possédée à titre de paiement d'une dette non exigible.

Du possesseur de mauvaise foi. De la possession précaire
ou clandestine.

§. 4. Mais cette action n'a pas lieu entre les possesseurs de mauvaise foi, de même qu'à l'égard de ceux qui possèdent à titre de précaire, ou clandestinement, parce que cette possession est injuste (3). La possession précaire est à la vérité juste ; mais elle n'a pas par elle-même tout ce qu'il faut pour donner lieu au partage de la chose (4).

Si celui qui attaque est censé posséder par violence, ou à
titre de précaire, ou clandestinement.

§. 5. Julien écrit que si un possesseur forme la demande en division d'une chose commune, et que l'autre prétende

---

(3) Arg. l. 3. in pr. infr. uti passid.
(4) L. 13. §. 1. supr. de Public. in rem act.

judicium dari, nec post annum quidèm : quià
placuit, etiàm (1) post annum in eum, qui vi
dejecit, interdictum reddi. Et, si precariò (inquit)
dicat eum possidere, adhùc cessabit hoc judicium :
quià et de precariò interdictum datur. Sed et si
clàm dicatur possidere qui provocat, dicendum
esse ait, cessare hoc judicium : nàm de clandestinâ possessione competere interdictum inquit.

De pignore.

§. 6. Si duo sint, qui rem pignori acceperunt,
æquissimum esse, utile communi dividundo judicium dari (2).

De usufructû.

§. 7. Sed et si de usufructû sit inter duos controversia, dari debet (3).

De his qui missi sunt in possesionem legatorum servan-
dorum causâ. De duobus ventribus.

§. 8. Itèm si duo à Prætore missi sint in possessionem legatorum : est enim justa causa possidendi, custodiæ gratiâ (4). Ergò, et si duo
ventres, idem erit dicendum. Quod habet rationem.

De damni infecti.

§. 9. Planè, si jàm damni infecti missus, jussus
sit possidere, non erit huic utili judicio locus,
cùm vindicationem habere possit.

---

(1) L. 1. in pr. l. 3. §. 12. infr. de vi et vi armat.
(2) V. §. 12. infr. h. l.
(3) L. 13. §. 3. supr. de usufr. l. 4. in fin. infr. de aquâ quotid.

qu'il possède par violence, la demande ne peut être admise, même après l'année, parce qu'il a été décidé que celui à qui l'on a enlevé sa chose par violence (1), a le droit, même après l'année révolue, de la revendiquer ; et si, ajoute-t-il, on soutient que celui qui demande la division de la chose, possédée à titre de précaire, il n'y aura pas également lieu à cette action, parce qu'il y a un interdit établi à l'égard de la possession à titre de précaire. Il en est de même, d'après ce jurisconsulte de la possession clandestine. Car le Préteur a établi de même relativement à cette possession un interdit.

Du gage.

§. 6. Si deux créanciers ont reçu la même chose à titre de gage, il est juste que la chose soit divisée entr'eux (2).

De l'usufruit.

§. 7. Cette action ne peut de même être refusée à deux usufruitiers qui la demanderaient, pour faire cesser le différend qu'ils auraient ensemble au sujet de leur jouissance (3).

De ceux qui sont envoyés en possession pour sûreté du paiement des legs. De deux femmes enceintes.

§. 8. Si le Préteur a envoyé en possession deux légataires, à l'effet de leur assurer le paiement de leur legs, il y a alors un juste motif de procéder à leur égard à la division des choses qui constituent le legs (4). Donc il faudra dire la même chose, si le legs a été laissé à deux femmes enceintes ; et rien de plus conforme à la raison.

De l'envoi en possession pour sûreté de la réparation du dommage qui est à craindre de la chûte d'un édifice voisin.

§. 9. Mais si le Préteur a déjà envoyé le voisin d'un édifice en possession de cet édifice, pour sûreté du dommahe qu'il peut craindre de sa chûte, et que le Préteur lui ait adjugé cet édifice, il n'y aura pas lieu à cette action, parce que le propriétaire peut le revendiquer.

____

(4) V. l. 11. infr. de adquir. vel amitt. possess.

De usufructû.

§. 10. Cùm de usufructû communi dividundo judicium agitur, judex officium suum ità diriget, ut vel regionibus (1) eis uti frui permittat, vel locet usumfructum uni (ex illis), vel tertiæ personæ, ut hi pensiones sinè ullà controversiâ percipiant : vel si res mobiles sint, etiàm sic poterit, ut inter eosconveniat, caveantquè, per tempora(2) se usuros et fruituros : hoc est, ut apud singulos mutuâ vice certo tempore sit ususfructus.

De colonis et depositariis.

§. 11. Nequè colonis, nequè eis, qui depositum susceperunt, hoc judicium competit, quamvis naturalitèr possideant (3).

De pignore.

§. 12. Intèr eos, qui pignori acceperunt, talis divisio fieri debet, ut non vero pretio æstimetur pars, sed in tantùm duntaxàt, quantùm pro eâ parte debetur. Et adsignetur quidèm pignus uni ex creditoribus, licentia tamèn non denegetur debitori, debitum offerre, et pignus suum luere. Idemquè dicitur et (si) possessor pignoris, litis æstimationem pigneratitiam in rem agenti offerat.

De parte prædii communis pigneratâ, aut venditâ. De cæteris judiciis.

§. 13. Si debitor communis prædii partem pignori dedit, et à domino alteriùs partis provo-

___
(1) L. 5. C. h. t.

De l'usufruit.

§. 10. Lorsque l'on forme l'action en division d'une chose commune relativement à un usufruit, le juge qui en connaît, doit se conduire de manière à fixer à un chacun la perception de son usufruit dans des cantons séparés (1), ou ordonner que l'usufruit sera loué à l'un des usufruitiers, ou à une tierce personne, afin que les revenus soient perçus, sans qu'ils puissent se chicaner réciproquement ; ou si ce qui forme l'usufruit se compose de choses mobiliaires, il pourra régler les choses de façon que de leur consentement, et en se donnant réciproquement caution, les usufruitiers en jouissent chacun alternativement et pendant un certain tems (2), de manière que la chose soit entre les mains d'un chacun pendant le tems fixé pour qu'il puisse s'en servir et en jouir.

Des fermiers et des dépositaires.

§. 11. Quoique les fermiers et dépositaires possédent à juste titre et naturellement, cependant l'action en division d'une chose commune, ne peut avoir lieu à leur égard (3).

Du gage.

§. 12. La division qui se fait entre deux créanciers qui ont reçu une chose à titre de gage, doit être, non en raison de la valeur de la chose, mais en raison de leurs créances respectives. Le gage devra être assigné de manière qu'il soit toujours libre au débiteur d'offrir sa dette, et de retirer son gage. Il faut dire la même chose dans le cas où le possesseur du gage offre à celui qui veut exercer son droit d'hypothèque le paiement de sa créance.

D'une partie d'un fonds commun engagée ou vendue. Des autres actions.

§. 13. Si un débiteur a engagé à son créancier sa portion d'un fonds commun, et que celui actionné par le proprié-

____

(2) L. 4. l. 5. in pr. infr. de aquâ quotid.
(3) L. 5. in fin. l. 4. infr. ad exhib.

catus creditor ejus, aut ab alio creditore alteriûs debitoris, licendo superavit, et debitor ejus, cui res fuit adjudicata, velit partem suam prædii recuperare, soluto eo, quod ipse debuit, elegantèr dicitur, non esse audiendum, nisi et eam partem paratus sit recuperare, quam creditor per adjudicationem emit. Nàm et (1) si partem vendideris rei, et priùs quàm traderes emptori, communi dividundo judicio provocatus fueris, aliaquè pars tibi adjudicata sit, consequentèr dicitur, ex empto agi non posse : nisi totam rem suscipere fuerit paratus : quià hæc pars beneficio alteriûs venditori accessit. Quinimò etiàm ex vendito posse conveniri emptorem, ut recipiat totum. Solum illud spectandum erit, nùm fortè fraus aliqua venditoris intervenit. Sed et si distractâ parte, cesserit victus licitatione venditor, æquè, pretium ut restituat, ex empto tenebitur. Hæc eadem et in mandato cæterisquè hujus generis judiciis servantur.

8. PAULUS, *lib.* 23. *ad edictum.*

Si non omnes dividere desiderant.

Etsi non omnes (2), qui rem communem habent, sed certi ex his dividere desiderant, hoc judicium intèr eos accipi potest.

De parte incertâ.

§. 1: Si incertum sit, an lex Falcidia locum habeat, intèr legatarium et heredem communi dividundo agi potest : aut incertæ (3) partis vindicatio. Similitèr fit, et si peculium legatum sit,

---

(1) L. 1[?]. §. 17. infr. de act. empt.
(2) L. 43. supr. tit. prox.

taire de l'autre portion, ou par un autre qui est son créancier, se fasse adjuger le fonds entier, et que le débiteur de celui à qui la chose a été adjugée veuille rentrer dans sa portion, en offrant de payer ce qu'il doit, on a décidé avec raison qu'il ne devait pas être écouté, à moins qu'il ne voulût également reprendre la portion qui a été adjugée au créancier. Car lorsque vous avez vendu (1) votre part d'une chose, si avant que vous en fissiez la tradition à l'acquéreur, on a formé contre vous l'action en division d'une chose commune, et que l'autre portion vous ait été adjugée, votre acquéreur ne pourra pas former contre vous l'action qui dérive de la vente, à moins qu'il ne soit dans l'intention d'acquérir le tout; parce que cette portion est accrue au vendeur, au profit d'un autre. Il y a plus, c'est que l'acheteur peut être contraint par le vendeur en vertu de l'action *ex empto*, à acquérir le tout. Il faudra seulement examiner alors s'il n'y a pas de mauvaise foi de la part du vendeur. Mais si celui qui a vendu sa portion, a été forcé de la céder lors de l'adjudication, il sera tenu en vertu de l'action provenant de la vente *ex vendito*, de rendre à l'acquéreur le prix qu'il aura reçu. On doit observer la même chose dans l'action de mandat, et autres de cette espèce.

8. PAUL, *liv.* 3. *sur l'édit.*

Si tous ne desirent pas le partage.

Cette action a lieu, encore que parmi ceux qui possèdent une chose en commun, il n'y ait eu qu'un certain nombre qui en demande le partage (2).

D'une portion incertaine.

§. 1. Si on doute qu'il y ait lieu à la loi Falcidia, le légataire et l'héritier peuvent procéder entr'eux au partage du legs, ou le légataire revendiquera une portion incertaine(3) dans la chose léguée, comme y ayant un droit. Il en sera de même à l'égard du legs du pécule d'un esclave, parce

____

(3) L. 76. S. 1. supr. de rei vind.

quià in quantum res peculiares deminuit, id, quod domino debetur incertum est.

De re communi deterioratâ.

§. 2. Venit in communi dividundo judicium, etiàm si quis rem communem deteriorem fecerit: fortè servum vulnerando, aut animum ejus corrumpendo, aut arbores ex fundo excidendo.

De causâ noxali.

§. 3. Si communis servi gratiâ, noxæ nomine plùs præstiterit; æstimabitur servus, et ejus partem consequetur.

De peculio.

§. 4. Item, si unus in solidum de peculio conventus (1), et damnatus sit, est cum socio communi dividundo actio, ut partem peculii consequatur.

9. AFRICANUS, *lib.* 7. *quæstionum.*

Sed postquàm socìus, servi communis nomine, de peculio in solidum damnatus esset, si apud socium res peculiares intercidant (2), nihilominùs utile erit judicium communi dividundo, ad recuperandam partem pecuniæ : alioquìn iniquum fore, si tota ea res ad damnum ejus, qui judicium acceperit, pertineat; cùm utriùsque domini periculum in rebus peculiaribus esse debeat. Nàm et eum, qui mandatû domini defensionem servi suscepit, omne, quod bonâ fide præstiterit, servaturum, quamvis

---

(1) L. 27. in fin. infr. de pecul.

que l'on ignore la diminution que ce pécule pourra subir par les sommes que l'esclave pourra devoir à son maître.

De la chose commune détériorée.

§. 2. La détérioration que quelqu'un a causé à la chose, entre également dans l'action en division d'une chose commune. Supposé qu'il ait blessé l'esclave, ou corrompu ses mœurs, ou qu'il ait arraché des arbres plantés sur le fonds commun.

De l'action noxale.

§. 3. Si l'un des maîtres d'un esclave commun au sujet duquel on a intenté l'action noxale, a payé en entier, c'est-à-dire, plus que sa portion, le tort causé par l'esclave, sera estimé, et il se remplira sur cette estimation, de ce qu'il aura payé à cet égard.

Du pécule.

§. 4. De même si un des propriétaires est actionné solidairement (1) au sujet d'une obligation contractée par l'esclave commun, et qu'il ait été condamné, il a contre son copropriétaire l'action en division d'une chose commune, pour retirer la moitié de ce qu'il aura payé.

9. AFRICANUS, *liv.* 7. *des questions.*

Si après qu'un des copropriétaires a été condamné solidairement au nom d'un esclave commun, les effets qui composaient le pécule, viennent à périr entre les mains de l'autre copropriétaire (2), celui qui aura payé, aura néanmoins une action utile en division d'une chose commune, pour se faire tenir compte de ce qu'il aura payé en vertu de cette condamnation, autrement il serait injuste que toute la perte fût pour celui qui se serait présenté en justice pour défendre contre la demande, puisque les risques doivent être communs aux deux copropriétaires. Car celui qui a pris la défense de l'esclave par l'ordre du maître, a

---

(2) L. 25. infr. h. t. l. 51. supr. famil. ercisc.

peculium posteà interciderit (1). Hæc ità, si neutriûs culpâ intervenerit. Etenim dominum, cum quo de peculio agitur, si paratus sit rebus peculiaribus petitori cedere, ex causâ audiendum putavit : scilicèt, si sinè dolo malo et frustratione id faciat.

10. PAULUS , *lib.* 23. *ad edictum.*

De eo quod defunctus in re communi admisit.

Itèm , quamvis legis Aquiliæ actio in heredem (2) non competat, tamèn hoc judicio heres socii præstet , si quid defunctus in re communi admisit : quo nomine legis Aquiliæ actio nascitur.

De usû.

§. 1. Si usus tantùm noster sit , qui nequè venire (3), nequè locari potest, quemadmodùm divisio potest fieri in communi dividundo judicio , videamus? Sed Prætor interveniet , et rem emendabit : ut, si judex alteri usum adjudicaverit, non videatur alter , qui mercedem accepit, non uti : quasi plùs faciat , qui videtur frui , quià hoc propter necessitatem fit.

De æstimatione. De evictione.

§. 2. In communi dividundo judicio , justo pretio rem æstimare debebit judex : et *de evictione* quoquè cavendum erit.

---

(1) Arg. l. 7. l. 5o. in fin. infr. mandati.
(2) L. 25. §. 8. supr. ad leg. Aquil.

le droit de demander les dépenses qu'il aura faites de bonne foi à cette occasion, quoique par la suite le pécule soit devenu à rien (1). Ce qui vient d'être dit ne doit s'entendre que dans le cas où il n'y aura pas de la faute des deux propriétaires; car j'estime que l'on doit écouter le maître contre lequel on intente une action provenant du pécule de son esclave, lorsqu'il offre d'abandonner les effets qui composent ce pécule, pourvu qu'il n'y ait de sa part ni fraude, ni mauvaise foi.

10. PAUL, *liv.* 23. *sur l'édit.*

De ce qui arrive à la chose commune par le fait du défunt.

Quoique l'action de la loi Aquilia n'ait pas lieu contre l'héritier (2) du défunt qui a causé quelque tort, cependant dans l'instance de partage, l'héritier d'un associé doit tenir compte des détériorations survenues à la chose commune par le fait du défunt, et pour lesquelles il y aurait lieu à l'action de la loi Aquilia.

De l'usage.

§. 1. Examinons comment on pourra partager le droit d'usage d'une chose qui nous appartient, mais qui ne peut ni se vendre (3), ni se louer. Le préteur interviendra et réglera les choses de façon que si le juge adjuge à l'un l'usage, celui qui recevra une somme pour lui tenir lieu de son usage, ne soit pas censé ne pas user de la chose. Celui qui jouit exerce même un droit plus considérable puisqu'il jouit, et qu'il ne jouit que par nécessité.

De l'estimation. De l'éviction.

§. 2. Dans l'instance en division d'une chose commune, le juge doit priser la chose à sa juste valeur, et celui qui au lieu et place de sa portion aura reçu de l'argent, devra donner caution en cas *d'éviction.*

---

(3) L. 8. in pr. supr. de usû et habit.

11. GAJUS *lib. 7. ad edictum provinciale.*

De præstationibus personalibus. De re communi extinctâ.

In summâ admonendi sumus, quòd si post interitum rei communis is, cui aliquid ex communione præstari oportet, eo nomine agere velit, communi dividundo judicium utile datur : veluti si actor impensas aliquas in rem communem fecit, sive socius ejus solus aliquid ex eâ re lucratus est, velùt operas servi mercedesvè : hoc judicio eorum omnium ratio habetur.

12. ULPIANUS *lib 71. ad edictum.*

De ædibus, aut pariete.

Si ædes communes sint, aut paries communis, et eum reficere, vel demolire, vel in eum immittere quid opus sit : communi dividundo judicio erit agendum, aut interdicto *uti possidetis* experimur.

13. IDEM, *lib. 75. ad edictum.*

De rebus exceptis vel non.

In judicium communi dividundo omnes res veniunt : nisi si quid fuerit ex communi consensû exceptum nominatim, ne veniat.

14. PAULUS, *lib. 3. ad Plautium.*

De eo qui scit aut ignorat se habere socium.

In hoc judicium (hoc) venit, quod communi nomine actum est, aut agi debuit ab eo, qui scit se socium habere.

11. GAJUS, *liv.* 7. *sur l'édit.*

Des prestations personnelles. De l'extinction de la chose commune.

En général nous devons observer que, si après que la chose qui était en commun n'existe plus, celui à qui il devait être accordé quelque chose à l'occasion de la communauté qui a eu lieu, veut agir à ce titre, il a une action utile de division de chose commune; comme si, par exemple, le demandeur a fait quelques dépenses pour la chose commune, et que son co-associé en ait seul retiré quelqu'avantage, tel que serait le prix du travail d'un esclave commun, les associés doivent dans cette action se tenir réciproquement compte de tous ces articles.

12. ULPIEN, *liv.* 71. *sur l'édit.*

D'une maison, ou d'un mur.

Si une maison est commune, ou un mur mitoyen, et qu'il soit nécessaire de les réparer ou de les démolir, ou d'appuyer quelque chose, on doit recourir à l'action en division d'une chose commune, ou recourir à l'interdit, *uti possidetis.*

13. LE MÊME, *liv.* 75. *sur l'édit.*

Des choses qui sont ou ne sont pas exceptées.

Toutes les choses communes entrent dans le jugement en division d'une chose commune, à moins que les parties intéressées n'en aient d'un commun accord excepté quelques-unes.

14 PAUL, *liv.* 3. *sur Plautius.*

De celui qui sait ou qui ignore avoir un consort.

Tout ce qui a été fait ou dû être fait en commun par celui qui savait avoir un associé, entre dans cette instance.

§. 1. Impendia (1) autem, quæ, dùm proprium meum fundum existimo feci, quæ scilicèt, si vindicaretur fundi pars, per exceptionem doli retinere possem, an etiàm, si communi dividundo judicio mecùm agetur, æquitate ipsiùs judicii retinere possim, considerandum est? Quod quidèm magìs puto : quià bonæ fidei judicium est communi dividundo (2). Sed hoc ità, si mecùm agatur, Cæterùm, si alienavero partem meam, non erit, undé retinere possim. Sed is, qui à me emerit, an retinere possit, videndum est : nàm (et) si vindicaretur ab eo pars, impendiorum nomine, quæ ego fecissem, ità, ut ego, poterat retentionem facere? et veriùs est, ut et in hâc specie expensæ retineantur. Quæ cùm ità sint, rectissimè dicitur, etiàm impendiorum nomine utile judicium dari debere mihi in socium, etiàm manente rei communione. Diversum est enim, cùm quasì in rem meam impendo, quæ sit aliena, aut communis. Hoc enìm casû, ubi quasì (3) in rem meam impendo, tantùm retentionem (4) habeo : quià neminem mihi obligare volui. At cùm puto rem Titii esse, quæ sit Mævii, aut esse mihi communem cum alio, quàm est ; id ago, ut alium mihi obligem. Et sicùt negotiorum gestorum actio datur adversùs eum, cujus negotia curavi, cùm putarem alteriûs ea esse, ità et in proposito. Igitur et si ab alienavero prædium, quià in eâ causâ fuit, ut mihi actio dari deberet, danda mihi erit (ut Julianus quoquè scribit) negotiorum gestorum actio.

---

(1) L. 3. in pr. l. 4. §. 5. l. 11. supr. l. 4. in fin. C. h. t.
(2) L. 4. §. 2. supr. eod.
(3) L. 29. in pr. vers. diversa. infr. eod.
(4) Immò vide l. 58. §. 2. vers. quod si. infr. ad SC. Trebell.

§. 1. Il faut examiner si les dépenses (1) que j'ai faites sur un fonds que je croyais appartenir à moi seul, et que je pourrais retenir contre celui qui revendiquerait une portion du fonds, en lui opposant l'exception du dol, il faut, dis-je, examiner si je pourrais également m'en faire tenir compte dans le jugement en partage qui est toujours basé sur l'équité. Pour moi, je le pense ainsi, parce que dans ce jugement on se reporte toujours à la bonne foi (2). Mais cela n'est ainsi qu'autant que l'on agirait contre moi. Car si j'ai aliéné ma portion, il ne reste plus rien sur quoi je puisse prélever ces dépenses. Mais voyons si celui qui a acheté de moi peut les retenir? Car si on revendiquait sur lui une portion de la chose aliénée, il pourrait retenir les dépenses que j'aurai faites, de même que j'eusse pu le faire; et il est plus vrai de dire qu'il peut les retenir dans cette espèce. Les choses étant ainsi, il faut dire que l'on doit m'accorder une action utile contre mon associé pour me faire rendre par lui les dépenses que j'ai faites pour la chose pendant qu'elle était commune. En effet la chose est différente, lorsque je fais des dépenses pour une chose que je crois à moi, lorsqu'elle est à autrui, ou commune; car dans ce cas, dès que je fais des dépenses pour une chose que je crois m'appartenir (3), je n'ai que le droit de les retenir (4), parce que je n'ai entendu obliger personne envers moi. Mais lorsque je crois que la chose est à Titius, pendant qu'elle appartient à Mævius, ou qu'elle m'est commune avec un autre, je ne le fais que pour obliger un autre envers moi. Et de même que j'ai l'action de la gestion des affaires contre celui dont j'ai géré les affaires, lorsque je croyais que c'était celles d'un autre, de même dans l'espèce proposée, je dois avoir une action. C'est pourquoi si j'ai aliéné un fonds sur lequel j'ai fait des dépenses qui donnaient lieu à ce que l'on m'accordât cette action, on devra également, comme le dit Julien, m'accorder l'action de la gestion des affaires d'autrui.

De pacto.

§. 2. Si conveniat, *ne omninò divisio fiat* (1), hujusmodi pactum nullas vires habere, manifestissimum est. Sìn autèm *intrà* (2) *certum tempus*, quod etiàm ipsius rei qualitati prodest, valet.

§. 3. Si inter socios convenisset, *ne intrà certum tempus societas divideretur*, quìn vendere (3) liceat ei, qui tali conventione tenetur, non est dubium. Quarè emptor quoquè communi dividundo agendo, eâdem exceptione summovebitur, quâ auctor ejus summoveretur.

§. 4. Si paciscatur socius, *ne partem suam petat*, effectû tollitur societas.

15. Idem, *lib. 5. ad Plautium.*

De solutione ob servum communem.

Si socius servi communis nomine conventus, et condemnatus sit, aget communi dividundo, et antequàm præstet. Nàm, et si noxali judicio cum uno actum sit, statìm aget cum socio, *ut ei pars traderetur :* cautionibus interpositis, *ut, si non dederit, reddet.*

16. Idem, *lib. 6. ad Plautium.*

De eo quod sub conditione debetur.

Cùm socii dividunt societatem, de eo, quod

---

(1) L. 70. infr. pro socio.
(2) L. 14. infr. d. t.

De la convention.

§. 2. Il est très-constant que si on convient que la chose qui est en commun *ne sera jamais partagée* (1), cette convention est nulle. Mais si on fixe une époque à laquelle elle le sera (2), et que cette époque ne tende qu'à améliorer la chose, la convention est valable.

§. 3. Si des associés sont convenus entr'eux que *la société ne pourra être dissoute avant un certain tems*, il n'est pas douteux qu'un des associés qui a fait cette convention, ne puisse vendre sa portion (3). C'est pourquoi on opposerait utilement à l'acquéreur la même exception qu'on serait en droit d'opposer à celui qui aurait souscrit la convention, c'est-à-dire, son vendeur.

§. 4. Si un associé prend l'engagement *de ne jamais demander sa portion*, la société n'existe plus quant à ce qui la constitue essentiellement.

15. Le même, *liv. 5. sur Plautius.*

Du paiement fait à cause d'un esclave commun.

Si un associé a été actionné à l'occasion d'un esclave commun, et qu'il ait été condamné, il pourra former sa demande en partage d'une chose commune, avant même de payer le montant de la condamnation. Car si l'action noxale avait été intentée contre l'un des associés au nom de l'esclave, il pourrait demander que *son associé lui abandonnât* sa portion sur l'esclave, en donnant toutes fois caution à ce dernier de lui rendre l'esclave, *s'il ne l'abandonnait pas en conséquence de la condamnation.*

16. Le même, *liv. 6. sur Plautius.*

De ce qui est dû sous condition.

Lorsque des associés viennent à rompre la société qui existait entr'eux, et en partagent les objets qui la composaient, ils doivent mutuellement se donner caution de

---

(3) L. 16. in fin. infr. d. t.

sub conditione deberetur (1), cautiones intervenire solent.

17. MODESTINUS, *liv*. 9. *regularum.*

Si coheres fundum comparavit à creditore.

Qui coheredes habet , si fundum pignori datum
à testatore suo , comparaverit à creditore , non
debet à coheredibus judicio communi dividundo
conveniri,

18. JAVOLENUS, *lib.* 2. *epistolarum.*

De servitute imponendâ, et de potestate judicis.

Ut fundus hereditarius fundo non hereditario
serviat, arbiter disponere non potest (2): quià ultrà
id , quod in judicium deductum est , excedere
potestas judicis non potest.

19. PAULUS , *lib.* 6. *ad Sabinum.*

De his quæ sunt in confinio.

Arbor, quæ in confinio nata (3) est , item lapis,
qui per utrumque fundum extenditur , quamdiù
cohæret fundo , è regione cujusque finium , utriùsque sunt : nec in communi dividundo judicium
veniunt. Sed cùm aut lapis exemptus , aut arbor
eruta , vel succisa est , communis pro indiviso
fiet : et veniet in communi dividundo judicium :
nàm quod erat finitis partibus, rursùs confunditur.
Quare duabus massis duorum dominorum con-

---

payer les dettes de la société (1), dont le paiement est subordonné à une condition.

17. MODESTINUS, *liv. 9. des règles.*

Si le cohéritier a acheté le fond du créancier.

Si un des cohéritiers a acheté du créancier du testateur un fonds que celui-ci avait engagé, ses cohéritiers n'ont pas le droit de l'actionner, à l'effet de le partager entr'eux.

18. JAVOLENUS, *liv. 2. des lettres.*

De la servitude qui est à imposer, et du pouvoir du juge.

Le juge qui connaît des matières de partage ne peut (2) grever de servitudes un fonds de la succession, au profit d'un autre fonds qui n'en dépendrait pas, parce qu'il ne peut pas excéder ses pouvoirs, ni les étendre au-delà de ce qui doit faire l'objet de son jugement.

19. PAUL, *liv. 6. sur Sabinus.*

Des choses qui sont limitrophes.

L'arbre né sur les limites de deux champs (3), la pierre qui se prolonge sur les deux champs, tant qu'ils sont cohérens à la terre, sont la propriété des deux maîtres dans l'ordre et la place qu'ils tiennent sur ces deux champs, et ils ne peuvent faire la matière de l'action en partage. Mais lorsque la pierre a été extraite, ou que l'arbre a été arraché ou coupé, alors ils deviennent communs par indivis, et alors il y a lieu à l'action en partage. Car ce qui était déterminé et distinct, lorsqu'il était inhérent au sol, devient confondu entre les deux maîtres, lorsqu'il a cessé de tenir le rang et la place qu'il avait avant. C'est pourquoi si deux masses de métal appartenantes à deux

____

(3) L. 83. infr. pro socio.

flatis, tota massa communis est (1), etiàm si aliquid ex primâ specie separatum maneat : ità arbor et lapis separatus à fundo, confundit jus domini.

De vestibulo.

§. 1. De vestibulo communi binarum ædium arbiter communi dividundo invito utrolibèt dari non debet : quià qui de vestibulo liceri cogitur, necesse habet interdùm totarum ædium pretium facere, si aliàs aditum non habet.

De viâ et impensis in eam factis.

§. 2. Si per eundem locum via nobis debeatur, et in eam impensa facta sit, durius ait Pomponius, communi dividundo vel pro socio agi posse : quæ enìm communio juris separatìm intelligi potest? Sed negotiorum gestorum agendum.

De servo qui in fugâ est.

§. 3. Judex communi dividundo, itèm familiæ erciscundæ, de servo, qui in fugâ est (2), jubere debet liceri eos, inter quos judex est : et tunc eum adjudicare (ei), penès quem licitatio remansit. Nec erit periculum, ne ex senatusconsulto pœna legis Faviæ committatur.

De aquæductû.

§. 4. Aquarum iter (3) in judicium communi

---

(1) L. 5. supr. de rei vind. §. 27. 28. Inst. de rer. divis.
(2) L. 6. C. ad leg. Fab. de plagiar.
(3) V. l. 4. in pr. supr. h. t.

maîtres, sont fondues ensemble, la réunion de ces deux masses devient commune (1) encore qu'il reste quelque apparence de la forme ancienne que chacune avait avant le mélange qui a été fait. Ainsi l'arbre et la pierre séparés du fonds, confondent la propriété.

De l'entrée.

§. 1. Le juge, lorsqu'il s'agit d'une entrée commune à deux maisons, ne doit pas la partager malgré l'un des propriétaires, parce que celui qui est obligé de laisser adjuger à l'autre l'entrée commune, doit nécessairement souffrir que l'on estime en entier sa maison, si d'un autre côté elle n'est pas susceptible d'avoir une autre entrée.

Du chemin et des dépenses faites à son occasison.

§. 2. Si on nous doit un droit de chemin par le même lieu, et que l'on ait fait des dépenses pour ce chemin, Pomponius dit qu'il est permis à celui qui a fait ces dépenses, d'intenter l'action en division d'une chose commune, ou l'action de la société, pour s'en faire tenir compte par les autres parties intéressées ; mais cela est trop rigoureux. Car quelle société peut-il exister entre deux personnes qui ont séparément un droit à exercer sur le même lieu ? Dans cette hypothèse c'est le cas de recourir à l'action de la gestion des affaires d'autrui.

De l'esclave qui est en fuite.

§. 3. Le juge qui connaît des matières en division d'une chose commune, ou en partage d'une succession, doit, à l'égard d'un esclave qui est en fuite (2), ordonner qu'il sera licité entre les copartageans, et l'adjuger à celui qui mettra la plus haute enchère, car il n'y a nullement lieu de craindre dans ce cas d'encourir la peine portée, d'après un senatusconsulte, par la loi Flavia.

De l'aquéduc.

§. 4. Labéon a dit que le chemin par lequel passe un conduit d'eau, ne pouvait faire l'objet de l'action en division d'une chose commune (3). Car ou c'est une servitude

dividundo non venire, Labeo ait. Nàm aut ipsius fundi est; et ideò in judicium non venit : aut separatum à fundo, divisum tamèn aut mensurâ, aut temporibus. Sed possunt jura interdùm et separata à fundo esse, (et) nec mensurâ, nec temporibus divisa : veluti cum is, cujus fuerunt, plures heredes reliquit. Quod cum accidit, consentaneum est, et ea in arbitrio familiæ erciscundæ venire. Nec videre inquit Pomponius, quarè (1) minùs in communi dividundo, quàm familiæ erciscundæ judicium veniat. Igitur in hujusmodi speciebus (etiàm) in communi dividundo judicio venit, ut præfata jura aut mensurâ, aut temporibus dividantur (2).

20. POMPONIUS, *lib.* 13. *ad Sabinum.*

De damno quod culpâ socii contigit.

Si is, cum quo fundum communem habes, ad delictum non respondit, et ob id motû judicis villa diruta est, aut arbusta succisa sunt, præstabitur tibi detrimentum judicio communi dividundo. *Quidquid enìm culpâ socii amissum est, eo judicio continetur.*

21. ULPIANUS, *lib.* 30. *ad Sabinum.*

De officio judicis.

Judicem in prædiis dividundis, quod omnibus utilissimum (3) est, vel quod malint litigatores, sequi convenit.

---

(1) V. l. 6. §. pen. supr. eod.
(2) V. l. 5. §. 1. supr. de servit. l. 5. in pr. infr. de aquâ quotid.

inhérente au fonds, et alors elle ne peut être partagée, ou elle est séparée du fonds, et alors elle se trouve divisée, soit par la mesure des portions qui appartiennent à chacun, soit par la différence des tems dans lesquels ils peuvent en jouir. Mais quelquefois les servitudes peuvent être séparées du fonds, sans être divisées suivant les portions et les tems. Par exemple, lorsque celui à qui ces servitudes étaient dues, laisse en mourant plusieurs héritiers. Lorsque cela arrive, il est convenable que lors du jugement de partage de la succession, on arrête les règles que les cohéritiers devront observer. Pomponius dit qu'il ne voit pas pourquoi ce partage ne pourrait pas (1) avoir lieu dans l'action en division d'une chose commune, comme il a lieu dans l'action en partage de succession. Ainsi dans les cas de cette espèce, par jugement rendu en matière de division d'une chose commune, les servitudes dont nous venons de parler, seront partagées suivant les portions adjugées aux copartageans, ou la jouissance en sera distribuée en des époques différentes (2).

20. POMPONIUS, *liv.* 13. *sur Sabinus.*

Du dommage causé par la faute de l'associé.

Si celui avec lequel vous possédez un fonds en commun, ne défend pas contre le délit dont il s'est rendu coupable, et qu'en punition de ce refus la justice ordonne que ses maisons seront détruites, et ses arbres coupés, vous aurez contre lui l'action en division d'une chose commune, pour vous indemniser de tout ce que vous aurez perdu à cette occasion; *car le jugement en partage frappe sur tout ce que vous avez perdu par la faute de votre associé.*

21. ULPIEN, *liv.* 30 *sur Sabinus.*

De l'office du juge.

Il est convenable que le juge, lorsqu'il procède au partage de biens fonds qui sont en commun, prenne en considération ce qui est le plus avantageux (3) aux copartageans, et ce qui leur plaît davantage.

---

(3) Adde l. 65. §. 5. in fin. infr. pro socio.

22. Pomponius, *lib.* 3o. *ad Sabinum.*

Si quis suo, et vicini nomine ædificet.

Si meo et vicini nomine parietem ædificem, vel repetiturus ab eo pro parte impensam, vel donationis gratiâ (1), communis fiet paries.

23. Ulpianus, *lib.* 32. *ad edictum.*

Si convenerit inter socios, ut fructus alternis annis
perciperint.

Si convenerit inter te et socium tuum, *ut alternis annis fructum perciperetis*, et non patiatur te socius tui anni fructum percipere, videndum, utrùm ex conducto sit actio, an verò communi dividundo? Eadem quæstio est, et si socius, qui convenerat, *ut alternis annis frueretur*, pecus immisit, et effecit, ut futuri anni fructus, quos socium percipere oportuit, corrumperentur ? Et puto magìs communi dividundo judicium, quàm ex conducto locum habere : quæ enìm locatio est, cùm merces non intercesserit (2) ? aut certe actionem incerti civilem reddendam.

24. Julianus, *lib.* 8. *Digestorum.*

De acquisitis à servo communi.

Communis servus si ex re alteriùs dominorum adquisierit, nihilominùs (3) commune id erit. Sed is, ex cujus re adquisitum fuerit, communi dividundo judicio eam summam percipere potest :

---

(1) Arg. l. 2. in fin. C. de rei vind.
(2) L. 52. in pr. infr. de donat. inter vir. et uxor. Inst. de locat. in pr.

22. POMPONIUS, *liv.* 30. *sur Sabinus.*

Si quelqu'un bâtit tant en son nom qu'en celui de son voisin.

Si je fais construire un mur, tant en mon nom qu'en celui de mon voisin, soit que je sois dans l'intention de répéter de lui sa portion dans cette dépense, soit que je veuille (1) lui en faire le cadeau, le mur est commun.

23. ULPIEN, *liv.* 32. *sur l'édit.*

S'il a été convenu entre les associés qu'ils percevraient alternativement tous les ans les fruits.

Si vous et votre associé êtes convenus que vous percevriez alternativement d'année en année les fruits d'un fonds, et que votre associé ne veuille pas vous laisser jouir pendant l'année où vous avez le droit de le faire, avez-vous contre lui l'action qui dérive du loyer, ou l'action en division d'une chose commune? Cette question est la même que celle que l'on pourrait faire dans le cas où votre associé, qui serait convenu de jouir alternativement avec vous d'un fonds de terre, y ferait passer un troupeau qui aurait détruit l'espérance des fruits au point que leur récolte fût nulle pour l'année suivante. Pour moi, je pense qu'il y a plutôt lieu à l'action en partage, qu'à celle du loyer. Car il n'y a de véritable location que lorsqu'il y a un prix pour le loyer (2); ou il faudrait accorder une action civile, à l'effet de demander une chose que l'on ne pourrait désigner?

24. JULIEN, *liv.* 8. *du Digeste.*

Des acquisitions faites par un esclave commun.

Si un esclave commun acquiert quelque chose en gérant les biens de l'un de ses maîtres, ce qu'il aura acquis n'en sera pas moins commun (3). Mais celui des biens duquel l'acquisition sera provenue, peut lors du partage, prélever cette acquisition, ou une somme équivalente, parce que

---

(3) L. 45. infr. de adquir. rer. domin.

quià fidei bonæ convenit, ut unusquisquè præcipuum habeat, quod ex re ejus servus adquisierit.

De alienatione judicii mutandi causâ.

§. 1. Cùm agere tecum communi dividundo vellem, partem tuam Titio tradidisti, mutandi judicii causâ : teneris mihi Prætoriâ actione, quòd fecisses, ne tecum communi dividundo ageretur.

25. Idem, *lib.* 12. *Digestorum.*

De solutione servi communis nomine.

Si Stychus communis meus et tuus servus habuerit Pamphilum vicarium aureorum decem, et mecum actum de peculio fuerit, condemnatusquè decem præstitero : quamvis (1) posteà Pamphilus decesserit, nihilominùs actione communi dividundo, vel pro socio quinque (millia) præstare debebis; quià te hoc ære alieno liberavi. Longè magìs consequar, si Sytchus post mortem Pamphili alium vicarium adquisierat.

26. Alfenus Varus, *lib.* 2. *Digestorum.*

Si servus apud alterum ex dominis crus fregerit.

Communis servus, cùm apud alterum esset, crus fregit (2) in opere : *quærebatur*, alter dominus quid cum eo, penès quem fuisset, ageret ? *Respondi* : si quidèm culpâ illius magis, quàm casû, res communis damni cepisset, per arbitrum communi dividundo posse recuperare.

____

(1) V.l. 9. supr. h. t.

la bonne foi exige que chaque associé prélève par préciput ce que l'esclave commun à acquis en administrant ses biens.

De l'aliénation faite pour changer la face des choses.

§. 1. Voulant former contre vous l'action en division d'une chose commune, vous avez transmis votre portion à Titius, pour changer l'état des choses. J'ai dans ce cas contre vous une action Prétorienne, parce que vous n'avez ainsi agi que pour m'empêcher de former contre vous mon action.

25. LE MÊME, *liv.* 12. *du Digeste.*

Du paiement fait au nom d'un esclave commun.

Si Stychus, esclave qui nous est commun à tous deux, a dans son pécule l'esclave Pamphile, du prix de dix pièces d'or, et que l'on ait formé contre moi l'action du pécule, en vertu de laquelle j'ai été condamné, qu'enfin j'aie payé dix pièces, quoique (1) par la suite Pamphile soit venu à mourir, je puis toujours former contre vous l'action en partage, ou celle de la société, pour vous forcer à me tenir compte de la moitié de ce que j'ai payé, parce que c'est moi, qui en payant, vous ai libéré. Mon droit serait encore bien plus grand, si Stychus après la mort de Pamphile, avait acquis un autre esclave.

26. ALFENUS VARUS, *liv.* 2. *du Digeste.*

Si l'esclave s'est rompu la cuisse chez l'un des maîtres.

Un esclave commun qui demeurait chez un des associés, s'est cassé la jambe (2) en travaillant ; on demandait quelle espèce d'action aurait l'autre associé contre celui chez lequel l'esclave demeurait. J'ai répondu que si le dommage arrivé à la chose commune, provenait plus de la faute de l'associé, que du hasard, il était en droit d'obtenir du juge du partage, que son co-associé lui tînt compte de la perte qu'il éprouvait par cet accident.

---

(2) Adde l. pen. in pr. infr. de act. empt. l. 27. §. 1. supr. de servit. prad urban.

27. PAULUS, *lib.* 3. *epitomarum Alfeni Diges-*
torum.

De quæstione. De communi servo.

De communi servo unus ex sociis quæstionem
habere, nisi communis negotii causâ, jure non
potest.

28. PAPINIANUS, *lib.* 7. *quæstionum.*

De eo quod unus ex dominis facere vult aut fecit in re
communi.

Sabinus, *in re communi neminem dominorum*
jure facere quicquàm (1), *invito altero, posse.*
Undè manifestum est, prohibendi jus esse (2) :
in re enim pari potiorem causam esse prohiben-
tis, constat. Sed etsi in communi prohiberi socius
à socio, *ne quid faciat,* potest, ut tamèn factum
opus tollat, cogi non potest (3), si, cum prohibere poterat, hoc prætermisit : et ideò per communi dividundo actionem damnum sarciri poterit.
Sin autèm facienti consensit, nec pro damno
habet actionem. Quòd si quid absente socio, ad
læsionem ejus fecit, tunc etiàm tollere cogitur.

29. PAULUS, *lib.* 2. *quæstionum.*

De eo qui scit, aut ignorat se habere socium.

Si quis (4), cum existimaverit fundum communem sibi cum Mævio esse, quem cum Titio

----

(1) Vide tamèn l. 6. §. 4. supr. de divis. rer.
(2) L. 17 §. 1. supr. de servit. præd. urban.
(3) Vide tamèn l. 16. in fin. supr. d. t.

27. PAUL, *liv.* 5. *des épitomes du Digeste d'Alfenus.*

De la question. De l'esclave commun.

Un des maîtres d'un esclave commun ne peut mettre cet esclave à la question, que lorsque l'intérêt commun l'exige.

28. PAPINIEN, *liv.* 7. *des questions.*

De ce que l'un des maîtres a voulu faire ou a fait pour une chose commune.

Sabinus dit que qui que ce soit *des copropriétaires d'une chose commune, ne peut rien faire sur cette chose*(1), *sans le consentement de ceux à qui elle appartient conjointement avec lui.* D'où il est clair que l'associé n'a sur l'autre que le droit d'empêcher (2), car il est constant, qu'à chose égale, la condition de celui qui empêche, est beaucoup plus avantageuse. Mais quoiqu'un associé puisse empêcher son co-associé *de faire quelque chose sur un fonds commun,* cependant il ne peut le forcer de détruire (3) un édifice qu'il aurait fait construire, s'il a négligé de le faire lorsqu'il en avait le droit. Par conséquent il pourra en vertu de l'action en division d'une chose commune, se faire indemniser de la perte qu'il éprouve de la part de son copropriétaire. Si au contraire il y a consenti, il n'a pas d'action pour répéter la réparation du tort qu'il a essuyé. Mais si pendant l'absence de son copropriétaire quelqu'un faisait quelque construction pour lui nuire, alors il serait obligé de la détruire.

29. PAUL, *liv* 2. *des questions.*

De celui qui sait ou ignore avoir un consort.

Si quelqu'un (4) pensant qu'un fonds lui était commun avec Mævius, lorsqu'au contraire, il était commun entre

____

(4) L. 6. in pr. l. 14. §. 1. vers. diversum. supr. h. t. l. 5. l. 45. §. ult. supr. de negot. gest.

communem habebat, impendisset : rectè dicitur
etiàm communi dividundo judicium ei sufficere.
Hoc enìm est, si sciam rem communem esse,
ignorem autèm, cujus socii : nequè enìm negotia
socii gero, sed propriam rem tueor : et magis
ex re, in quam impenditur, quàm ex personâ
socii, actio nascitur. Deniquè eâ actione pupillum
teneri dicimus (1), ut impendia restituat officio
judicis. Diversa causa est ejus, qui putat se in
rem propriam impendere, cùm sit communis :
huic enìm nec communi dividundo judicium
competit, nec utile dandum est. Ille enìm, qui
scit rem esse communem, vel aliena negotia, eo
animo gerit, ut aliquem sibi obliget, et in personâ
labitur.

De judice poscendo. De socio muto.

§. 1. Pomponius scripsit, posci (2) judicem
posse à quolibèt sociorum : sed, etiàm si unus
ex sociis mutus erit, rectè cum eo communi dividundo agi.

30. SCÆVOLA, *lib.* 1. *responsorum.*

Si neuter vel alter sociorum possideat.

Communi dividundo judicio rectè agi, sivè
neuter possideat, sivè alter sociorum fundum non
possideat (3).

---

(1) L. 46. infr. de oblig. et act.
(2) L. fin. C. h. t.

Titius et lui, si dis-je, il a fait des dépenses relativement à ce fonds, on a dit avec raison que l'action en division d'une chose commune suffisait pour qu'il pût se faire tenir compte de ces dépenses; c'est-à-dire, que cette action a toujours lieu toutes les fois que je sais qu'une chose m'est commune, quoique j'ignore avec qui. Car ce ne sont pas les affaires de mon associé que je gère, mais ma propre chose que je défends et que je conserve, et cette action provient plus de la chose même pour laquelle j'ai fait ces dépenses, que de la personne même de mon associé. Enfin nous disons qu'un pupille est également tenu de cette action, et qu'il doit, sous l'autorité du juge, tenir compte des dépenses faites sur un fonds qui lui est commun avec d'autres. Il n'en est pas de même à l'égard de celui qui croit faire des dépenses pour sa propre chose, lorsqu'elle est commune. Car il n'a pour lui ni l'action en division d'une chose commune, ni même l'action utile. En effet il n'existe pas d'action pour celui qui sait qu'une chose est commune, ou qui gère les affaires d'autrui, dans l'intention d'obliger le maître envers lui, quoiqu'il se soit trompé sur la personne.

Du juge qui est à demander. De l'associé muet.

§. 1. Pomponius écrit que tout associé (2) peut demander un juge, et que l'on peut même former cette action en partage, quoique l'un des copartageans soit muet.

3o. Scævola, *liv. 1. des réponses.*

Si ni l'un ni l'autre des associés, ou l'un d'eux possède.

Il n'importe nullement pour former l'action en division d'une chose commune, que la chose commune ne soit en la possession que d'un seul associé, ou même qu'aucun d'eux ne la possède (3).

---

(3) V. 1. 25. §. 2. supr. tit. prox.

31. Paulus , *lib.* 15. *responsorum.*

De mancipiis quæ ministerii causâ pupillis reservata sunt.

Bina mancipia , quæ ex hereditate paterna jussû Prætoris pupillis , ministerii causâ , reservata essent , divisa non videri , sed omnium communia permansisse.

3r. PAUL, *liv.* 15. *des réponses.*

Des esclaves réservés pour le service des pupilles.

Deux esclaves provenans de la succession du père, et que le Préteur avait réservés pour le service des pupilles, ne doivent pas être partagés entr'eux, mais doivent rester en commun.

TITULUS QUARTUS.

Ad exibendum (1).

1. ULPIANUS, *lib.* 24. *ad edictum.*

Utilitas hujus actionis.

Hæc actio perquam necessaria (2) est, et vis ejus in usû cottidiano est : et maximè proptèr vindicationes (3) inducta est.

2. PAULUS, *lib.* 21. *ad edictum.*

Quid sit exhibere.

Exhibere (4) est facere in publico potestatem, ut ei, qui agat, experiundi sit copia.

3. ULPIANUS, *lib.* 24. *ad edictum.*

De forma libelli.

In hâc actione actor omnia nosse debet, et dicere argumenta rei, de quâ agitur.

----

(1) Lib. 3. C. 42. §. 5. Inst. de offic. judic.
(2) L. 3. §. 7. infr. h. t.

TITRE QUATRE.

De l'action à l'effet de faire représenter une chose (1).

1. ULPIEN, *liv.* 24. *sur l'édit.*

Utilité de cette action.

CETTE action est de la plus grande nécessité (2), et elle est d'un usage journalier. Elle a été principalement introduite pour l'avantage de ceux qui veulent revendiquer une chose qui leur appartient (3).

2. PAUL, *liv.* 21. *sur l'édit.*

Ce que c'est que représenter.

Représenter une chose (4), c'est la présenter publiquement, afin que celui qui veut agir, puisse le faire, et la revendiquer sous le rapport de son existence.

3. ULPIEN, *liv.* 24. *sur l'édit.*

De la forme de l'exploit.

Le demandeur qui forme cette action, doit connaître parfaitement la chose qu'il réclame, et donner sur cette chose tous les renseignemens qu'il peut avoir.

---

(3) L. 3. §. 3. infr. l. 1. C. eod.
(4) L. 3. §. 8. 9. infr. de tabul. exhibend. l. 22. l. ult. in pr. infr. de verb. sign.

§. 1. Qui ad exhibendum agit , non utiquè *dominum se* dicit, nec debet ostendere : cùm multæ sint causæ ad exhibendum agendi.

De jure jurando in litem.

§. 2. Præterea in hâc actione notandum est , quod reus contumax per in litem jusjurandum (1) petitoris damnari possit ei , judice quantitatem taxante.

Qualis sit hæc actio. De vindicatione.

§. 3. Est autèm personalis hæc actio : et ei competit , qui in rem acturus est , qualicunquè in rem actione : etiàm pigneratitiâ , Serviânâ , sivè hypothecariâ , quæ creditoribus competunt.

De usufructû.

§. 4. Sed et usumfructum petituro competere ad exhibendum, Pomponius ait.

De interdictus.

§. 5. Sed et si quis interdicturus , rem exhiberi desideret , audietur.

De optione legatâ.

§. 6. Itèm , si optare velim servum , vel quam aliam rem , cujus optio mihi relicta est (2) : ad exhibendum me agere posse constat , ut exhibitis possim vindicare.

De noxali actione.

§. 7. Si quis noxali judicio experiri velit , ad

____

(1) L. 5. in pr. infr. de in lit. jurando.

§. 1. Celui qui demande la représentation d'une chose n'a pas l'intention de déclarer par-là qu'il *en est le maître*, et il n'est pas tenu de prouver sa propriété. Car cette représentation peut être demandée à plusieurs titres.

Du serment sur procès.

§. 2. Il faut en outre remarquer que dans cette action si le défendeur est contumax, c'est-à-dire, s'il refuse d'obéir à l'ordonnance du juge, celui-ci (1) peut le condamner, d'après le serment du demandeur, à des dommages-intérêts envers ce dernier, lesquels seront réglés par le juge.

Ce que c'est que cette action. De la revendication.

§. 3. Cette action est personnelle, et elle appartient à celui qui veut intenter une action réelle, même l'action pignératice, Servienne, ou hypothécaire, qui sont accordés à tous créanciers.

De l'usufruit.

§. 4. Pomponius dit qu'elle appartient aussi à l'usufruitier qui veut revendiquer un droit d'usufruit sur une chose dont il demande la représentation.

Des interdits.

§. 5. Elle doit même être accordée à celui qui voulant se servir d'un interdit, demande la représentation d'une chose.

De l'option qui a été léguée.

§. 6. Si on m'a légué un esclave (2) à choisir entre plusieurs, ou toute autre chose à mon choix, il est constant que je puis en demander la représentation, afin de pouvoir en revendiquer un ou une.

De l'action noxale.

§. 7. Si quelqu'un veut intenter l'action noxale, il a

____

(2) L. 80. §. 2. infr. de furt.

exhibendum ei actio est necessaria. Quid enim,
si dominus quidem paratus sit defendere, actor
verò designare non possit, nisi ex præsentibus ;
quià aut servum non recognoscit, aut nomen non
tenet : nonnè æquum est ei familiam exhibere,
ut noxium servum adgnoscat (1)? Quod ex causa
debet fieri, ad designandum eum, cujus nomine
noxali quis agit, recensitione servorum factâ.

De tabulis exihendis.

§. 8. Si quis extrà heredem (2) tabulas testamenti, vel codicillos, vel quid aliud ad testamentum pertinens exhiberi velit, dicendum est,
per hanc actionem agendum non esse : cum suf-
ficiunt (sibi) interdicta (3) in hanc rem compe-
tentia : et ità Pomponius.

De eo cujus interest exhiberi.

§. 9. Sciendum est autem, non solùm eis, quos
diximus, competere ad exhibendum actionem,
verùm ei (4) quoquè, cujus interest exhiberi.
Judex igitur summatìm debebit cognoscere, an
ejus intersit ; non, an ejus res sit : et sic jubere
vel exhiberi ; vel non, quià nihil interest.

Quamvis vindicationem non habeat.

§. 10. Plùs dicit Julianus, et si vindicationem
non habeam, interim posse me agere ad exhibendum, quià meâ interest exhiberi. Utputà ;
si mihi *servus* legatus sit, *quem Titius optasset* :
agam enim ad exhibendum, (quià meâ interest

---

(1) V. l. 5. §. 2. infr. de publican.
(2) L. 2. infr. testam. quemadm. aper.

besoin de l'action en représentation de l'esclave qui a causé le tort dont il se plaint. En effet, qu'en serait-il, si le maître de l'esclave était dans l'intention de défendre contre la demande, et que le demandeur ne pût désigner l'esclave sans que tous les autres fussent présens, soit parce qu'il ne le reconnait pas, soit parce qu'il n'a pas retenu son nom? N'est-il pas juste qu'on lui représente tous les esclaves, afin qu'il puisse reconnaître et désigner le coupable (1). Cette représentation doit être faite en connaissance de cause, afin que celui qui intente l'action noxale puisse désigner l'auteur du délit.

De la représentation d'un testament.

§. 8. Si quelqu'un, sans être héritier (2), demande la représentation d'un testament, d'un codicille, ou de toute autre chose qui ait du rapport au testament, il ne peut pas se servir de cette action, puisqu'il peut recourir aux interdits (3) particuliers établis à cet égard : c'est le sentiment de Pomponius.

De celui à qui il importe que la représentation lui soit faite;

§. 9. Il faut remarquer que l'action en représentation doit être accordée non-seulement à ceux dont nous venons de parler, mais encore à celui qui (4) a intérêt à ce que la chose lui soit représentée. Le juge doit donc examiner sommairement si le demandeur a un intérêt, ou s'il n'en a pas, et en ordonner la représentation, ou la refuser, s'il n'a nul intérêt.

Quoiqu'il n'ait pas droit de revendiquer la chose.

§. 10. Julien va plus loin, car il dit que quoique je n'aie pas le droit de revendiquer une chose, je puis cependant en demander la représentation, lorsque j'ai intérêt à le faire; comme si, par exemple, on m'avait légué un *esclave* qui serait *au choix de Titius*. Car alors je demanderai la représentation parce que mon intérêt l'exige, afin

---

(3) V. l. 3. §. 10. infr. de tabul. exibend.
(4) Adde d. l. 3, §. 10.

exhiberi,) ut Titius optet, et sic vindicem; quamvìs exhibitum ego optare non possim.

De causâ exhibitionis.

§. 11. Si mecum fuerit actum ad exhibendum, ego ob hoc, quod conventus sum ad exhibendum actione, agere ad exhibendum non possum : quamvìs videatur interesse meâ ob hoc, quod teneor ad restituendum. Sed hoc non sufficit. Alioquìn et qui dolo (1) fecit, quo minùs possideret, poterit ad exhibendum agere, cùm nequè vindicaturus, nequè interdicturus sit : et fur vel raptor poterit. Quod nequaquàm verum est. Elegantèr igitùr definit Neratius judicem ad exhibendum hactenùs cognoscere, *an justam et probabilem causam habeat (actionis), proptèr quam exhiberi sibi desideret.*

Si plures agant.

§. 12. Pomponius scribit, ejusdem hominis nomine rectè plures ad exhibendum agere posse : fortè, si homo primi sit; secundi in eo ususfructus sit; tertius possessionem suam contendat; quartus pigneratum sibi eum adfirmet. Omnibus igitùr ad exhibendum actio competit : quià omnium interest exhiberi hominem.

De exceptionibus.

§. 13. Ibidèm subjungit : judicem per arbitrium sibi ex hác actione commissum étiàm exceptiones æstimare, quas possessor objicit : et si qua tàm evidens sit, ut facilè repellat agentem,

---

(1) V. l. 131. infr. de reg. jur.

que Titius fasse son choix, et qu'ensuite je puisse revendiquer l'esclave qui m'a été légué, quoique je ne puisse pas choisir celui que l'on me représentera.

De la cause qui donne lieu à la représentation.

§. 11. Si on m'a actionné à l'effet de représenter une chose, ce n'est pas une raison pour que je puisse former la même demande, quoique j'y aie une sorte d'intérêt, puisque je serai obligé de la rendre. Mais cela ne suffit pas, car autrement celui qui se serait dessaisi de la chose par dol (1) pourrait en demander la représentation, encore qu'il n'eût pas le droit de la revendiquer, ni même d'en acquérir la possession, en recourant aux interdits établis à cet égard, chose que pourrait faire le voleur ou le ravisseur, ce qui n'est nullement admissible. Nératius dit avec raison que le juge qui connaît de cette action, doit examiner si le demandeur *a une cause juste et raisonnable pour exiger cette représentation.*

Si plusieurs demandent la représentation.

§. 12. Pomponius écrit que plusieurs personnes peuvent demander la représentation du même esclave; tel serait, par exemple, le cas où l'esclave appartiendrait à celui-ci, et l'usufruit de ce même esclave à celui-là, qu'un tiers soutiendrait qu'il doit en avoir la possession, enfin qu'un quatrième prétendît qu'il lui a été donné en gage. L'action en représentation appartient donc alors à tous, parce qu'ils ont tous intérêt à ce qu'il leur soit représenté.

Des exceptions.

§. 13. Le même jurisconsulte ajoute que le juge nommé pour connaître de cette action, doit, en vertu du pouvoir qui lui a été délégué, examiner et juger du mérite des exceptions qu'oppose le possesseur, et si celle qu'il oppose est tellement évidente, qu'elle doive opérer le rejet de la demande, il peut de droit absoudre le possesseur. Si elle offre quelque doute, et qu'elle exige une discussion réflé-

debere possessorem absolvi; si obscurior, vel
quæ habeat altiorem quæstionem, differendam
in directum judicium, re exhiberi jussâ. De quibusdam (tamèn) exceptionibus omnimodò ipsum
debere disceptare, qui de ad exhibendum actione
judicat: velutì pacti conventi, doli mali, jurisjurandi, rei quæ judicata est.

De actione in factum.

§. 14. Interdùm æquitas (1) exhibitionis efficit, ut, quamvis ad exhibendum agi non possit,
in factum tamèn actio debetur, ut Julianus
tractat. Servus (inquit) uxoris meæ rationes meas
conscripsit : hæ rationes à te possidentur : desi-
dero eas exhiberi. Ait Julianus, si quidèm (in)
meâ chartâ scriptæ sint, locum esse huic actioni :
quià et vindicare eas possim. Nàm cum charta
mea sit, et quod scriptum est, meum est (2). Sed
si charta mea non fuit, quià vindicare non possum,
nec ad exhibendum experiri. In factum igitùr
mihi actionem competere.

De civile vel naturali possessione. De pignore.

§. 15. Sciendum est, adversùs possessorem hâc
actione agendum : non solùm eum, qui civilitèr,
sed et eum, qui naturalitèr incumbat possessioni.
Deniquè creditorem, qui pignori rem accepit,
ad exhibendum teneri placet (3).

4. Pomponius, *lib. 6. ad Sabinum.*

De re depositâ, commodatâ, locatâ.

Nàm et cum eo, apud quem deposita, vel
cui commodata, vel locata res sit, agi potest.

____

(1) L. 7. C. h. t.

chie et mûrie, on doit en reporter l'examen à l'époque où la discussion principale sera traitée, la représentation de la chose étant préalablement faite. Le juge qui connaît de l'action en représentation, doit cependant lui-même discuter à fond quelques exceptions, telles que celles qui sont tirées d'une convention, du dol, du serment, enfin de la chose jugée.

De l'action expositive du fait.

§. 14. Quelquefois l'équité seule requiert et demande cette représentation (1) ensorte qu'encore que l'on puisse directement la demander, on obtiendra cependant une action expositive du fait, comme le décide Julien dans l'hypothèse suivante. L'esclave de ma femme, dit-il, a transcrit mes comptes, et ils sont entre vos mains : je desire qu'on me les représente. Julien dit, si ces comptes sont écrits sur un papier qui m'appartient, il y a lieu à cette action, parce que je puis les revendiquer. Car, par par la raison que le papier est à moi, ce qui est écrit sur ce papier m'appartient également (2). Mais si le papier n'est pas à moi, ne pouvant le revendiquer, je n'ai pas le droit d'en demander la représentation. J'aurai donc une action expositive du fait.

De la possession civile et naturelle. Du gage.

§. 15. Il faut savoir que l'on peut former cette action contre le possesseur : non seulement, contre celui qui possède civilement, mais encore contre celui qui possède naturellement, c'est-à-dire, qui de fait tient la chose. Enfin il a été décidé qu'un créancier était tenu de représenter la chose qui lui a été donnée en gage (3).

4. POMPONIUS, *liv. 6. sur Sabinus.*

De la chose mise en dépôt, prêtée, ou louée.

Car on peut agir contre celui qui possède une chose soit à titre de dépôt, de prêt ou de loyer.

---

(2) L. §. 1. infr. de adquir. rer. domin.
3) L. 16. infr. de usurp. et ucucap.

5. Ulpianus, *lib.* 24. *ad edictum.*

*De mercibus quas in horreo posuit, qui eas exvehendas
conduxit.*

Celsus scribit : si quis merces, quas exvehendas
conduxit, in horreo posuit, cum conductore ad
exhibendum agi potest. Itèm, si mortuo conductore heres existat, cum herede agendum. Sed, si
nemo heres sit, cum horreario agendum (1) :
nàm si à nullo (inquit) possidentur, verum est,
aut horrearium possidere, aut certè ille est, qui
possit exhibere. Idem ait : quomodò autèm possidet, qui vehendas conduxit? An quià pignus
tenet? Quæ species ostendit, etiàm eos, qui facultatem exhibendi habent, ad exhibendum teneri (2).

*De eo qui est in possessione rerum vel legatorum servan-
dorum causâ. De usufructuario.*

§. 1. Julianus autèm ità scribit, ad exhibendum actione teneri eum, qui rerum, vel legatorum servandorum causâ in possessione sit. Sed
et eum, qui ususfructûs nomine rem teneat :
quamvis nec hic (3) utiquè possideat. Indè Julianus
quærit, quatenùs hos oporteat exhibere? Et ait,
priorem quidèm sic, ut actor possessionem habeat :
is autèm, cum quo agetur, rei servandæ causâ
sit in possessione. Eum verò, qui usumfructum
habeat, sic, ut actor rem possideat : is, cum
quo agetur, utatur fruatur.

---

(1) L. 12. §. fin. infr. h. t.
(2) Adde l. 9. in fin supr. de rei vind.
(3) L. 1. §. 8. infr. de adquir. vel amitt. posses. l. 6. §. 2. infr. de
precario.

5. ULPIEN, *liv.* 24 *sur l'édit.*

D'un marchand qui, ayant loué des marchandises pour les transporter d'un lieu à un autre, les a déposées dans un magasin.

Celse écrit ce qui suit : Si quelqu'un est convenu d'un prix avec un voiturier, pour le transport de ses marchandises, et qu'il les ait déposées à cet effet dans un magasin, il a droit d'en demander la représentation à celui avec qui il a fait cette convention. Si celui-ci meurt, son héritier sera tenu de cette action ; mais s'il ne laisse pas d'héritier, ce sera contre le maître du magasin qu'elle devra être formée (1). Car, dit-il, si personne ne les possède, il est constant qu'elles sont ou entre les mains du maître du magasin, ou entre celles de celui qui peut les représenter. Le même jurisconsulte ajoute : mais à quel titre possède celui qui est convenu de transporter ces marchandises dans un lieu quelconque ? Est-ce parce qu'elle sont en sa possession comme une sûreté de son paiement ? On doit juger par cette espèce, que l'action en représentation peut et doit être intentée contre tous ceux qui sont en état de représenter la chose (2).

De celui qui est en possession des choses pour sûreté de la conservation du legs. De l'usufruitier.

§. 1. Julien écrit que l'action en représentation peut être formée contre celui qui a été envoyé en possession pour sûreté du paiement de ce qui lui était dû, ou pour la conservation d'un legs à lui fait, même contre celui qui possède la chose à titre d'usufruitier, quoique celui-ci ne possède pas civilement (3). C'est ce qui a donné lieu à Julien de demander comment on doit considérer l'action en représentation à leur égard. Et il répond, que quant au premier, la représentation se fait afin que le demandeur possède civilement, et que le second retienne la chose naturellement et de fait, pour s'assurer la conservation de ses intérêts, et que quant à l'usufruitier, la représentation se fait en ce qui le concerne, afin que le demandeur conserve la possession de la chose dont il a la propriété, et que l'usufruitier jouisse de son droit d'usufruit.

De rutis cæsis.

§. 2. Idem Julianus scribit, emptorem, qui
ruta cæsa (1) non restituit, ad exhibendum teneri,
in quantùm in litem juravero. Sed ibi adjicit,
si emptor possideat, aut dolo fecit, quo minùs
possideat.

De stercore in aliâ areâ congesto.

§. 3. Itèm Celsus scribit, stercus, quod in
in aream meam congessisti, per ad exhibendum
actionem posse te consequi, *ut tollas* : sic tamèn,
ut totum tollas; cæterùm aliàs non posse.

De rate in agrum alteriûs vi fluminis delatâ.

§. 4. Sed et si ratis (2) delata sit vi fluminis
in agrum alteriûs, posse eum conveniri ad exhibendum, Neratius scribit. Undè quærit Neratius,
utrum de futuro duntaxàt damno, an et de præterito, domino agri cavendum sit ? Et ait, etiàm
de præterito (3) caveri oportere.

De iis quæ ruinâ in alteriûs aream, vel ædes ceciderunt.

§. 5. Sed et si de ruinâ aliquid in tuam aream,
vel in tuas ædes deciderit, teneberis ad exhibendum, licèt non possideas.

De eo qui possidet, sed restituendi facultatem non habet.

§. 6. Itèm, si quis facultatem restituendi non

____

(1) L. 17. §. 6. infr. de act. empt.
(2) L. 9. §. 3. infr. de damno infect.

Des effets mobiliers détruits.

§. 2. Le même jurisconsulte écrit que si un acquéreur ne rend pas les choses qui étaient détachées et séparées (1) de l'objet vendu, il est tenu de les représenter, et de payer au vendeur des dommages et intérêts proportionnés à l'affirmation que j'aurai faite en justice. Il ajoute même si l'acquéreur les a eu en sa possession, ou s'il ne s'en dessaisit que par dol ou mauvaise foi.

Du fumier ramassé sur le terrein d'autrui.

§. 3. Le même Celse écrit que vous pouvez intenter contre moi l'action en représentation à l'effet de pouvoir par *vous enlever* le fumier que vous avez ramassé sur mon terrein, pourvu cependant que vous *l'enleviez en totalité*, et que si vous ne le faisiez pas, vous ne pouviez pas la former.

D'un train de bois que la violence du fleuve a transporté dans le champ d'autrui.

§. 4. Si des trains de bois ont été par la violence (2) du fleuve portés sur le terrein de quelqu'un, vous pouvez l'actionner pour qu'il vous les représente. C'est ce qu'écrit Nératius. De-là il demande s'il suffit que l'on donne caution au maître du terrein du dommage qu'il pourra éprouver par la suite à cette occasion, ou si elle doit frapper sur le dommage que déjà il a éprouvé. Et il répond qu'il faut lui donner (3) caution de l'indemniser du tort qu'il a souffert.

Des choses qui sont tombées par vétusté sur le terrein ou la maison d'autrui.

§. 5. Mais si en détruisant un édifice, il est tombé quelques débris sur votre terrein, ou sur votre maison, vous serez tenu de la représenter, quoiqu'à proprement parler, vous n'en soyez pas possesseur.

De celui qui possède, mais qui n'est pas dans la possibilité de restituer.

§. 6. De même si quelqu'un n'a pas la faculté de rendre

---

(3) L. 8. infr. de incend.

habeat (1), licèt possideat, tamèn ad exhibendum non tenebitur : utputà, si in fugâ servus sit, ad hoc planè solùm tenebitur, ut caveat *se exhibiturum* (2), *si in potestatem ejus pervenerit :* sed et si non sit in fugâ, permiseris autèm ei, ubì velit morari, idem erit dicendum ; aut peregrè à te missus sit, vel in prædiis tuis agat, ad hoc solùm teneberis, ut caveas.

6. PAULUS, *lib.* 14. *ad Sabinum.*

De rebus inclusis. De tigno juncto.

Gemma inclusa auro alieno, vel sigillum candelabro vindicari non potest : sed (3) *ut excludatur*, ad exhibendum agi potest. Alitèr atquè in tigno juncto ædibus : de quo nec ad exhibendum agi potest, quià lex duodecim (4) Tabularum solvi vetaret : sed actione de tigno juncto ex eâdem lege in duplum agitur.

7. ULPIANUS, *lib.* 24. *ad edictum.*

Tigni (5) appellatione omnem materiam in lege duodecim Tabularum accipimus, ut quibusdam rectè videtur.

De rotâ vehiculo aptatâ.

§. 1. Sed, si rotam meam vehiculo aptaveris, teneberis ad exhibendum. Et itâ Pomponius scribit : quamvìs tunc civilitèr non possideas.

---

(1) L. 11. in fin. infr. h. t. l. 21. §. 3. supr. de noxal. act.
(2) Adde l. 12. §. pen. infr. h. t.
(3) L. 23. §. 5. supr. de rei vind.

la chose (1), quoiqu'il la possède, il ne sera pas tenu de l'action en représentation, comme si, par exemple, l'esclave est en fuite, la seule chose à laquelle il sera tenu dans ce cas, sera de *donner caution de le représenter* (2), s'il revient jamais en sa possession. Mais s'il n'est pas en fuite, et que vous lui ayez permis de demeurer là où il voudrait, il faudra dire la même chose, ou si vous l'aviez envoyé au loin, ou qu'il fût occupé sur vos terres, vous ne serez obligé qu'à donner caution de le représenter.

6. PAUL, *liv.* 14. *sur Sabinus.*

Des choses renfermées. De la charpente réunie.

Une pierre précieuse enchassée dans de l'or qui appartient à un autre, ou une ciselure appliquée à un chandelier, ne peuvent être revendiquées. Mais on peut intenter l'action en représentation, afin (3) de l'en extraire. Il n'en est pas de même à l'égard des matériaux qui sont joints à la maison d'autrui; l'on ne peut pas intenter à leur égard l'action en représentation, parce que la loi des douze Tables s'opposait à leur extraction (4). Mais la même loi a donné une action en vertu de laquelle on pouvait se faire payer le double de la valeur des matériaux employés.

7. ULPIEN, *liv.* 24. *sur l'édit.*

Nous entendons par le mot de matériaux (5) dont il est fait mention dans la loi des douze Tables, tout ce qui entre dans la formation d'un édifice.

D'une roue jointe à une voiture.

§. 1. Si vous avez mis à votre charriot une roue qui m'appartient, vous serez tenu de me la représenter. C'est l'opinion de Pomponius, quoique dans ce cas vous ne la possédiez pas civilement.

---

(4) L. 1. in pr. infr. de tigno junct.
(5) D. l. 1. §. 1. l. 62. infr. de verb sign.

Et aliis rebus junctis.

§. 2. Idem et si armario vel navi tabulam meam, vel ansam scypho junxeris, vel emblemata (1) phialæ : vel purpuram vestimento intexeris, aut brachium statuæ (2) coadunaveris.

De municipibus, et cæteris corporibus.

§. 3. Item municipes ad exhibendum conveniri possunt : quià facultas est restituendi. Nàm et possidere (3) et usucapere eos posse constat. Idem (et) in collegiis, cæterisque corporibus dicendum erit.

Quo tempore possessio,

§. 4. Si quis non possideat litis contestatæ tempore, (sed) posteà antè sententiam possidere cœperit, oportere dici putamus, debere condemnari, nisi restituat.

§. 5. Si quis, cùm judicii accepti tempore possideret, posteà sinè dolo malo possidere desierit, absolvi eum oportet : quamvis sit, (inquit Pomponius) quod ei imputetur, cùr non statim restituit, sed passus est secum litem contestari.

§. 6. Idem scribit, si quis litis contestatæ tempore possederit, deindè desierit possidere, mox cœperit sivè ex eâdem causâ, sivè ex aliâ : condemnari eum oportere, nisi restituat.

Vel interesse spectatur.

§. 7. Ibidèm non malè Pomponius jungit,

____

(1) V. l. 5 §. 1. infr. de tritico.
(2) V. l. 23. §. 2. supr. de rei vind.

Et des autres choses qui sont jointes.

§. 2. De même, si vous avez adapté à votre armoire, ou à votre vaisseau, une planche, où à votre coupe une anse qui m'appartient, ou un ouvrage (1) en relief à votre flacon, ou la pourpre d'autrui à votre habit, ou à votre statue un bras qui appartient à un autre, vous serez tenu de représenter toutes ces choses (2).

Des magistrats municipaux et des autres corporations.

§. 3. Les magistrats municipaux peuvent également être actionnés en représentation, parce qu'ils ont la faculté de rendre la chose; car il est constant qu'ils peuvent et posséder (3) et prescrire. On doit dire la même chose à l'égard des collèges et des autres corporations.

Du tems où l'on considère la possession,

§. 4. Nous pensons qu'il faut dire que si celui contre qui on forme cette action, ne possède pas à l'époque où l'instance a commencé, mais qu'il ait commencé à posséder avant le jugement, il doit être condamné s'il ne rend pas la chose.

§. 5. Si celui contre qui on a intenté cette action, possédait au tems où l'instance a commencé, et qu'il ait cessé de posséder, sans qu'il y ait eu de dol de sa part, on doit l'absoudre quoique, comme le dit Pomponius, on puisse lui imputer de n'avoir pas rendu la chose sur-le-champ, et d'avoir laissé entamer l'affaire.

§. 6. Le même jurisconsulte écrit que si celui contre qui on a formé l'action en représentation, possédait au tems où l'instance a commencé, qu'ensuite il ait cessé de posséder, et qu'en définitif, il ait recommencé à posséder soit au même titre, soit à tout autre, il doit être condamné s'il ne rend pas la chose.

Et l'intérêt que l'on avait à posséder.

§. 7. Ce n'est pas sans raison que Pomponius ajoute,

---

(3) L. 2. infr. de adquir. vel amitt. possess.

ejus, qui ad exhibendum egit, utroquè tempore interfuisse oportere, rem ei restitui : hoc est, et quo lis contestatur, et quo fit condemnatio. Et ità Labeoni placet.

8. Julianus, *lib.* 9. *Digestorum.*

De hærede.

Si ad exhibendum actum est cum eo, qui nequè possidebat, nequè dolo malo fecerat, quo minùs possideret, deindè eo defuncto heres ejus possidet rem, exhibere eam cogendus erit. Nàm si fundum, vel hominem petiero, et heres ex eâdem causâ possidere cœperit, restituere cogitur.

9. Ulpianus, *lib.* 24. *ad edictum.*

De eo qui dolo desiit.

Julianus scribit, si quis hominem, quem possidebat, occiderit, sivè ad alium transtulerit possessionem ; sivè ità rem corruperit, nè haberi possit, ad exhibendum tenebitur ; quià dolo (1) fecit, quo minùs posssideret. Proindè et si vinum, vel oleum vel quid aliud effuderit (2), vel confregerit, ad exhibendum tenebitur.

De glande, vel materiâ quæ decidat in agrum alienum.

§. 1. Glans ex arbore tuâ in fundum meum incidit, eam ego immisso pecore depasco : quà actione possum teneri ? Pomponius scribit, competere actionem ad exhibendum, si dolo pecus

---

(1) L. 5. C. h. t.

au même endroit, que pour que celui qui a formé l'action en représentation réussisse, il faut qu'il ait eu intérêt à ce que la chose lui fût rendue, c'est-à-dire, dans le tems où le procès a été engagé, ou à l'époque de la condamnation, et c'est aussi ce que pense Labéon.

8. JULIEN, *liv. 9. du Digeste.*

De l'héritier.

Si on a formé l'action en représentation de la chose contre celui qui ne la possédait pas, et qui n'a pas employé le dol pour cesser de la posséder, mais qu'ensuite, lui mort, son héritier en devienne le possesseur, celui-ci devra être forcé à la représenter. Car si je réclame un fonds, ou un esclave, et que l'héritier de celui contre qui j'ai formé ma demande, l'ait en sa possession, il sera obligé de me le rendre.

9. ULPIEN, *liv.* 24. *sur l'édit.*

De celui qui a cessé de posséder par dol.

Julien écrit que si celui contre qui on a formé l'action en représentation, a tué l'esclave qu'il possédait, ou en a transmis la possession à un autre, ou a tellement détérioré la chose, qu'elle ne pût être rendue, il sera tenu de l'action en représentation, parce que s'il a cessé de posséder, il ne l'a fait que frauduleusement et avec dol (1). Par conséquent s'il a renversé soit du vin, soit de l'huile, soit toute autre chose (2), ou s'il a brisé le vase qui le renfermait, il sera tenu de cette action.

Du gland, ou de toute autre matière qui tombe dans le champ d'autrui.

§. 1. Le gland de vos arbres tombe sur mon terrein, et je le fais manger par un troupeau que j'y envoie. Quelle action pouvez-vous former contre moi? Pomponius dit que c'est l'action en représentation, si c'est par mauvaise foi que j'ai envoyé ce troupeau pour consommer votre gland.

---

(2) V. l. 27. §. 15. supr. ad leg. Aquil.

immissi, ut glandem comederet. Nàm et si glans
extaret, nec patieris me tollere, ad exhibendum
teneberis. Quemadmodùm, si materiam meam de-
latam in agrum suum quis auferre non pateretur.
Et placet nobis Pomponii sententia, sivè glans
extet, sivè consumpta sit. Sed si extet, etiàm interdicto *de glande legendâ, ut mihi tertio* (1)
quoquè die legendœ glandis facultas esset, uti
potero, si damni infecti cavero.

De eo qui fecit rem ad alium pervenire.

§. 2. Si quis rem fecit ad alium pervenire, videtur dolo fecisse, quo minùs possideat : si modò
hoc dolosè fecerit.

De rei mutatione.

§. 3. Sed si quis rem (2) deteriorem exhibuerit,
æquè ad exhibendum eum teneri, Sabinus ait.
Sed (hoc) ibi utiquè verum est, si dolo malo in
aliud corpus res sit translata : velutì, si ex scypho
massa facta sit. Quanquàm enìm massam exhibeat,
ad exhibendum tenebitur : nàm mutatâ formâ
prope interemit substantiam rei.

Si uni decem sub conditione alteri eorumdem decem
ususfructus purè legetur.

§. 4. Marcellus scribit, si tibi decem nomis-
mata sint sub conditione legata, et mihi decem
ususfructus (3) purè, deindè heres pendente conditione, non exactâ cautione, decem fructuario

---

(1) L. un. infr. de glande legend.
(2) L. 7. C. h. t.

Car si ce gland existait, et que vous vous opposassiez à ce que je l'enlevasse, vous seriez tenu envers moi de l'action en représentation, de même que si quelqu'un ne voulait pas consentir à ce que j'emportasse mes matériaux qui auraient été déposés dans son champ. Nous approuvons cette opinion de Pomponius, soit que le gland existe, soit qu'il soit consommé ; mais si le gland existe encore, je pourrai recourir à l'interdit, *en vertu duquel j'ai la liberté d'aller tous les trois jours* (1) *ramasser mon gland sur votre terrein*, sauf par moi à vous donner caution de vous indemniser du tort que vous pourriez craindre à cette occasion.

De celui qui a été cause que la chose est parvenue à une autre.

§. 2. Celui qui a été cause que la chose a passé dans les mains d'un autre, parait avoir agi avec mauvaise foi pour cesser de la posséder, si toutesfois il l'a fait avec des intentions mauvaises.

Du changement de la chose.

§. 3. Sabinus dit que si celui contre qui on a formé l'action en représentation, a représenté la chose étant détériorée (2), il est tenu de cette action. Cela est également vrai à l'égard d'une chose dont la forme a été changée, comme si, par exemple, on l'a convertie en un lingot. Car quoique vous représentiez le lingot, vous n'en serez pas moins tenu de l'action en représentation. En effet la forme une fois changée, la substance de la chose est presque détruite.

Si on a légué à l'un l'usufruit de dix pièces sous condition, et à l'autre l'usufruit de dix pièces purement.

§. 4. Marcellus écrit, si quelqu'un vous avait légué dix pièces d'or, sous condition, et que l'usufruit de ces dix pièces d'or m'eut été légué purement et simplement (3) ; qu'ensuite l'héritier du testateur eut payé les dix pièces d'or à l'usufruitier, sans en avoir exigé une caution,

---

(3) L. 18. supr. de usufr.

solverit, ad exhibendum eum actione teneri ; quasi dolo fecerit, quo minùs possideret : dolus autèm in eo est, quòd cautionem exigere supersedit à fructuario : effectumquè, ut legatum tuum evanesceret, cùm jàm nummos vindicare non possis. Ità demùm autèm locum habebit ad exhibendum actio, si conditio extiterit legati. Potuisti tamèn tibi prospicere stipulatione legatorum : (et,) si prospexisti, non erit tibi necessaria ad exhibendum actio. Si tamèn ignarus legati tui, à fructuario satìs non exegit, dicit Marcellus, cessare ad exhibendum : scilicèt quià nullus dolus est. Succurrendum (1) tamèn legatario, in factum adversùs fructuarium actione, ait.

Quòd sit exhibere.

§. 5. Quantùm (autèm) ad hanc actionem attinet, *exhibere* est (2), in eâdem causâ præstare, in quâ fuit, cùm judicium acciperetur : ut quis copiam rei habens possit exequi actione, quam destinavit, in nullo casû, quam intendit, læsa : quamvis non de restituendo, sed de exhibendo agatur.

§. 6. Proindè si post litem contestatam usucaptum exhibeat, non videtur exhibuisse (3) : cùm petitor intentionem suam perdiderit. Et ideò absolvi eum non oportere, nisi paratus sit, repetitâ die, intentionem suscipere : ità ut fructus secundùm legem æstimentur.

De omni causâ.

§. 7. Quià tamèn causa petitori in hâc actione

---

(1) L. 63. infr. de legat. 2.
(2) Adde l. 2. supr. h. t. l. fin. infr. de verb. sign.

il sera soumis à l'action en représentation, en ce que l'on peut lui imputer que c'est par une suite de sa mauvaise foi, qu'il s'en est dessaisi. Sa mauvaise foi consiste en ce qu'il n'a pas exigé de l'usufruitier une caution, et cela a été cause que votre legs est devenu nul, puisque vous ne pouvez plus revendiquer la somme. Mais il n'y aura lieu à cette action, qu'autant que la condition du legs sera arrivée. Vous, de votre côté, avez pu vous faire donner caution par l'héritier, de vous payer le legs, et si vous l'avez fait, l'action en représentation ne vous sera pas nécessaire. Si cependant ignorant le legs qui vous a été fait, l'héritier l'avant délivré à l'usufruitier, sans en exiger une caution, Marcellus dit qu'il n'y a pas lieu dans ce cas à l'action en représentation, parce qu'il n'y a pas de mauvaise foi. On doit cependant venir au secours du légataire, dit-il, en lui donnant contre l'usufruitier une action expositive du fait (1).

Ce que c'est que représenter.

§. 5. Quant à ce qui est relatif à cette action, *représenter une chose* (2), c'est la rendre dans le même état où elle était au commencement du procès, afin que la chose se trouvant dans le même état, le demandeur puisse former la demande qu'il a voulu former, quoique cette action n'ait eu pour but que la représentation de la chose, et non sa restitution.

§. 6. Par conséquent s'il représente la chose prescrite depuis l'instance, il n'est pas censé l'avoir représentée (3), puisque le demandeur a perdu son action qu'il ne peut plus former. Ainsi le défendeur ne peut être absous, à moins qu'il ne soit disposé à défendre, au jour indiqué, contre l'action qui reste, de sorte que les fruits seront liquidés suivant la loi.

De toute cause.

§. 7. Comme dans cette action on rend au demandeur

---

(3) §. 3, Inst. de offic. judic.

restituitur, Sabinus putavit, partum quoquè restituendum : sivè prægnans fuerit mulier, sivè posteà conceperit. Quam sententiam et Pomponius probat.

§. 8. Præidereà utilitates (1), si quæ amissæ sunt ob hoc, quòd non exhibetur, vel tardiùs (quid) exhibetur, æstimandæ à judice sunt. Et ideò Neratius ait, utilitatem actoris venire in æstimationem, non quanti res sit : quæ utilitas, inquit, interdùm minoris erit, quam res (erit).

10. PAULUS, *lib. 26. ad edictum.*

De optione intrà certum tempus datâ.

Si optione intrà certum tempus datâ, judicium in id tempus extractum est, quo frustrà exhibetur, utilitas petitoris conservetur. Quòd si per heredem non stetit, quo minùs exhiberet tempore judicii accipiendi, absolvendus est heres.

11. ULPIANUS, *lib. 24. ad edictum.*

De hereditate amissâ ob servum non exhibitum

Sed et si hereditas amissa sit ob hoc, quòd servus non exhibeatur, æquissimum est, æstimari officio judicis damnum hereditatis (2).

Quo loco, et cujus sumptibus exhibere debet.

§. 1. *Quo* autèm *loco* exhiberi rem oporteat, vel cujus sumptibus, videamus. Et Labeo ait,

---

(1) L. 10. l. 11. in pr. infr. h. t.

tout ce qui dépend de sa demande, Sabinus a pensé qu'on doit également lui rendre l'enfant qui serait né d'une esclave, soit qu'elle fût enceinte avant la contestation, soit après. Pomponius est de cet avis.

§. 8. Outre cela, le juge doit estimer les avantages (1) que le demandeur a perdus, soit parce que la chose n'aura pas été représentée, soit parce qu'elle l'aura été trop tard. C'est ce qui a fait dire à Nératius qu'il ne faut pas dans l'estimation de la chose, considérer sa valeur; mais l'intérêt que le demandeur aurait eu à ce qu'elle lui fût représentée. Cet intérêt, dit-il, peut être quelquefois moins considérable que la chose elle-même.

10. PAUL, *liv. 26. sur l'édit.*

Du choix donné pendant un certain tems.

Si le demandeur avait le choix pendant un tems limité, et qu'on eut trainé le procès en longueur, afin que la représentation fût faite à contre-tems, l'avantage qu'avait le demandeur lui sera conservé; mais s'il n'a pas dépendu de l'héritier qu'il ne représentât la chose à l'époque où elle a été demandée, l'héritier doit être absous.

11. ULPIEN, *liv. 24. sur l'édit.*

De la succession perdue parce que l'esclave n'a pas été représenté.

Si une succession a été perdue parce qu'un esclave n'a pas été représenté, il est de toute justice que l'on fasse entrer dans l'estimation des intérêts du demandeur, la perte de cette succession (2).

Dans quel lieu, et aux frais de qui la représentation doit se faire.

§. 1. Examinons dans quel lieu la chose doit être représentée, et aux frais de qui elle doit l'être. Labéon dit qu'elle

---

(2) L. 9. in fin. l. 10. supr. eod. l. 25. in pr. supr. ad leg. Aquil.

ibi (1) exhibendum, ubi fuerit, cùm lis contestaretur : periculo et impendiis actoris perferendam, perducendamvè eo loci, ubi actum sit. Pascere planè servum, vestire, curare, possessorem oportere, ait. Ego autèm arbitror, interdùm etiàm hæc actorem agnoscere oportere, si fortè ipse servus ex operis, vel artificio suo solebat se exhibere, nunc verò cogitur vacare. Proindè et si apud officium fuerit depositus exhibendus, cibaria debebit agnoscere, qui exhiberi desideravit, si non solebat possessor servum pascere : nàm si solebat, sicuti pascit, ità et cibaria potest non recusare. Interdùm (2) tamèn eo loci exhiberi debet suis sumptibus : si fortè proponas, datâ operâ eum in locum abditum res contulisse, ut actori incommodior esset exhibitio. Nàm in hunc casum, suis sumptibus et periculo, debebit exhiberi in eum locum, ubi agatur. ne ei calliditas sua prosit.

De pluribus rebus.

§. 2. Si de pluribus rebus quis conveniatur, et litis contestatæ tempore omnes possedit, licèt posteà quasdam desierit, quamvis sinè dolo (malo), possidere : damnandum, nisi exhibeat eas (3), quas potest.

12 PAULUS, *lib.* 26. *ad edictum.*

De eo quem quis in libertatem vindicare vult.

De eo exhibendo, quem quis in libertatem vindicare velit, huic actioni locus esse potest (4).

---

(1) V. l. 12. §. 1. infr. depositi. l. 10. supr. de rei vind.
(2) L. 12. supr. d. t. l. 47. in pr. infr. de legat. 1.

doit être représentée (1) là où elle s'est trouvée lorsque la contestation a commencé; que c'est aux risques et aux frais du demandeur qu'elle doit être transportée et conduite dans le lieu de la contestation. Il dit que c'est toujours le possesseur qui doit nourrir, vêtir et soigner l'esclave. Pour moi, je pense qu'il y a des cas où le demandeur doit se charger de ces dépenses. Par exemple, si l'esclave était dans l'usage de pourvoir à son entretien, soit par son travail, soit par son industrie, ce qu'il ne peut plus actuellement faire. Par conséquent, si l'esclave a été remis entre les mains des officiers de la justice, à l'effet d'être représenté, celui qui a demandé sa représentation, doit payer sa nourriture, si le possesseur n'y pourvoyait pas lui-même. Car s'il lui fournissait sa nourriture, il ne peut discontinuer de le faire, et il y est obligé quelquefois (2). Cependant le possesseur doit représenter la chose à ses frais dans le lieu de la contestation. Supposé, par exemple, que le possesseur eût transporté la chose dans un endroit éloigné, à l'effet d'en rendre la représentation plus difficile et plus coûteuse au demandeur. Car dans ce cas il doit la représenter dans le lieu de la contestation à ses risques et frais, puisqu'autrement sa mauvaise foi lui profiterait.

De plusieurs choses.

§. 2. Si quelqu'un est actionné en représentation de plusieurs choses, et qu'au commencement de la contestation il les possède toutes, dans le cas où depuis il aurait cessé d'en posséder quelques-unes, sans dol de sa part, il n'en sera pas moins condamné, s'il ne représente pas celles qu'il peut représenter (3).

12. PAUL, *liv.* 26. *sur l'édit.*

De celui que quelqu'un revendique comme étant libre.

Cette action peut avoir lieu dans le cas où on demanderait la représentation d'un esclave que l'on prétendrait être libre (4).

---

(3) L. 5. § fin. supr. h. t.
(4) Vide tamèn l. 13. infr. eod.

De filio familiâs.

§. 1. Et filius familiâs eâ actione tenetur, si facultatem rei exhibendæ habet.

Si sæpiùs agatur.

§. 2. Sæpiùs ad exhibendum agenti, si ex eâdem causâ agat, obstaturam exceptionem, Julianus ait. Novam autèm causam intervenire, si is, qui vindicandi gratiâ egisset, post (1) acceptum judicium eam ab aliquo accepit : et ideò exceptionem ei non officere. Itèm, si ei, qui furti acturus, ad exhibendum egisset, iterùm furtum factum sit.

Deniquè, si quis optandi (2) gratiâ ad exhibendum egisset, et, post litem contestatam alteriûs testamento optio data sit, ad exhibendum agere potest.

De specie facta , ex alienâ materiâ.

§. 3. Si quis ex uvis meis mustum fecerit, vel ex olivis oleum, vel ex lanâ vestimenta, cùm sciret hæc aliena esse : utriûsquè nomine ad exhibendum actione tenebitur. Quià quod ex re nostrâ fit, nostrum esse, verius est (3).

De homine mortuo post judicium acceptum.

§. 4. Si post judicium acceptum homo mortuus sit, quamvis sinè dolo malo, et culpâ possessoris, tamèn interdùm tanti damnandus est, quanti actoris interfuerit per eum non effectum, quò minùs tunc cùm judicium acciperetur : homo exhiberetur tantò

---

(1) L. 2. C. eod.
(2) L. 3. §. 10. supr. eod.

Du fils de famille.

§. 1. Le fils de famille est même tenu de cette action, s'il est en état de rendre et de représenter la chose.

Si on demande plusieurs fois la représentation de la chose.

§. 2. Julien a dit que l'on pouvait opposer une exception à celui qui demanderait plusieurs fois que la même chose lui fût représentée pour la même cause. Or, il y a une nouvelle cause de former cette demande, lorsque celui qui veut revendiquer la chose, la tient (1) de tout autre après que la contestation est engagée, et dans ce cas, l'exception qu'on lui opposerait, ne produirait aucun effet. Il en est de même si celui qui voudrait intenter l'action du vol, eut formé celle en représentation, et qu'ensuite elle ait été volée de nouveau.

Enfin si quelqu'un avait formé l'action en représentation, à l'effet de pouvoir faire un choix (2) qu'il avait droit de faire, et qu'après la contestation un autre lui ait laissé par son testament le choix entre les mêmes choses, il pourra de nouveau former la demande en représentation.

De l'espèce faite avec la matière d'autrui.

§. 3. Si quelqu'un a fait du vin avec mes raisins, de l'huile avec mes olives, des habillemens avec ma laine, sachant que toutes ces matières ne lui appartenaient pas, j'ai le droit de former contre lui la demande en représentation, parce que l'on peut dire avec la plus grande vérité que ce qui est fait avec notre propre chose, nous appartient (3).

De l'esclave mort après que l'instance est entamée.

§. 4. Si l'esclave est mort, après la contestation, quoique cette mort soit arrivée sans la faute et le dol du possesseur, cependant quelquefois celui-ci doit être condamné en des dommages et intérêts proportionnés à l'intérêt que le demandeur avait à ce que le possesseur lui représentât l'esclave dès le commencement de la contestation, à plus forte raison

---

(3) L. 49. in fin. supr. de rei vind.

magis, si apparebit, eo casû mortuum esse, quî non incidisset, si tùm exhibitus fuisset.

Cautio de re exhibendâ.

§. 5. Si justâ (1) ex causâ statim exhiberi res non possit, jussû judicis cavere debebit, *se illo die exhibiturum.*

De herede.

§. 6. Heres, non ut heres, sed suo nomine hâc actione uti potest. Itèm heres possessoris suo nomine tenetur (2). Igitùr non procedit quærere, an heredi et in heredem danda sit. Planè, ex dolo defuncti danda est in heredem hæc actio, si locupletior hereditas eo nomine facta sit : veluti quòd pretium rei consecutus sit.

13. GAIUS, *lib. ad edictum Prætoris Urbani, titulo de liberali causâ.*

De libero homine exhibendo.

Si liber homo detineri ab aliquo dicatur, interdictum adversùs eum, qui detinere dicitur, de exhibendo eo potest quis (3) habere. Nàm ad exhibendum actio in eam rem inutilis videtur (4) : quià hæc actio ei creditur competere, cujus peculialitèr interest.

---

(1) L. 5. in fin. supr. h. t. §. 5. Inst. de offic. judic.
(2) L. 5. in pr. l. 8. supr. h. t.
(3) L. 3. §. 9. infr. de homine libero. exhibend.
(4) Vide tamèn l. 12. in pr. supr. h. t.

cette condamnation devra-t-elle avoir lieu, s'il est mort par un événement qui n'aurait pas eu lieu, si l'esclave avait été représenté dès le commencement.

De la caution pour sûreté de la représentation de la chose.

§. 5. S'il y a une juste raison pour qu'une chose demandée ne puisse être raprésentée sur-le-champ, le juge doit exiger du défendeur caution *de la représenter à un jour qu'il fixera.*

De l'héritier.

§. 6. L'héritier est libre d'intenter cette action en son propre nom, mais il ne peut le faire en sa qualité d'héritier. L'héritier du possesseur est tenu aussi de cette action en son propre nom (2). Il est donc inutile de demander si elle est accordée a l'héritier, et contre l'héritier. Assurément le dol du défunt donne lieu à cette action contre son héritier, si la succession en a tiré quelqu'avantage, si, par exemple, l'héritier a reçu le prix de la chose.

13. G**AJUS**, *liv. sur l'édit du Préteur de la ville, titre de la cause où il s'agit de la liberté.*

De l'homme libre qui doit être représenté.

Si l'on prétend qu'un homme libre est détenu en esclavage par quelqu'un, on peut recourir à un interdit (*a*) accordé en ce cas contre celui qui le retient, pour qu'il soit contraint à lui donner sa liberté (3). Car il semble que dans ce cas l'action en représentation est inutile (4), puisqu'elle n'est accordée qu'à celui qui a un intérêt pécuniaire.

(*a*) On doit entendre par ce mot *interdit interdictum*, une action qui émanait de l'autorité du Préteur, et que l'on peut désigner sous le nom d'action Prétorienne.

14. Pomponius, *lib.* 14. *ad Sabinum.*

De nummis malâ fide impensis.

Si vir nummos ab uxore sibi donatos sciens suos factos non esse, pro re emptâ dederit, dolo malo fecit, quò minùs possideat : et ideò ad exhibendum actione tenetur.

15. Idem, *lib.* 18. *ad Sabinum.*

De thesauro qui est in fundo alteriús.

Thesaurus (1) meus in tuo fundo est, nec eum pateris me effodere : cùm eum loco non moveris, furti quidèm, aut ad exhibendum, eo nomine agere rectè non posse me, Labeo ait : quià nequè possederis eum, nequè dolo feceris, quò minùs possideres, utpotè cùm fieri possit. ut nescias (eum) thesaurum in tuo fundo esse. Non esse autèm iniquum, jurant mihi *non calumniæ causâ postulare* : vel interdictum, vel judicium ità dari, ut, si per me non stetit, quò minùs damni infecti tibi operis nomine caveatur, *ne vim facias mihi, quò minùs eum thesaurum effodiam, tollam, exportem.* Quod si etiàm furtivus iste thesaurus est, etiàm furti agi potest.

16. Paulus, *lib.* 10. *ad Sabinum.*

Si quid servus tenet aut dolo fecit quò minùs habeat.

Cùm servus tenet aliquid, dominus ad exhibendum suo nomine tenetur : si autèm servus,

---

(1) V.. 131. §. 1. infr. de adquir. rer. domin. l. 22. in pr. supr. famil. ercisc.

14. POMPONIUS, *liv.* 14. *sur Sabinus.*

De l'argent dépensé de mauvaise foi.

Si un mari donne en paiement d'une acquisition par lui faite, une somme d'argent qui lui a été donnée par sa femme, sachant bien qu'elle ne lui appartenait pas, il est censé avoir cessé par mauvaise foi de la posséder; par conséquent il est soumis à l'action en représentation de la chose.

15. LE MÊME, *liv.* 18. *sur Sabinus.*

D'un trésor qui se trouve sur le fonds d'autrui.

Votre champ renferme un trésor qui m'appartient (1), et vous vous opposez à ce que je fouille la terre pour l'emporter, Labéon dit que tant que vous ne le déplacerez pas, je ne pourrai intenter contre vous l'action du vol, ni l'action en représentation de la chose, parce que vous ne la possédez pas, et que vous n'avez pas cessé par dol de le posséder, puisqu'il peut même se faire que vous ignoriez que ce trésor soit dans votre champ. Il est, malgré tout, juste que, moi jurant que *ce n'est pas pour vous vexer que je demande ce trésor*, on m'accorde ou un interdit, ou une action, afin qu'en vous donnant caution de vous indemniser du tort que je pourrais vous causer, et que vous pourriez craindre de ma fouille, *il me soit permis de l'emporter, et défendu à vous de vous y opposer.* Si ce trésor avait été volé, il y aurait lieu à l'action du vol.

16. PAUL, *liv.* 10. *sur Sabinus.*

Si l'esclave tient quelque chose, ou a cessé de l'avoir par mauvaise foi.

Le maître de l'esclave qui possède une chose est tenu en son nom de la représenter. Si l'esclave, à l'insu de son maître, a cessé de posséder la chose par mauvaise foi, on formera contre le maître ou l'action du vol, ou l'action

citrà scientiam domini, dolo fecit, quò minùs
habeat, vel furti actio, vel de dolo malo noxalis,
servi nomine danda est : ad exhibendum autèm,
utilis nulla constituenda est.

17. JULIANUS, *lib.* 9. *de omnibus tribunalibus.*

De re deterioratâ.

Si quis hominem debilitatum exhibeat, vel
eluscatum, ad exhibendum quidèm absolvi debet;
(exhibuit enìm, et nihil impedit directam actionem talis exhibitio;) poterit tamèn agere actor
ex lege Aquiliâ de hoc damno.

18. IDEM, *lib.* 6. *opinionum.*

De instrumentis.

Solutione chirographo inani (1) facto, et pignoribus liberatis, nihilominùs creditor, ut instrumenta ad eum contractum pertinentia ab alio,
quàm debitore, exhibeantur, agere potest.

19. PAULUS, *lib.* 4. *epitomarum Alfeni.*

De eo quod interest.

Ad exhibendum possunt agere omnes, quorum
interest. Sed quidàm consuluit, an possit efficere
hæc actio, ut rationes adversarii sibi exhiberen-
tur, quas exhiberi magnì ejus interesset ? Respondit, non oportere jus civile calumniari, nequè
verba captari, sed, quâ mente quid diceretur,
animadvertere convenire. Nàm illâ ratione etiàm
studiosum alicujus doctrinæ posse dicere, suâ

______

(1) L. 27. in pr. vers. quod. si. infr. de furt.

noxale

noxale au nom de son esclave. Et dans ce cas, on ne doit pas même accorder l'action utile en représentation.

17. Ulpien, *liv. 9. de tous les tribunaux.*

De la chose détériorée.

Celui qui représente un esclave en état d'infirmité, ou déféré d'un œil, doit être absous quant à la demande en représentation, car il le représente effectivement, et quoiqu'il l'ait représenté détérioré, il a satisfait à la demande. Mais le maître de l'esclave pourra exercer l'action de la loi Aquilia, pour se faire indemniser du dommage qu'il éprouve à cause de cette détérioration.

18. Le même, *liv. 5. des opinions.*

Des pièces.

Si après le paiement d'une dette (1) le créancier veut la représentation des papiers relatifs à l'obligation de son débiteur, il peut l'exiger de tout autre que du débiteur, quoique, la créance payée, et les biens libérés, le titre obligatoire ne lui soit d'aucune utilité.

19. Paul, *liv. 4. des abrégés d'Alfenus.*

De l'intérêt que l'on a.

Tous les intéressés à la représentation d'une chose, peuvent former l'action en représentation ; mais on a consulté pour savoir si l'on pourrait contraindre son adversaire à exhiber des pièces à lui appartenantes et qu'on aurait grand intérêt à voir. On a répondu que les expressions de la loi n'étaient pas des pièges ; que ce serait la calomnier, et qu'il fallait se reporter à son intention. Car par cette raison on pourrait dire que celui qui s'applique à telle ou telle science, a

interesse, illos, aut illos libros sibi exhiberi :
quià, si essent exhibiti, cùm eos legisset, melior
et doctior futurus esset.

20. ULPIANUS, *lib. 2. regularum.*

De servo quæstionis causâ exhibendi.

Quæstionis habendæ causâ ad exhibendum agitur ex delictis servorum ad vindicandos conscios
suos.

Finis sexti voluminis.

intérêt à ce qu'on lui représente tels ou tels livres, parce que si on les lui représentait, leur lecture le rendrait plus instruit.

20. ULPIEN, *liv. 2. des règles.*

De l'esclave qui doit être représenté pour être appliqué à la question.

On peut former l'action en représentation d'esclaves coupables, afin de les mettre à la question, et de revendiquer leurs complices.

Fin du tome sixième

TABLE

Des matières contenues dans le sixième Volume.

Livre IX du Digeste.

Livre X du Digeste.

(*) Les chiffres sont ceux de la pagination française.

E R R A T A.

Pag.   8 , §. 15 , troisième lig. solipum , *lisez* solidum.
— 70 , avant dernière ligne du §. 1 , hìc , *lisez* hic.
— 77 , §. 2. dernière ligne , on lui accordera , *lisez* il y
aura lieu contre lui à l'action.
— 91 , loi 41 , douzième lig. , ou en a prouvé la publicité ,
lisez ou en a occasionné la publicité.
— 93 , loi 42 , lig. 4 , parce qu'il dépose , *lisez* parce qu'il
représente.
— 93 , loi 43 , lig. 7 , après ces mots : Dans le tems ou le
dommage a été causé , *mettez* au lieu de la virgule ,
point et virgule.
— 106 , lig. 6 , nàm nihilominùs cum , *lisez* nihilominùs
cum.
— 116 , §. 5 , après damni æstimatio , *retranchez* fieri
potest.
— 118 , loi 5 , habitet , *lisez* habitent.
— 138 , loi 5 , lig. 1 , dereliquerit , *lisez* deliquerit.
— 164 , §. 3 , respondere , *lisez* responderit.
— 173 , loi 31 , lig. 17 , en déduire la condition , *lisez* en
déduire la condiction.
— 176 , loi 58 , lig. 2 , adveersario , *lisez* adversario.
— 257 , §. 1 , lig. 4 , sont distinctes et séparées , *lisez* sont
distincts et séparés.
— 247 , à l'argument du §. 20 , *retranchez* de peur.
— 277 , loi 51 , dernière lig. , prélevée , *lisez* prélevé.
— 279 , même loi , lig. 1 , prélevée , *lisez* prélevé la dot.
— 281 , loi 53 , à l'argument , prêté au fils , *lisez* par le fils.
— 320 , §. 3 , dernière lig. faviæ , *lisez* flaviæ.

TITRE SIX.

Comment les servitudes s'éteignent.

1. GAJUS, *liv. 7. sur l'édit provincial.*

De la confusion des servitudes.

Dès l'instant où les deux fonds appartiennent au même maitre les servitudes réelles se confondent (1)

2. PAUL, *liv. 21. sur l'édit.*

Si celui qui a le droit de sentier et de passage, se sert seulement du premier.

Sabinus, Cassius et Octavenus sont d'avis que celui qui a le droit de sentier et de passage (2), s'il n'a fait usage que du premier pendant le tems requis pour prescrire, ne perd pas le second, et qu'il les conserve tous deux ; car celui qui n'aurait que le droit de passage, peut passer seul sur le fonds grevé de servitude.

3. GAJUS, *liv. 7. sur l'édit provincial.*

De la mort et du changement d'état.

Il est vulgairement reçu que les servitudes réelles ne s'éteignent ni *par la mort*, ni par *le changement d'état.*

---

(2) L. 20. supr. quib. mod. ususfr. amitt.

4. Paulus, *lib.* 27. *ad edictum,*

Si quis itinere ad sepulchrum non utatur.

Iter sepulchro debitum, *non utendo* numquàm amittitur.

5. Idem, *lib.* 66. *ad Sabinum.*

De socio fructuario, et bonæ fidei possessore.

Servitus et per socium (1), et fructuarium, et bonæ fidei possessorem (2) nobis retinetur.

5. Celsus, *lib.* 5. *Digestorum.*

Nàm satìs est fundi nomine (3) itum esse.

De divisione fundi.

§. 1. Si ego viâ, quæ nobis per vicini fundum debebatur, usus fuero, tu autèm constituto tempore cessaveris, an jus tuum amiseris? et è contrariò, si vicinus, cui via per nostrum fundum debebatur, per meam partem ierit egerit, tuam partem ingressus non fuerit, an partem tuam liberaverit? (Celsus) respondit : Si divisus est fundus ìnter socios regionibus, quod ad servitutem attinet, quæ ei fundo debebatur, perindè est, atquè si ab initio duobus fundis debita sit : et sibi quisquè dominorum usurpat servitutem, sibi non utendo deperdit : nec ampliùs in eâ re causæ eorum (fundorum) miscentur. Nec fit ulla injuria ei, cujus fundus, servit, imò si quo melior: quoniàm alter dominorum utendo, sibi, non toti fundo proficit. Sed si is fundus, qui servierit, ità

---

(1) L. 12. l. 16. vers. quod. si l. 20. infr. h. t.
(2) L. 12. §. 2. de usufr.